이제는 누군가
해야 할 이야기

이제는 누군가 해야 할 이야기

2013년 5월 2일 초판 1쇄 | 2019년 1월 15일 6쇄 발행
지은이 · 김영란, 김두식

펴낸이 · 김상현, 최세현
기획 · 김범수
책임편집 · 권정희, 정상태 | 디자인 · 이정현

마케팅 · 김명래, 권금숙, 심규완, 양봉호, 임지윤, 최의범, 조히라, 유미정
경영지원 · 김현우, 강신우 | 해외기획 · 우정민
펴낸곳 · (주)쌤앤파커스 | 출판신고 · 2006년 9월 25일 제406-2006-000210호
주소 · 경기도 파주시 회동길 174 파주출판도시
전화 · 031-960-4800 | 팩스 · 031-960-4806 | 이메일 · info@smpk.kr

ⓒ 김영란, 김두식 (저작권자와 맺은 특약에 따라 검인을 생략합니다)
ISBN   978-89-6570-143-9 (03300)

쌤앤파커스(Sam&Parkers)는 독자 여러분의 책에 관한 아이디어와 원고 투고를 설레는 마음으로 기다리고 있습
니다. 책으로 엮기를 원하는 아이디어가 있으신 분은 이메일 book@smpk.kr로 간단한 개요와 취지,
연락처 등을 보내주세요. 머뭇거리지 말고 문을 두드리세요. 길이 열립니다.

이제는 누군가
해야 할 이야기

| 김영란 · 김두식 지음 |

쌤앤파커스

| 차 례 |

2

권력형 부패
권력은 뒷돈 없이 살 수 없는가?

3

정치자금
대의를 위해서는 선을 넘어도 되는가?

4

공수처 혹은 상설특검
검찰이 도둑을 제대로 잡으려면?

5

근본적 처방
돈과 청탁의 고리를 끊어라

6

더 많은 논의를 기대하며

일러두기

1. 이 책은 2012년 12월 6일에 시작되어 2013년 3월 7일까지 총 6차례에 걸쳐 진행된 김영란과 김두식의 대담을 정리한 것이다.

2. 대담 기간 사이에 제18대 대통령이 선출되었고, 대담에서 이미 논의되었던 주변 정황에도 상당한 변화가 있었다. 책은 박근혜 대통령 당선 후 대통령직인수위원회가 꾸려진 시점으로 맞추었다.

3. 책에 실린 사진은 모두 쌤앤파커스 출판사에서 찍은 것이며, 저작권은 따로 표시하지 않았다.(촬영 협조 : '커피 볶아주는 남자 카페 끌림')

'전화 한 통'

2010년 《불멸의 신성가족 : 대한민국 사법 패밀리가 사는 법》을 출간하고 들었던 가장 뼈아픈 비판은 대안이 부족하다는 것이었습니다. 물론 질적 연구의 목적이 당장 '각 잡힌 대안'을 내놓는 것은 아닙니다. 현상을 있는 그대로 보여줌으로써 문제해결의 실마리를 마련하는 것이 질적 연구의 힘이니까요. 그러나 그런 교과서적인 변명은 하고 싶지 않았습니다. 그래서 조용히 입을 다물었습니다. 책은 자식과 같아서, 일단 저자의 손을 떠나면 홀로 자기 길을 걷게 마련입니다. 《불멸의 신성가족》도 이리저리 길을 찾아 헤매다 보면 어딘가에서 저자보다 훌륭한 누군가를 만나 현실적인 대안을 찾는 초석이 되리라 믿고 싶었습니다.

한때 제가 몸 담았던 곳에서 들려오는 분노의 소리에는 크게 신경 쓰지 않았습니다. 제발 처음부터 끝까지 책이라도 읽고 비판해줬으면 하는 서운함을 느꼈을 뿐입니다. 법조계의 비리를 용기 있게 폭로했다는 상찬을 늘어놓는 분들께도 비슷한 안타까움을 느꼈습니다. 《불멸의 신성가족》은 법조계의 비리를 폭로했다기보다는 우리 사회 전반에 작동하는 부패의 일상성을 보여주고자 했던 책입니다. 스폰서와 청탁의 구조를 법조계만의 문제로 제한하면 해법을 찾기란 불가능합니다. 일종의 '장원급제' 프리미엄을 누렸던 과거의 법조계가 다른 곳보다 조금 더 심각했을 수는 있지만, 거절하기 어려운 '전화 한 통'의 문화는 사실 우리 사회 거의 모든 분야의 고질적인 병폐였던 까닭입니다. 책이 대안다운 대안을 제시하지 못했던 것도 따지고 보면 '남의 청탁은 더러운 비리, 내 청탁은 따뜻한 미담'인 문화에서 과연 대안이 있기는 한 걸까 하는 깊은 회의 때문이었습니다.

예상치 못했던 반응은 법원에서 왔습니다. 검찰과 다를 바 없으리라 생각했는데, 의외로 판사들 중에는 제 책을 열심히 읽은 분들이 많았습니다. 따로 세미나를 연 분들, 심지어 청탁할 가능성이 있는 친지들에게 미리 《불멸의 신성가족》을 선물하며 "사정이 이러니 아예 청탁은 꿈도 꾸지 말라"고 얘기한다는 분들도 있었습니다. 책을 읽고 판사 입장에서 억울한 부분도 많았지만, 그래도 과거의 잘못을 인정하고 부패방지를 위해 더 정교한 대책을 마련해야 한다고 생각한 사람들이었습니다. 그분들을 보면서 '정작 책을 읽어야 할 사람들은 읽지 않고, 그럴 필요 없는 사람들만 굳이 찾아서 읽는'다는 아쉬움은 남았습니다. 책이란 게 늘 그렇기는 하죠. 어쨌든 제 책이 누군가의 마음에 가 닿은 것은 기쁜 일이었습니다.

다양한 반응을 접하면서 후속작업에 대한 부담도 느꼈습니다. 그러나 저에게는 스폰서 문화와 온 국민에게 잠재된 '전화 한 통'의 욕망을 잠재울 아이디어가 없었습니다. 그저 사회 전체가 조금씩 깨끗해지고 있다는 데 희망을 걸어볼 뿐이었습니다. 《헌법의 풍경》 이후 여러 번 이런 주제

를 다루면서 욕도 충분히 먹었기 때문에 '나로서는 할 만큼 했다'는 마음
도 있었습니다.

그러다가 2012년 10월 말, 국민권익위원회에서 예상치 못한 '전화 한
통'을 받았습니다. 김영란 위원장이 저를 만나고 싶어 한다는 얘기였습니
다. 사실 저는 그보다 한참 앞서 〈한겨레〉 토요판 '김두식의 고백'을 통
해 김 위원장에게 인터뷰를 요청한 적이 있습니다. 인터뷰는 거절당했지
만 평소 제 책들을 재미있게 읽었다는 기분 좋은 이야기를 전해 들었지
요. 전화를 받고 약속장소에 나가면서는 '왜 나를 보자고 하지? 뒤늦게라
도 인터뷰에 응한다는 걸까?' 고개를 갸우뚱했습니다. '열린 분'이라는 소
문은 많이 들었지만, 전직 대법관을 만난다는 부담을 완전히 떨칠 수는
없었습니다. 법원 고위직을 지낸 분들이 가진 은근한 권위의식을 잘 알고
있었기 때문이었습니다.

삼청동 근처의 카페에서 처음 만난 김 위원장은 다행히 법조계에서 흔
히 보지 못한 매력적인 사람이었습니다. 무엇보다 억지로 자연스러운 척
하지 않는 것이 좋았습니다. 그 즈음 김 위원장은 남편 강지원 변호사가
대선 경쟁에 뛰어드는 바람에 대통령에게 사표를 제출한 상황이었는데,
자리를 내놓게 된 걸 오히려 편안해하는 태도도 인상적이었습니다. 삶을
달관한 것 같은 여유가 묻어나는 태도였습니다. 만나자마자 던진 제안도
솔직하고 간결했습니다. 부패방지에 관한 책을 함께 쓰자는 것이었습니
다. 책의 내용과 형식을 모두 열어놓은 제안이었습니다. 평생을 법원에서
보낸 분에게 이런 제안을 받게 될 줄은 상상도 못했기 때문에 잠깐 당황

했지만, 거절할 이유가 없었습니다. 매력적인 인물과 함께 제가 찾지 못했던 대안을 찾아갈 수 있으리라는 기대가 생겼기 때문입니다.

이 책은 그날 이후 석 달 동안 김영란 위원장과 제가 국민권익위원회의 여러 자료를 함께 공부하고, 이야기를 나눈 결과물입니다. 전문성의 압도적인 차이 때문에 아무래도 제가 묻고 김 위원장이 답변한 내용이 많습니다. 일이 진행되는 동안 강 변호사의 대선후보 등록, 김 위원장의 두 번째 사표 제출, 대통령의 사표 수리 등 김 위원장의 신상에도 많은 변화가 있었지만, 책 준비는 오히려 탄력을 받았습니다. 공직에서 물러나면 바로 로펌으로 몸을 옮기는 다수의 고위 법관들과 달리 김 위원장이 학교(서강대 법학전문대학원)를 선택한 까닭에 겨울방학 중의 여유를 저술에 활용할 수 있었기 때문입니다.

지난 연말에 종종 저는 김 위원장의 남편이 대선에 출마했다는 사실을 까맣게 잊고 "토론 보셨어요? 누구를 지지하기로 하셨어요?" 같은 질문을 던졌습니다. 주변 사람들은 당황했지만 김 위원장은 늘 웃으면서 "당연히 남편을 지지해야죠. 가족, 친지들 중에도 다른 후보를 지지하겠다는 사람들이 많아서 남편을 찍지 않으면 가만두지 않겠다고 얘기했어요"라고 답변하곤 했습니다. 그럴 때마다 김 위원장은 자신과 남편을 유머의 소재로 삼았는데, 그 재미있는 이야기들을 지면으로 옮기지 못하는 것이 안타까울 뿐입니다. 매번 인터뷰가 끝나면 문학작품 이야기를 많이 나누었고, 알츠하이머에 걸린 시부모님을 모셨던 김 위원장의 경험을 전수받기도 했습니다. 처음 만났을 때 제가 느꼈던 그 달관한 것 같은 태도의 뿌리가 무엇인지도 짐작할 수 있었습니다. 실력으로 난관을 헤쳐온 여성 지도자의 폭넓은 경험과 지혜는 언젠가 다른 책으로 독자를 만나게 되리라 기대해봅니다.

이 책은 '부정청탁금지 및 공직자의 이해충돌방지법(김영란법)'에 초점을 맞췄지만, 부패방지와 관련한 김 위원장의 다양한 경험과 고민도 함께 담겨 있습니다. 1장에서 우리는 일상화된 청탁과 금품수수 관행에 대해 각자의 경험에 비추어 반성적인 고찰을 시도했습니다. 김 위원장은 답변을 피하거나 우회하는 스타일이 아니었습니다. 개인적으로 부끄러운 이야기도 술술 털어놓았습니다. 믿어지지 않을 정도로 솔직하게 법원이 가졌던 과거의 문제들을 인정했습니다. 2장에서는 대통령 측근과 친인척 비리가 나올 수밖에 없는 현실을 함께 고민하면서 권력과 부패의 상관관계를 생각해보고, 이어서 3장에서는 정치자금법의 개혁방안을 다루었습니다. 4장에서는 도둑 잡는 검찰이 도둑으로 몰리게 된 안타까운 현실에 대해 이야기를 나누고, 검찰개혁 방안으로 자주 거론되는 고위공직자비리수사처 같은 제3의 기구 신설방안을 상세히 검토했습니다. 검찰에 집중된 권력을 분산해야 한다는 데 기본적으로 동의하면서도 과연 공수처가 대안이 될 수 있을지 확신하지 못했던 저에게 김 위원장의 몇 가지 관점은 신선한 자극을 주었습니다. 5장에서는 부정청탁금지 및 공직자의 이해충돌방지법이 어떤 내용을 담고 있고 왜 필요한지를 생각해보았습니다. 법안을 보면서 제가 가졌던 의문 하나하나에 김 위원장은 성실하고 친절한 답변을 제공했습니다. 스폰서나 일상화된 청탁을 막는 현실적 대안을 제시했다는 점에서 매우 의미 있는 논의였다고 생각합니다. 6장에서는 종합적으로 우리에게 어떤 시스템이 정착되어야 하고 어떤 리더십이 필요한지를 이야기했습니다.

각각의 주제에 대해서 김 위원장이 워낙 성실하게 사전 준비를 해왔기 때문에 저는 짧은 시간에 압축적으로 부패방지에 관한 여러 대책들을 공부하고 이해할 수 있었습니다. 독자들과 그 열매를 함께 나눌 수 있게 되어 기쁘게 생각합니다. 그러나 마음 한편에는 두려움도 남습니다. 우리가 부패방지에 관한 책을 썼다고 해서 우리 자신이 이 책의 주장만큼 깨끗한 사람들은 아닌 까닭입니다. 책 속 여러 곳에서 밝혔다시피 우리 두 사람도 과거의 부패 관행에서 완전히 자유로울 수 없는 사람들입니다. 지금도 여전히, 때로는 잘 몰라서, 때로는 알면서도 슬쩍슬쩍 저지르는 잘못이 없지는 않을 겁니다. 특히 저 개인적으로는 김 위원장이 제시한 대책을 보면서 가슴 뜨끔한 적이 한두 번이 아니었습니다. 그런 스스로에 대한 반성의 마음으로 이 책을 써내려갔다는 사실은 꼭 밝혀두고 싶습니다.

김영란 전 대법관에 대해서는 줄곧 '위원장' 호칭을 사용했습니다. 대담 초기에는 그분이 국민권익위원장 지위에 있었기 때문에 그렇게 부르는 게 당연했습니다. 대학으로 가신 후에는 '교수'로 부르는 것이 적절했지만 호칭이 저와 중복되어 독자에게 혼란을 주는 문제가 생겼습니다. 상대방이 거친 최고위직을 공식 호칭으로 삼는 과거의 잘못된 관행과는 상관없이 결국 이 책에서는 부득이하게 '위원장' 호칭으로 통일하게 되었습니다. 독자 여러분의 너그러운 이해를 구합니다.

이 책에는 우리 두 사람뿐 아니라 여러 전문가들의 헌신적인 노력이 담겨 있습니다. 전체 내용을 기획하고 매번 적절한 자료를 준비해주신 국민권익위원회 조재준 서기관님, 토론과 정리작업에 함께한 국민권익위원회 주경희 사무관님, 쌤앤파커스의 권정희, 정상태, 김범수 선생님에게 감사드립니다. 이름을 일일이 밝힐 수는 없지만 국민권익위원회에서 만들어온 수많은 부패방지 관련 보고서와 각종 자료의 저자들에게도 지면을 빌려 감사의 인사를 전합니다. 이분들의 노고가 부패방지 입법이라는 구체적인 열매로 이어지기를 소망합니다.

김두식

돈을 줄 수 있는 관계,
다른 걸 줄 수 있는 관계,
아무것도 줄 수 없는 관계

1장

연줄과
청탁

공무원 집 딸,
선생 집 아들

김두식 저는 책을 쓸 때마다 첫머리에 항상 제 이야기부터 했습니다. 내밀한 이야기를 꺼냄으로써 '독자들도 비슷한 경험이 있지 않느냐? 이 책이 바로 그런 이야기를 하고 싶은 거다'라고 동감과 관심을 이끌어내고 싶었던 거죠. 책의 내용에 비추어 나는 얼마나 깨끗한가 스스로 묻는 의미도 있었고요. 사실 우리나라는 바닥이 워낙 좁아서 거짓말하거나 과대 포장하면 금방 탄로가 나거든요. 걸릴 만한 얘기는 탄로 나기 전에 먼저 자백하는 게 낫죠. 나중에 혹시 문제되더라도 '제가 먼저 고백한 건데요'라고 하면 책임을 좀 면할 수도 있잖아요. 너무 영악한가요? (웃음)

오늘은 위원장님 개인 이야기도 좀 들어봤으면 좋겠습니다. 법조계 내부 문제를 다룬 기사나 책을 보면 '검찰 고위 관계자에 따르면', '법원 내부에도 ~라는 목소리가 많다'는 식으로 처음부터 끝까지 정체불명의 사람들만 등장하는 경우가 많아요. 법조계 주변 인물 23명을 인터뷰한 질적 연구 결과물이었던 제 책 《불멸의 신성가족》에도 실명은 하나도 안 나오고요. 인터뷰 대상자가 누구인지 숨기느라 주변 정황을 바꾸기도 했지요. 전직 대법관이 실명으로 자신의 경험을 털어놓는 것은 여러 모로 큰 의미가 있다고 생각합니다. 김 위원장님께서 부패 문제에 관심을 갖게 된 것은 아무래도 국민권익위원장을 맡으셨기 때문이겠지요. 권익위원장 자리는 어떻게 제안받으신 거예요?

김영란 저도 잘 모르겠어요. 남편을 통해 연락이 왔어요. 2010년 12월 말 남편이 청와대 측으로부터 연락이 왔다며 '이명박 대통령이 모셔오라 했다고 전해달라'더라는 거예요. 남편이 아마 안 할 거라고 했더니 그래도 전해달라고 하더래요. 그 후 닷새 동안 안 하겠다고 버텼는데 나중에는 남편 생각이 바뀌어서 저를 설득했어요. 저도 안 하겠다는 이유가 점점 궁해지더군요. 무조건 안 하겠다고 했어야 하는데, 이런저런 이유를 대다가 그게 막히니 거절할 방법이 없어졌어요. 논리 좋아하는 사람이 자기 덫에 걸린 거죠. (웃음) 대법관 출신이 가도 되는 자리인가, 하는 게 가장 큰 걱정이라 여러 사람들과 상의도 했어요. 그런데 주변에서 의외로 중앙부처의 집행기관이 아니라 약간의 준사법적인 기관이어서 괜찮다는 얘기를 많이 하시더라고요. 실제로 권익위원장이 되고 나서는 권익위원회가 정말 중요한 기관이고, 잘하면 우리 사회에 아주 좋은 역할을 하겠다는 생각을 많이 했어요. 대법관이 최고의 영예스러운 자리였기에 개인적인 영예를 더하겠다는 마음은 없었고, 우리 사회에 필요한 기관이 되도록 해야겠다는 마음으로 일을 시작했는데, 판사 경험이 업무 수행에 큰 도움이 됐지요.

김두식　판사 경험이 권익위원장 일에 도움이 되는 이유는 뭔가요? 얼핏 상관없어 보이는 자리인데요.

김영란　권익위원장 일이 판사 업무랑 비슷한 부분이 있어요. 국민권익위원회가 고충처리, 부패방지, 행정심판 기능을 통합한 기관이잖아요. 고충처리나 행정심판 업무는 사건해결이라는 관점에서 판사업무와 많이 유사했어요. 재판을 많이 해본 게 위원회에서 각종 결정을 하는 데 도움이 됐고요. 고충처리 부분을 예로 들어보면 판사들은 재판일이면 수많은 사건을 처리하는데요. 제가 민사단독재판을 할 때는 오전에 100건 넘는 사건을 처리하고 오후에는 증인이 있는 사건을 40~50건씩 처리했거든요. 그러니 개별적인 사건에 들이는 시간은 한계가 있는데, 고충처리는 한 건을 가지고도 여러 번 현장에 나가고 당사자도 자유롭게 만나 조사할 수 있어서 좋더라고요. 이 모든 행정절차를 다 거친 다음 냉정하게 옳고 그름을 판단하는 게 재판이라서, 고충처리나 행정심판만 잘돼도 재판은 훨씬 쉬워지겠구나 싶었어요. 물론 관공서에서 일어난 사안에만 한정돼 있고 개인 간 분쟁은 다루지 않지만, 국민들 입장에서 적어도 행정적인 싸움은 권익위의 도움을 받으면 한결 수월하겠다는 걸 권익위에 와서 느꼈죠.

김두식　옛날 신문기사들을 찾아보니 아버지께서는 수산청과 농수산부에서 공무원으로 일하셨더군요. 물러나신 다음에는 원양어업협회 전무를 지내셨고. 이거 어째 검사가 피의자를 신문하는 분위기네요. (웃음) 공무원 집안에서 성장하신 건데, 저는 선생 집 아들이었어요. 공무원하고 교사가 굉장히 고상해 보이는 직업이지만 사실 사람들이 제일 많이 욕하는 직업 아닌가요? 뒤로 뭘 받아먹는다는 이미지도 있고요. 저는 교장 선생님이었던 아버지께서 어느 수준 이상의 선물이 들어오면 그대로 돌려주던 걸 본 기억이 있어요. 하지만 막상 그 얘기를 하려니까, 돈 주는 쪽에서는 준 기억만 얘기하고, 받는 쪽 집에서 자란 자녀들은 안 받은 것만 기억하는 상황이 웃기더라고요. 다들 비슷한 얘기를 하잖아요. 우리 아버지는 엄청나게 청렴결백해서 받아도 되는 선물도 돌려보냈고 뭘 청탁하러 온 선생님을 돌려보냈고… 집집마다 자녀들이 기억하는 아버지들은 다 그렇게 훌륭한 선생님이고 훌륭한 공무원이더라고요. 그런데 왜 현실은 그렇지 않을까? 위원장님이 기억하는 공무원 아버지는 어떤 분이셨어요?

김영란 아버지는 원래 경상남도의 공무원이셨어요. 그때는 농업국가였으니까 쌀 증산에 성공하는 게 최고였는데 경상남도 도지사께서 쌀 증산에 성공해서 농림부장관으로 발탁돼가지고 서울로 갑자기 가시는 일이 생겼죠. 제가 초등학교 6학년 때니까 1968년쯤일 거예요. 경상남도 총무과장이셨던 아버지는 그 도지사에게 발탁돼 농림부의 과장으로 서울로 오셨어요. 그런데 그분이 얼마 못 가서 장관에서 물러나셨어요. 아버지도 당장 부산 쪽의 한직으로 가셨죠. 서울 온 지 1년 만인가에 갑자기 그런 일이 있어서 어머니가 밤에 울고불고 하시던 기억이 나요. 그다음에 수산청으로 오셔서 국장을 두루 거치셨지요. 잘은 모르지만 당시의 관행에는 따르셨을 거라고 조심스럽게 짐작해봐요. 소심하셔서 그 이상까지 하지는 못할 분이셨을 거예요. 딸이 너무 냉정한 평가를 한 건가요?

김두식 듣고 보니 저희 아버지도 딱 그 정도, '굉장히 소심하셔서 그 이상까지 하지는 못할 분'이었던 것 같아요. 현금은 절대 안 받고 상품권은 받는 그 정도 수준. (웃음) 그래도 청렴에 대해 이상할 정도로 굉장한 자부심이 있으셨어요. 상대적으로 남들보다는 훨씬 낫다는 생각. 부부가 평생 교사로 일해서 집 한 채가 전 재산인 걸 보면 그 자부심이 아주 엉터리는 아니었던 것 같고요. 저는 아들로서 너무 관대한 평가를 한 건가요? (웃음) 공무원 집 자녀라는 게 위원장님의 정신세계를 형성하는 데 어떤 영향을 미쳤을까요? 예를 들면 소심하다든지 너무 조심스럽다든지 하는.

김영란 대학에서 다들 학생운동할 때 저는 아버지를 걱정할 수밖에 없었지요. 그렇다고 처음부터 고시공부에 뛰어든 것도 아니지만. 사회현상을 그냥 멀리서 약간 비판적 관찰을 하는… 지금도 그런 심성을 가지고 있어요. 어떤 문제에 정면으로 뛰어들지 않고 비판적으로 관찰하는 시각은 아마 공무원 자녀여서 생긴 것 같아요.

명절 떡값
돌리던 풍경

김두식 1978년 제20회 사법시험에 합격하셨습니다. 여성으로는 최초의 대학 재학 중 합격이었습니다. 당시 〈동아일보〉를 보면 아버지께서 "전 가족이 시험이라면 한 번도 떨어진 적이 없다"고 자랑하셨더군요. (웃음)

지금은 많이 나아졌지만, 막상 들어가보니 당시 법조계에는 잘못된 관행이 적지 않았죠?

김영란 제가 왜 소위 '김영란법'을 만들어야겠다고 생각했냐면요, 사법연수생으로 법원에 실무수습을 나갔을 때부터 판사님들이 저희를 데리고 가서 저녁을 사셨어요. 그런데 사실 판사 월급이 얼마 안 되던 시절이니까 제대로 저녁을 사기엔 주머니가 얇고, 그래서 결국 잘나가는 변호사들을 불러서 밥을 사게 하더라고요. 배석판사가 된 다음에 보니 부장판사랑 친한 변호사들이 저녁도 사고, 저녁을 못 사는 경우 변호사가 밥값을 따로 주기도 했어요. 아무 변호사나 그러는 건 아니고 동기 등 친한 변호사들이 그랬고, 액수가 그 당시 한 3만~5만 원 정도였던 걸로 기억해요. 그러면 그 돈을 총무가 관리해서 밥값으로 쓰고 찻값으로도 써요. 그때는 차도 다방에서 불러다가 마셨거든요. 보자기에 싸서 배달이 오면 찻값을 그 돈에서 내는 거예요. 너무 이상하더라고요. 저는 대학 졸업하고 바로 사법연수원에 간 다음 판사가 됐으니 사회경험이 하나도 없잖아요. 막연히 판사는 굉장히 거룩하고 고결한 존재라고 생각하고 들어왔는데 왜 저렇게 보온병에 커피를 배달시켜서 마실까. 가끔 커피를 방에서 타서 대접하기도 했는데, 그러면 변호사들은 그 찻값이라고 또 3만 원 정도 내놓고 같이 마셨어요. 그것도 참 이상하더라고요. '왜 저럴까? 안 하는 게 더 좋을 것 같은데.' 그런데 저는 여자라서 술값 같은 게 많이 안 들어가고 고스톱이나 마작 같은 것도 전혀 할 줄 모르니까 돈 들어가는 데가 없어요. 골프도 치지 않고 룸살롱도 안 가고. 당시는 판사들이 룸살롱도 갔거든요. '이 고결한 판사님들께서 왜 이럴까?' 하지만 교수님이 《불멸의 신성가족》에서 얘기한 대로, 아무리 이상해도 하루 종일 얼굴 보는 동료들 앞에서 '당신 왜 그러세요? 나는 안 하겠습니다', 이 말은 결코 할 수가 없었고요.

김두식 룸살롱 경험은 저하고 정말 비슷하네요. 저는 한두 번 따라가고 일부러 선배를 찾아가서 '앞으로 룸살롱 갈 때는 저를 부르지 말아주십시오'라고 얘기했어요. 술도 마시지 않으면서 거기 앉아 있는 게 웃기더라고요. 술자리 끝나고 동료들을 제 차에 태워서 집에까지 바래다주는 걸로 점수를 따려고 했는데, 나중에 보니 그게 점수 따는 게 아니었어요. 저 때문에 다른 사람도 제대로 못 놀고, 아가씨들은 아가씨들대로 불편하고, 가게 매상을 올려주는 것도 아니잖아요. 그때는 룸살롱 안 간다는 얘기를 하려고 굉장한 용기를 냈는데, 오히려 그 선배는 속으로 좋아했을 것 같아요. (웃음) 술 안 마시는 후배를 데리고 다니는 짐을 던 거잖아요. 잘못하면 '또라이'로 찍히는 건데, 잘 넘긴 셈이죠.

김영란 당시에는 변호사가 돌리는 실비(室費)를 그대로 돌려주었다가 실제로 '찍힌' 판사님도 있었죠. 80년대 후반까지는 돈 받아도 못 돌려주는 분위기였어요. 그래서 저는 계속 '왜 그럴까?' 의문이었어요. 그런데 또 한편으로는 여자라서 유별나게 군다고 할까 봐 두려웠고요.

김두식 아, 남자들은 못 느끼는 그런 부담이 또 있으셨군요.

김영란 저는 '여자니까'라는 말을 듣기 싫었어요. 여자니까 시부모 봉양도 잘해야 하고 남편한테도 잘해야 하고 아이도 잘 키워야 하고, 거기다 일은 절대적으로 잘해야 하고, 그러면서 사무실에서도 여성적으로 행동해야 하고. 판사 일을 하면서 여성적으로 행동한다는 게 사실 불가능한데도 그 요구에 맞춰줄 수밖에 없었어요. 저는 굉장히 성공적으로 그 요구를 맞춰준 사람이라 세상 사람들이 말하는 '출세'를 할 수 있었던 것 같아요. 그러면서도 거부감은 컸어요. 그게 다 남성적인 문화 탓이라고도 생각했죠.

어쨌든 교과서에서 내가 보던 판사들은 저런 사람이 아니어야 하는데, 라는 의문을 늘 갖고 있었어요. 그런데 저도 단독판사를 하면서 어디 멀리 검증을 나갈 일이 있잖아요. 입회 참관하는 분들하고 운전기사하고 변호사도 함께 나가요. 그러다 저녁식사 시간이 되어 가끔 변호사랑 같이 밥을 먹게 됐을 때 그 사람이 돈 내는 걸 내가 막지는 못하겠더군요. 변호사 체면도 있어서 저도 확실하게 거절을 못했어요.

나중에는 연수생들이 판검사를 거치지 않고 변호사로 대거 쏟아져 나오는 시절이 됐어요. 그런데 사법연수원을 갓 나온 변호사들은 법원이나 검찰에 봉투를 안 돌리면 찍힐 거라는 두려움이 있었던 것 같아요. 판사 출신 변호사들이 현직 판검사들에게 주는 실비는 자기가 잘 아는 사람에게만 주는 돈인데, 연수원 수료하고 곧바로 변호사가 된 사람들은 아는 사람이 없으니까 다 돌려요. 그게 명절 때 돌리는 최대 5만 원짜리 상품권 같은 거였어요. 그걸 받고 고민했죠, 이걸 돌려줘야 하나 말아야 하나. 결국 그 변호사한테 모욕이 될 것 같다는 생각에 못 돌려줬는데, 이게 자기합리화일 수도 있어요.

김두식 맞아요. 밖에서는 쉽게 이해하기 어려운 굉장히 복잡한 문제죠. 사법연수원을 나와서 바로 변호사 개업한 사람들을 흔히 '연수원 출신 변호사'라고 부르는 것도 우스운 일이잖아요. 판검사들도 사법연수원 출신이니 따지고 보면 모두 '연수원 출신 변호사'니까요. 그래도 이 장면에서 달리 표현할 방법이 없네요. (웃음) 어쨌든 이른바 '연수원 출신 변호사'에게 돈을 안 받는 것이 그분들에게 오히려 더 큰 상처나 차별이 될 수 있어서 고민했다는 대목은 흥미롭습니다.

김영란 오히려 판사 출신 변호사한테는 돌려주기도 했어요. 저하고 딱히 친한 사람이 없었기 때문에 제게 봉투를 갖고 오는 사람도 없었고요. 그런데 연수원 출신 변호사들이 일률적으로 방마다 다 돌리는 게 현금 아닌 상품권이었단 말이죠. 댄 애리얼리(Dan Ariely)가 쓴 《거짓말하는 착한 사람들》이라는 책이 있는데, 우리가 얘기하는 주제랑 딱 맞아요. 그 책을 보면 화폐적 특성이 작은 대가와 대상일수록 부정행위의 유혹에 쉽게 넘어간다고 해요. MIT 기숙사에서 학생들이 공동으로 사용하는 냉장고에 1달러짜리 6장을 넣어놓으니 학생들이 아무도 손대지 않았다고 하죠. 값으로 따지면 이와 비슷할 콜라 6개들이 한 팩을 넣어놓았더니 그건 72시간 안에 모두 없어졌고요. 콜라 팩이나 토큰처럼 돈에서 멀어질수록, 돈의 추상성이 강해질수록 부정행위의 유혹에 쉽게 넘어간다는 얘기죠. 또 부정행위와 자기 자신과의 거리가 멀수록 덜 주저하게 된다, 그러니까 자기 일에 대한 부정행위를 청탁하기는 어렵지만 남의 것을 전달하기는 더 쉬워지는 거예요. 자기 이익을 위한 것이 아니니까요.

교수님도 아버님 얘기를 하셨지만, 같은 맥락에서 공무원이 현금 5만 원은 안 받아도 상품권 5만 원은 받기가 쉽잖아요. 연수원 출신 변호사가 상품권을 들고 왔을 때도 어떻게 돌려주나 고민스러웠어요. 젊은 변호사에게 '너 이런 거 안 해도 된다'고 정말 얘기해주고 싶었는데 차마 못했죠. 사실 그 변호사들은 제 사건하고 아무런 상관도 없었어요. 전 형사단독을 한 적이 없으니까요. 참고로 형사단독판사와 민사단독판사는 사정이 전혀 달라요. 전체 판사실에 봉투를 돌릴 때가 아니면 민사단독실에는 어차피 아무도 안 오거든요. 그래서 마음이 편해요.

김두식 민사는 주로 법리에 의한 판단이 이루어지기 때문에 변호사와의 인간관계가 별 영향을 끼치지 못한다는 말씀이죠?

김영란 네. 반면 형사사건은 사기 같은 범죄들이 경계선에 있는 경우가 많아요. 집행유예를 달아줄 것이냐, 말 것이냐 경계선에 있는. 그러더라도 실비를 그 판사 개인한테 주는 게 아니고, 판사실에 갖다 줬어요. 80년대 말까지 있었던 현상이죠. 그때까지는 저도 그런 구조 속에서 조용히 있었어요. 저항하지 않고, 거절할 수 있는 건 가급적 거절하면서, 그렇지만 거절할 수 없는 것은 어쩔 수 없이… 방 차원에서 받으니까 죄책감도 덜했죠. '이런 걸 왜 받아야 하지?' 고민하다가, 나는 맞벌이고 용돈이 많이 필요하지 않지만, 혹시 혼자 버는 남자 분들은 하다못해 일상에 밥값이나 술값도 부담해야 돼서 그런가 생각해보기는 했어요.

1990년대 초부터 실비는 물론 전별금도 거의 없어졌고, 제가 부장판사가 됐을 즈음에는 이미 그런 분위기가 사라졌어요. 지방은 모르겠는데 적어도 서울은 없었어요. 다만 친분 있는 사람한테 밥값조로 받는 것까지 완전히 없어졌는지는 잘 모르겠어요. 80년대처럼 그렇게 성행하지는 않았던 것 같고. 저는 부장판사나 재판장을 하면서 일절 그런 걸 못 받게 했고 주는 사람도 없었어요.

그때까지 존재했던 실비라는 잘못된 관행도 이런 거였어요. 부장판사와 배석판사로 구성된 재판부가 매일 점심을 먹는데 매 끼니마다 돈을 걷을 수가 없으니까, 대개는 배석판사들이 돈 얼마를 내고 부장이 나머지를 내서 조성한 것이었어요. 가끔 부장판사와 친한 변호사들이 거기다가 실비로 쓰라고 얹어주기도 했고요. 그런데 제가 부장판사가 된 후로는 월급도 예전보다 많이 오른 터라 실비를 받을 구실도 없던 시점이었어요.

10·26 직후 전두환 전 대통령이 공식 취임하기 전에 국보위 위원장을 할 때쯤인가, 사회정화를 추진한다면서 변호사들을 잡아가서 조사한 적이 있어요. 안 알려진 얘기지만 판사들한테 얼마나 줬냐며 변호사들이 적어둔 수첩을 조사하니 5만 원, 10만 원 수준이더래요. 그래서 판사들 경제 사정이 이렇게 어렵구나 하면서 정보비, 판공비를 올려줬다는 설이 있어요. 사실 정보비, 판공비 같은 걸로 사법부 길들이기를 한 것이라 볼 수도 있죠. 그때 1년에 총 100만 원 이상 받은 걸로 드러난 판사들은 다 사표를 냈다고 해요. 1년에 10만 원짜리 10번 받은 거지요. 당시에는 어떤 공무원도 그런 관행에서 완전히 자유로울 수 없었을 거예요. 신군부가 제일 잘나가는 변호사들을 수사한 것이니까, 공무원 사회에서 그 정도가 관행이었다고 봐도 될 것 같네요. 그 직후에 실비도 거의 없어졌다가 조금씩

부활하더라고요. 1981년에 제가 판사가 됐을 때는 친한 사람한테서만 받는 정도였던 거지요. 그때 1단계로 없어지고 조금씩 부활했던 것들이, 그 다음에 의정부 법조비리 사건,* 대전 법조비리 사건**이 터진 후 거의 없어졌던 것 같아요. 요즘은 판사들이 변호사들과 식사도 잘 안 하는 것 같은데, 정말 친한 사람들끼리 어떻게 하는지는 잘 모르겠네요.

'돈 줄 자격'

김두식 말씀하신 것처럼 변호사들도 안면이 없으면 판검사들에게 돈 봉투를 돌리지 못했잖아요. '돈 줄 자격'은 이른바 '전관 출신 변호사'들만이 갖는 특권이라고도 볼 수 있었죠. 이런 모습은 법조계 밖에서 이해하기가 쉽지 않을 겁니다.

김영란 꼭 법조계만의 문제는 아니에요. 어느 사회든 청탁할 수 있는 자격이란 게 있죠. 제가 아는 사회가 법조사회니까 그 예를 들었던 것뿐이에요. 제 문제의식은, 착한 사람들도 발을 조금만 젖게 하면 금방 온몸을

* 의정부 법조비리 사건 1997년 의정부지원 판사 15명이 관내 변호사들에게서 명절 떡값, 휴가비 등의 명목으로 수백만 원씩 받은 것이 드러났다. 이후 지역 검찰도 향응을 받은 사실이 추가로 밝혀졌다. 대법원은 1998년 판사들을 대거 정직 또는 경고조치했고, 의정부지원장은 관리상의 책임을 지고 사표를 냈다.
** 대전 법조비리 사건 1999년 대전의 이종기 변호사가 판검사 및 직원, 경찰관 등 200여 명에게 사건 소개비로 건당 20만~300만 원씩 제공해온 것이 적발된 사건. 변호사의 전 사무장이 언론에 폭로하면서 알려졌다. 조사결과 금품수수 사실이 드러난 검사 25명이 징계를 받았다.

제 문제의식은, 착한 사람들도 발을 조금만 젖게 하면
금방 온몸을 다 적시게 된다는 데에서 출발했어요.
그것을 못하게 해야겠다는 생각,
어떤 명목으로든 돈을 못 받도록 금지하는
강력한 조치를 취하면 좋겠다는 생각을 했어요.

다 적시게 된다는 데에서 출발했어요. 그것을 못하게 해야겠다 싶었어요. 제 경험상 판사로 처음 출발했을 때 나는 받기 싫은데, 개인적으로 저를 겨냥해서 주는 게 아니라 전체적으로 돌린다거나 방에 있는 총무에게 놓고 가는 것이라 거절하기 힘들었어요. 주는 쪽도 대놓고 뇌물을 주는 게 아니고 그냥 그 방에 있는 여러 구성원을 위해 단체로 밥값을 내라고 주는 돈이었죠. 변호사뿐 아니라 다른 자격을 가진 단체들도 크게 다르지 않았을 거예요. 어떤 국가조직에서 체육행사를 한다고 하면 그런 단체들이 얼마씩 행사비를 줘요. 그런 돈은 도덕적으로 별 거리낌 없이 주고받을 수가 있죠. 그렇게 발이 젖는 거예요. 그래서 저는 판사시절 초기부터, 어떤 명목으로든 돈을 못 받도록 금지하는 강력한 조치를 취하면 좋겠다는 생각을 했어요.

또 저는 주로 남성들이 모여 있는 판사 사회에 여자로 들어갔잖아요. 한동안 남성들의 문화에 익숙해지지 않았어요. 술자리에서 왜 친하지도 않은 사람들이 단체로 앉아서 억지로 술을 먹고 먹이는지도 의문이었어요. 정말 친한 사람들끼리 술잔 놓고 수다 떨고 이러면 얼마나 좋아요. 그런데 왜 친하지 않은 사람들끼리 단체로 마시고 한꺼번에 취할까. 친해지려고? 그건 맞아요. 그런데 친하지도 않은 사람끼리 친한 척하면서 마시다 억지로 친해지는 건 싫더라고요.

초등학교 동창회를 한다고 연락이 왔길래 딱 한 번 간 적이 있어요. 그런데 안부도 별로 안 나누고 밥만 먹는 바로 노래방을 가자고 그러더라고요. 그날 처음 하는 동기회라 오랜만이어서 서로들 조금 어색한 분위기였어요. 그래서 나는 노래방에 안 간다고 했어요. 그랬더니 막 억지로 끌고 가는 거예요. 잠시 있다 일찍 나오면서 '나 앞으로 이 모임에 절대 안 나올 테니까 연락하지 말라'고 그랬어요. 그 뒤로 몇 번 연락이 왔지만 일절 안 나갔어요. 그 모임이 특별히 잘못되었다는 게 아니라 우리 사회 모임의 전형적인 모습으로 예를 든 것입니다만.

김두식 그래서 이후로 정말 안 나가셨어요? 와, 그런 게 바로 '똘끼' 아닙니까? 장난이 아니네요. (웃음) 술 문화는 왜 그렇다고 생각하세요? 왜 남자들은 만나자마자 술부터 마시는지, 그런 것은 생각해보셨어요? 술자리를 지난 27년간 관찰하면서 제가 느낀 것은요. 남자들은 일단 말하는 훈련이 안 돼 있고요. 그래서 어색한 분위기를 못 견디죠. 또 우리나라는 모임에서 늘 '넘버원'만 얘기하잖아요. 넘버원에게 화젯거리가 많으면 좋은데, 별로 없을 때도 있죠. 그러면 어색함을 수습하기 위해 '야, 폭탄주 돌려' 그러고, 다들 한잔씩 마신 다음에는 '오늘 이 자리를 마련해주신 검사장님께 감사드리며'라면서 머리 위에 술잔을 딸랑딸랑~ 즉 빨리 마시고 빨리 취하려는 경향이 있지요.

그런데 위원장님 말씀을 듣다 보니 법원하고 검찰이 좀 다르고, 서울하고 지방 차이도 컸다는 생각이 들어요. 법원이 아까 1980년대 말까지 실비 등의 관행이 남아 있다가 90년대부터 많이 줄었다고 말씀하셨잖아요. 1991년에 사법시험에 붙은 제가 본 게 주로 90년대 초중반 분위기인데, 그때도 역시 믿을 만한 변호사가 검사실에 찾아오고 휴가비 돌리고 검사들과 같이 술 먹으러 다녔어요. 의정부에서 법조비리가 터지고 나서 2년 후 대전 비리까지 계속 있었던 걸 보면 그렇게 쉽게 사라질 분위기는 아니었던 거죠. 위원장님 주변만 정리된 거지, 분명히 법원에도 그런 사람들이 남아 있었을 것 같고요.

김영란 개인적인 친소에 따라 어느 정도는 있었을 거라고 생각해요.

김두식 변호사가 휴가비 돌리는데, 그것도 검찰에서 금방 옷 벗고 나간 변호사만 할 수 있었던 것 같아요. 97년에 30만 원씩 돌리는 걸 본 적이 있고요.

김영란 금액이 올라갔네요. 저는 10만 원 이후는 목격하지 못했는데.

김두식 룸살롱 가서도 술 취한 검사들이 '형, 이걸로 끝나는 거야?' 이렇게 얘기하는 걸 봤고요. 2000년대에 서울의 판사들이 자신 있게 '이제는 더 이상 변호사들이 우리 방에 찾아오거나 실비를 주는 일은 없다'고 얘기하던 시절에도 저는 지역에 따라 변호사들이 판사실에서 놀고 있는 걸 본 적이 있어요. 이런 얘기하면 다들 어이없는 말을 만들어내는 사람 취급하지만.

김영란 전혀 없지는 않겠지만, 많이 줄었다고 생각해요. 요즘은 거의 없을 거라고 봐요.

김두식 많이 줄어든 것은 분명하고, 저도 이제 현금을 주고받는 일은 거의 없어졌다고 믿어요. 판검사들이 억울해하는 것도 이해하고요. 그런데 이런 얘기할 때마다 사건이 터지니까 문제죠.

김영란 그러니까 요즘은 더 개인적으로 되고 음성화된 거겠죠. 그전처럼 일반화되지 않고.

김두식 뭔가를 주고받는 데 친한 정도가 더 정확히 반영되도록 변한 거겠죠. 술자리를 만드는 이유도 친해지기 위해서라고 볼 수 있고, 결국 돈을 주고받을 수 있는 관계가 가장 친한 관계니까요. 아까 댄 애리얼리 책을 말씀하셨잖아요. 돈과 얼마나 거리가 먼가에 따라서 그걸 받는 부담이 작아진다고 하셨는데, 대한민국에서는 관계가 얼마나 가까운지에 따라서 줄 수 있는 게 정해지는 것 같아요. 돈을 줄 수 있는 관계, 돈 말고 다른 걸 줄 수 있는 관계, 아무것도 줄 수 없는 관계로 나눌 수 있겠죠. 20년 전 연수원 나와서 바로 개업한 동기들이 가장 어려워한 게 그런 것이었어요. 뭘 주고 싶어도 줄 수 있는 관계를 맺기가 쉽지 않다는 것. 그나저나 위원장님 초등 동창들은 정말 서운했을 것 같아요. (웃음) 부장판사급 친구를 갖게 되는 굉장히 좋은 기회로 생각했을 텐데요.

김영란 그게 다른 것 같아요. 저는 먼저 친해지면 얼마든지 노래방에 갈 수 있는 사람인데, 동창들은 친해지는 방법으로 노래방을 선택한 거죠. 저는 서로 세계관을 공유하고 얘기를 하고 마음이 통하는 게 친해지는 거지, 같이 노래 부르고 술 마시는 게 친해지는 게 아니었는데.

대한민국에서는 관계가 얼마나 가까운지에 따라서
줄 수 있는 게 정해지는 것 같아요.
돈을 줄 수 있는 관계,
돈 말고 다른 걸 줄 수 있는 관계,
아무것도 줄 수 없는 관계.

김두식 남녀차이도 있는 것 같고요. 우리나라 남자들이 자기 속내를 드러내는 훈련이 안 돼 있어서요.

김영란 그래서 그런가, 연수원 시절에 여자는 저 혼자였기 때문에 혼자 밥을 먹어야 했어요. 남학생들이 '같이 밥 먹으러 갑시다', 이렇게 못 하더라고요. 저도 '좀 끼워주세요'라고 못 했고요. 남들이 먹는 가까운 식당에서 못 먹고 멀리 경향신문사 있는 데까지 걸어 나가서 먹고 들어갔어요. 저는 혼자 먹어도 괜찮지만 사람들이 괜히 저 때문에 불편해할까 봐. 그런데 그때 쭉 관찰을 해봤더니 혼자 밥 먹을 수 있는 사람이 많지 않더라고. 혼자 밥 먹는 것도 능력이에요. (웃음)

김두식 아, 그것 중요하죠. 그때나 지금이나 혼자 밥 먹는 건 아무나 못 하죠. (웃음)

김영란 저는 영화도 혼자 보러 다니는데, 혼자 영화관 가는 사람도 별로 없더라고요. 우리나라는 혼자 무엇을 하는 문화가 아니에요. 혼자 즐기는 것이 낯선 문화여서 회식문화라는 게 생기지 않았을까 생각했고, 어떤 사람의 인간성이나 세계관 같은 건 미처 학습할 겨를도 없이 술 먹고 노래하고 즐기다 보니 친해지는 것 같고, 거기에서 연고관계가 형성되는 것 같아요.

김두식 친해진다고 느끼기는 하는데 사실 안 친해지거든요. 밤새 술 마셔봐야, 상대방에 대한 굉장히 표피적인 이해만 남죠.

김영란 그러니까요. 진짜 친한 사람에게는 어려운 부탁을 못할 수도 있어요. 그런데 술 마시고 노래하는 식으로 쉽게 관계를 맺은 사람에게는 오히려 어려운 부탁을 할 수도 있단 말이에요.

김두식 어쩌면 굉장히 근원적인 고독의 문제가 있는 것 같아요. 고독해서 그런 자리를 찾아가지만 끝나면 더 고독하고, 가정의 문제도 없지 않을 거고요. 같은 맥락에서 마작은 어떠세요? 밖에서는 잘 모르지만 오랜 세월 마작 문화가 법조계에 널리 퍼져 있었잖아요. 저도 위원장님도 안 했지만, 시험에 빨리 붙어 군법무관을 간 친구들은 군대에서 가장 먼저 마작 교본부터 돌려봤어요.

김영란 누가 만든 게 제일 훌륭하다며…. (웃음)

김두식 맞아요. 교본에 여러 판본이 있었어요. 어느 판검사가 만든 것인지가 전설처럼 이야기되고. 저는 군사법원 법정에서 문 잠가놓고 군용담요를 깔아놓고 마작 하는 걸 본 적이 있어요. 밤새워서도 하고요. 변호사들도 끼는데, 그것도 아무나 끼는 게 아니라 친하게 지내던 법무관 출신 변호사들만 가능했죠. 당사자들은 '일시오락'이라고 주장하겠지만, 변호사들이 와서 돈을 잃어주곤 했으니 문제가 있었죠.

김영란 그러니까 그것도 잃어줄 자격이 따로 있는 거네요. 낯선 사람은 못하잖아요. 부정청탁금지 및 공직자의 이해충돌방지법('김영란법')을 만들 자고 하니까 왜 대가관계 없는 금품수수를 그렇게 엄하게 다루냐는 비난 이 있었어요. 하지만 자격이 있는 사람만 들어올 수 있는 부패구조를 차 단하기 위해서는 그런 법이 반드시 필요해요. 저희 때도 마작을 많이 했 어요. 판사님들 집에 몰려가서도 하고 한정식집에서도 하고. 저는 서울에 서는 한 번도 안 갔다가 부산에 판사로 가서는 동기들 따라 한정식집에서 마작 하는 걸 구경만 해봤어요. 저보고 좀 배워보라고 했는데 도저히 배 워지지 않더라고요. 부산에서는 너무 신기했던 게 점심 먹으러 가면 일단 고스톱을 한판 쳐요. 화투가 음식점마다 다 있어요. 그래서 그냥 한판 치 는데, 변호사가 있거나 그렇지는 않았어요. 늘 일상화된 거죠. 저는 고스 톱을 못 치니까 종업원들이 '제가 봐드릴게요, 하세요' 해서 '이거 내세 요' 그러면 시키는 대로 내고. 그러면서도 속으로 '아니, 왜 점심때 이런 걸 하는지?' 생각했어요.

김두식 점심 먹고 한판 치고, 지는 사람이 밥값을 내는 정도는 저도 본 적이 있고요. 할 줄 모르니까 구경만 하고 음식값도 못 내는 제 위치가 아 주 애매하더군요. 일종의 '깍두기'라고 해야 하나.

김영란 그때는 김포공항에서 비행기 기다리면서 고스톱 치고 비행기 안 에서도 치던 시절이에요. 그러니까 판검사만의 독특한 문화는 아니었겠 죠. 우리 사회 전체가 그랬던 거니까요. 1980년대에 복덕방에서 고스톱

치다 온 사람을 제가 즉결심판에서 판돈만큼 계산해서 벌금 5만 원씩 매겼다가 난리가 난 적이 있어요. 너무 세다는 거예요. 벌금을 부과하더라도 1만 원 이하로 하거나 일시오락 정도라고 그냥 돌려보냈어야 했는데 제가 세상물정 몰라서 그런 일이 있었던 거죠. 저는 일단 '도박한 걸로 왔으니 경고가 될 만한 벌금을 매겨야겠다'고 생각한 건데, 당시 벌금 5만 원은 굉장히 센 거였어요.

김두식 고스톱은 전 국민의 오락이었지만, 마작은 약간 귀족문화 성격이 있었죠. 일단 복잡한 룰을 이해해야 하니까, 그걸 알 만한 사람들끼리 즐긴다는 의식이 있었고요. 90년대 후반부터는 마작문화도 거의 사라졌죠. 마작의 시대가 끝난 건 골프의 시대가 열렸기 때문이고요. 골방에서 마작하는 것보다는 토요일에 넓은 들판에서 운동하는 게 낫다는 생각을 하게된 거잖아요. 운동이니까 예전보다 건강해졌다고들 생각했죠. 그런데 판사들도 이제는 골프를 조심하더라고요. 예전같이 아무 업자가 끼어들어서치는 일은 거의 없어졌어요.

김영란 요즘은 잘 모르겠는데 예전에는 많이 볼 수 있는 모습이었지요.

김두식 골프는 비용이 비싸고 예약하는 게 어렵다 보니 회원권이 있는 스폰서랑 갔잖아요. 가보면 모르는 사람이 껴 있어서 알고 보니 조폭이거나 사건 관계자였다더라 하는 얘기들도 있었고요.

김영란 그럴 수 있어요. 저는 골프를 치지 않으니 그 문화도 잘 모르긴 하지만, 똑같은 맥락에서 이런 관행도 컨트롤할 수 있는 매뉴얼을 만들어서 엄격하게 관리해야 한다고 생각해요. 국민권익위원회는 부패를 '개인 도덕성의 함양' 같은 틀로 보지 말고 '관리해야 할 대상'으로 보는 입장이에요.

'거절할 명분'

김두식 이제 돈 얘기에서 청탁 얘기로 넘어가볼까요. 이런 질문을 해도 되는지 잘 모르겠는데, 법관으로 계시는 동안 가장 인상적인 청탁은 어떤 것이었는지요? 저야 대법원 근처도 가본 적이 없어서 잘 모르지만, 아무래도 대법원은 법률심이라 사실관계를 다투는 일이 많지 않아서 사건 관련해서 청탁하기도 애매하죠?

김영란 그런데도 목숨 걸고 청탁하는 경우가 있어요.

김두식 대법원에서도요?

김영란 돈으로 하는 청탁은 아니에요. 관계로 들어오죠. 그래서 제가 청탁 자체를 금지해야지, 돈만 금지해서는 안 된다고 생각하는 거예요. 세상에, 제 초등학교 동기까지 조사하고, 저랑 같이 근무했던 부장판사님까지 온갖 사람을 알아내서 연락을 하더라고요. 어떻게 알았지, 싶은 때가 많았어요.

김두식 '삼성 비자금 사건'* 당시에 〈시사IN〉의 문정우 편집장이 "제발 떨지 마라, 휴대전화야"라는 제목의 글을 이렇게 맺은 적이 있어요.

"삼성 사람들은 겉보기에는 경제적으로 여유 있어 보이고 세련됐지만 안타깝게도 회사로부터 존중받는 것 같지는 않다. 그들은 대한민국이란 콧구멍만 한 나라에서 삼성이란 기업을 글로벌 시대의 강자로 키워낸 호랑이다. 그런데도 회사는 그들에게 하이에나 같은 짓을 하라고 강요한다. 이건희 회장은 그들을 더 귀하게 여겨야 한다. 그들이 이 구멍가게 같은 잡지사의 편집국장에게 진땀을 빼며 전화를 거는 것보다 훨씬 중요한 일을 할 수 있게 해야 한다. 탁상에서 계속 전화가 울어댄다. 휴대전화가 연방 몸을 떤다. 액정 화면에는 잃고 싶지 않은 삼성의 지인들 이름이 번갈아 나타난다."**

---

* 삼성 비자금 사건 2007년 10월 30일 삼성그룹의 법무팀장 출신인 김용철 변호사가 천주교 정의구현사제단과 함께 삼성그룹의 50여억 원의 비자금을 자신이 관리해왔다고 폭로했다. 아울러 이건희 회장이 검찰, 국회의원, 언론 및 시민단체에 대한 로비를 직접 지시했다는 문건을 공개했다. 김용철 변호사는 삼성이 계열사마다 비자금 액수를 할당했고, 반도체 라인, 타워팰리스 공사 등에서 분식회계를 통해 조직적으로 비자금을 조성했으며, 관련 자료는 100% 없앴다고 말했다.
그의 폭로에 따르면 비자금은 삼성 본관 27층의 경영지원팀 비밀금고 및 전현직 핵심임원 1,000명의 차명계좌에 나누어 보관해왔다고 한다. 그 자신도 우리은행 차명계좌에 50억 원대의 현금과 주식이 들어 있었다.
이에 대해 삼성 측은 비자금과 분식회계를 부인했고, 검찰과 법원에 대한 로비도 근거 없다고 말했다. 차명계좌는 구조조정본부 시절 동료의 부탁으로 만든 것이었다고 해명했다. 이후 '삼성특검법'이 발의, 통과돼 관련자들이 조사를 받았으나 대부분의 의혹에 불기소 처분이 내려졌다. 허태학, 박노빈 에버랜드 전현직 사장들이 피고인인 에버랜드 사건에 대해서는 유죄가, 이건희 회장이 피고인인 삼성SDS 사건에 대해서는 무죄가 선고됐으나, 대법원에서는 반대로 에버랜드 사건은 무죄로, 삼성SDS 사건은 유죄취지로 파기환송했다. (자료 출처 : 위키피디아)

우리나라에서 청탁이 어떻게 이루어지는지를 기막히게 보여준 글이었지요.

김영란 삼성은 개별관리를 한다죠.

김두식 리스트를 만들어놓고 관리한다고 하잖아요. 옛날부터 '관리의 삼성'으로 불렸죠.

김영란 삼성만 그런 것도 아니에요. 재벌그룹 관련 사건은 자기가 최대한 노력했다는 것을 회사에 보여줘야 하나 봐요. 결론은 판사가 내렸으니 어쩔 수 없더라도, 뭔가 노력한 걸 보여야 하는 거예요. 그래서 온갖 사람을, 상상도 못할 사람들을 다 동원해요. 만약 담당 대법관이 있다면 그 대법관과 '접촉할 수 있는' 사람을 만나서 자기가 어떻게 했는지 회사에 보고해야 한다고 들었어요. 중간에서 접촉할 수 있는 인물들을 회사가 철저히 관리하는 거죠. 대법원에 있어도 청탁이 한두 건이 아니에요. 때로는 일을 할 수 없을 정도였어요. 제 업무와 아무 상관없는 어르신이 찾아온다 해도 무조건 안 만날 수는 없잖아요. 우리 사회에서 어르신들을 배척할 수도 없고. 그렇게 찾아와서는 다들 사건 관련 얘기를 해요. 제가 맡고 있는 사건이 있었는데 하도 얘기가 들어오니 도저히 못 견디겠더라고요. 어느 날 제 친구가 전화했길래 '앞으로 이 건에 대해 누구를 통해서든 한 번만 더 나한테 얘기하면 내가 이 사건을 어떻게 처리할지 나도 확신할

•• 문정우, "제발 떨지 마라, 휴대전화야", 〈시사IN〉 제7호, 2007년 10월 29일.

수 없다'고 했어요. 2심에서 일부무죄 일부유죄로 올라왔는데, 무죄 부분도 유죄 부분도 애매한 게 있었어요. 애매하니까 이 사람들도 매달리는 거예요. 명백하면 덜 매달렸을 텐데. 내가 어떻게 할지 나도 모른다는 말이 가진 위험성, 사실 협박이지요. 그 의미를 정확히 알아차렸는지 그 뒤로는 일절 연락이 안 오더라고요. 제 협박이 회사에 들어간 거겠죠.

김두식 친구에게 그 말씀 하시고 나서 사건 관련한 청탁이 한꺼번에 끊긴 게 더 놀랍네요. 회사에서 누군가 전체를 컨트롤하고 있지 않았다면 그렇게 깨끗하게 한 번에 정리되기 힘들었을 테니까요.

김영란 그리고 어떤 정치인 사건에서, 제가 존경하는 동기 변호사가 나타나 청탁을 해서 놀랐던 적이 있었어요. 선임된 것도 아니고 그 사건하고 관계도 없어 보이는 분이었는데.

김두식 그런 경우 변호사로 정식 선임은 안 된 경우가 많죠. 선임은 안 하되, 뒤로 사례비를 따로 받았을 거예요.

김영란 모르겠어요. 그런 청탁이 있어도 사건의 결론에 영향을 미치지는 않지만, 스트레스는 많이 받아요. 판결에 대한 스트레스보다는, 여러 사람이 얽힌 '관계'에 대한 스트레스가 있는 거죠. 그런 때는 조용히 듣고 아무런 코멘트 없이 돌려보내는 수밖에 없어요.
　한번은 남편과 사별하고 어려운 처지에 있는 학교 동기가 찾아왔어요.

제가 보험을 이미 여럿 들어줬기 때문에 이번에는 거절해야지 마음먹고 있는데, 갑자기 어떤 사건 얘기를 하는 거예요. 그래서 제가 사건 얘기를 할 거면 그냥 차나 마시고 가라고 하니까, 주섬주섬 들고 온 걸 꺼내더라고요. 다단계 상품들이었어요. 저는 그것을 팔러 온 줄 알았는데 그냥 주려고 왔던 거예요. 그대로 돌려보냈죠. 그런데 나중에 보니까 이 친구가 사건 관련자로부터 돈을 받았더라고요. 그래서 구속당해서 형을 살고 나왔어요. 그 친구가 조사받을 때 제가 '차나 마시고 가라'고 했다고 진술했다더라고요. 제가 말했던 그대로. 얘기도 꺼내지 못하게 한 게 얼마나 다행인지.

김두식 그건 그나마 다행이죠. 만약에 그 친구가 '김영란에게 돈을 줬다'고 진술했다고 생각해보세요. 위원장님이 훨씬 큰 어려움을 겪었을 수도 있어요.

김영란 맞아요, 정직하게 이야기해줘서 고맙더라고요. 친구니까 그 정도 선에서 얘기도 못 꺼내게 거절했지, 선배나 상관이었던 분이라면 꼼짝없이 얘기는 들어줘야 하잖아요. 듣고도 영향 받지 않으면 된다고는 하지만, 아예 듣지도 않을 수 있게 시스템이나 매뉴얼로 정해줘야 한다고 생각해요. 그때 이미 했던 생각이에요. 이런 사례는 하루 종일 말할 수 있을 정도로 많아요. 어느 학교에 강연을 하러 갔는데, 교장 선생님이 '집에 가서 읽어보십시오' 하며 편지를 주셨어요. 버리지 않고 지금도 갖고 있는데 어떤 사건에 대해 구구절절 썼더라고요. 제 사건도 아니었고 전달할 이유도 없어서 못 본 걸로 했죠. 그런 청탁이 무수한 방법으로 이루어지고 있어요. 그런데 과연 공무원들만 나쁘다고 할 수 있는가, 이런 생각도 들더라고요.

김두식 판검사나 공무원에게 청탁을 해주겠다고 돈을 받고는 중간에서 먹어버리는 '배달사고' 문제도 있을 수 있잖아요. 그런 나쁜 사람을 만나면 공무원도 곤욕을 치르게 되죠. 그래서 돈 봉투 전달하는 사람을 그대로 돌려보낸 뒤에도 불안에 떠는 경우가 있어요. 중간 전달자들이 대개는 함부로 거절할 수 없는 사람들이잖아요. 그런 사람을 돌려보내고 나서도 걱정하는 거죠, 그 사람이 과연 제대로 돌려줄까, 배달사고가 나서 나중에 내가 뒤집어쓰면 어떻게 되나.

김영란 그런 것으로부터도 공무원을 보호할 필요가 있어요. 개인적으로는 충분히 거절하는데 구조적으로 거절할 수 없어서 힘들어하는 사람들이 많으니까요. 그래서 이런 걸 막아주면 공무원들은 다 환영할 거라 생각해요. 그렇게 어쩔 수 없이 조금씩 물들다가 전체가 물들게 되는 거거든요.

김두식 그러니까 '김영란법'은 공무원들에게 '내가 부탁을 들어줄 수 없고 당신을 만날 수도 없다'고 얘기할 근거를 마련해주는 거군요. 중요한 변화의 계기가 되리라 생각해요.

김영란 그것만 하면 저는 공무원 사회도 많이 깨끗해지리라고 봐요. 우리나라 공무원들이 엘리트이지 않습니까? 공부 잘해서 공무원 시험에 붙었다는 것도 엄청난 자부심이잖아요. 하지만 공부 잘한다고 인생도 무조건 훌륭한 건 아니지요. 진짜 훌륭해지도록 시스템을 갖춰줘야 하는 거죠.

김두식 관계를 중심으로 들어오는 청탁을 얘기하니 생각난 건데, 집안에서 들어오는 청탁을 경험한 적은 없으세요? 좀 곤란할 질문일 수도 있는데, 어쩌면 이게 한국사회에서 가장 어려운 문제일 수도 있거든요. 자기 집이나 시댁의 청탁을 거절하면 자칫 원수가 될 수도 있잖아요.

김영란 많았죠. 대법관 시절까지도 가까운 친인척을 통해서 그렇게들 부탁을 했어요. 제가 어떤 날은 화를 낸 적도 있어요. 이걸 왜 나한테까지 전하냐, 막아주셔야지. 친인척들도 불편하셨을 거예요.

김두식 그분들도 지인들에게 부탁받은 걸 다 전달하신 건 아닐 거예요. 도저히 어쩔 수 없는 관계만 전하고 나머지는 거절하셨겠죠.

김영란 그러셨던 것 같아요. 저도 90년대까지는 다른 판사가 다루는 사건에 대해 누가 제게 부탁하면 봐달라고 얘기하지는 않지만, 그냥 '누가 이런 말을 하더라고요'라고 전한 적은 있어요. 아예 전하지도 않을 수 없는 경우가 있었거든요. 한번은 제가 너무 곤란해서 사건 기록을 빌려다 본 적도 있어요. 청탁을 전달하지는 않았고요. 이게 구제될 수 있는 사안인가 불가능한 사안인가 혼자 조용히 알아본 거죠, 그냥 제 마음의 평안을 위해서.

김두식 저도 군법무관 시절 가족 중 사촌 이내에서 생긴 문제는 직접 알아본 적이 있어요. 창피한 기억이지만, 우리 사회에서 인간관계를 모두 끊지 않는 이상 그 정도도 안 할 수는 없더군요. 위원장님께선 일찍부터 청탁에 대해 조심스런 태도를 취하게 된 특별한 이유가 있나요?

김영란 초임판사 시절에 가까운 가족이 소액사건의 피고가 된 적이 있었어요. 법정에도 안 나가고 일부 인정하는 답변서도 써낸 터라 이기게 해달라고 할 생각은 전혀 없었지만, 가족 일이니까 제 마음이 약해져서 아무 생각 없이 면피(?)라도 해야겠다는 심정으로 담당 판사님께 연락을 드렸어요. 말이라도 해놓아야겠다고. 공교롭게도 담당 판사님이 아파트 같은 라인에 사셨어요. 얼굴도 모르는 처지에 아파트 내부전화로 얘기를 했는데 그 판사님은 선배로서 저를 나무라셨어요. 판사로서 내 체면이 뭐냐 싶을 정도로 혼이 났죠. 그때 일이 제게 약이 됐어요.

다수의 선한 사람을
악에서 구하는 방법

김두식 청탁이라는 게 없을 수 없는 문화이고, 그에 따라 엄청난 스트레스를 받는데도, 사법연수원이든 어디서든 이 문제에 대한 가이드라인을 제시받아본 적이 없습니다.

김영란 권익위에서 만드는 법이 바로 그 가이드라인이에요. 저처럼 네트워크가 별로 없는 사람조차 이렇게 스트레스를 받았는데, 청탁에 많이 노출된 사람들은 어떨까. 상대방의 마음을 상하게 하지 않으면서 거절하려니 괴로운 거잖아요. 그런 경험이 동기가 된 거죠. 국가를 위해 봉사하겠다고 출발한 공직자들이 이런 법이 있어야만 끝까지 좋은 마음으로 봉사할 수 있겠다. 뇌물을 받거나 사리사욕에 따라 일하는 사람까지 100% 계도할 수는 없겠지만, 최소한 '착한 사람들'은 보호해서 처음부터 발을 담그지 않게 해야 성공할 수 있겠다. 그렇게 해서 기업과 공무원의 고리부터 끊는 거죠. 기업들 간의 문제는 그다음 단계이고요.

김두식 제가 가이드라인을 배워본 적이 없다고 했지만, 사실 공식적인 가이드라인은 늘 있었죠. 어떤 청탁도 받아서는 안 되고 어떤 돈도 받아서는 안 된다! 그런데 저는 가끔 그게 비현실적이라는 생각을 했어요. 억울한 사정을 설명하는 민원과 부정청탁의 구분이 쉬운 문제도 아니잖아요. 부모님이나 자식에게 문제가 생겼을 때 그 사정을 설명하는 것까지 막을 수 있나 싶기도 하고요. 대한민국에서 어쩔 수 없는 부분은 인정하고 나머지라도 거절하라고 요구하는 게 현실적이라고 느낀 거죠.

김영란 그런 문제가 있죠. 그래서 일단 이 법은 '내 것을 내가 직접 얘기하는 건 된다'고 열어놓고 있어요. 내 것을 직접 호소하는 것은 청탁인지 민원인지 구별이 어렵잖아요. 그래서 그건 청탁의 범위에 안 넣었어요. 내 자식, 내 부모 것은 원칙적으로는 청탁에 포함되어야지요.

김두식 그런데 이런 애매한 경우도 있지 않나요? 저는 이래저래 알고 지내는 사회복지기관들을 도울 일이 자꾸 생겨요. 대개는 기관을 운영하는 사람이 제도의 불완전성 때문에 불가피하게 국고지원금 등을 일시전용했다가 문제되는 경우죠. 변호인을 선임할 형편은 안 되는 영세한 곳들이에요. 그럴 때 억울한 내용을 경찰이나 검찰에 좀 설명해달라고 부탁이 오면 거절하기가 참 어렵더라고요. 그래서 검찰에 있는 친구에게 '기록을 잘 보면 개인이 착복한 돈은 하나도 없는 걸 금방 알 수 있지 않냐. 그건 좀 참작해달라'는 얘기를 한 적은 있어요. 물론 제가 돈을 받거나 하는 일은 없죠. 하지만 이것도 막상 부탁을 받는 동기 검사에게는 큰 부담일 수 있거든요.

김영란 그래서 제도가 더 필요해요. 이 법에 대해서 '정말 어려운 사람이 동네에서 힘깨나 있는 사람한테 부탁하는 것까지 다 처벌하는 것 아니냐'는 비판이 나오는데, 국선변호사 등으로 실질적인 도움을 받도록 제도적인 접근을 해야죠.

김두식 우리나라의 부패구조에 대해서는 이런 생각도 해볼 필요가 있어요. 사실 우리나라의 공무원 조직이 일반시민들이 생각하는 만큼 부패한 건 아니에요. 지속적으로 나아지고 있고요. 그런데 공무원 조직에 관한 사람들의 부정적 인식이 워낙 넓게 퍼져 있다 보니까, 그 불안감이 만들어내는 일종의 '방어적 청탁'까지 생겨요. 저쪽이 지금 '빽'을 쓰고 있는 게 분명하니 나도 뭔가 해야겠다는 생각이 드는 거죠. 집안에 사법시험 합격자가 나왔을 때 만세를 불렀던 이유도 '우리 집에도 유사시에 방어해 줄 수 있는 보호막이 생겼구나' 하는 안도감 때문이에요. 그래서 부패구조를 자꾸 얘기할수록 사람들의 마음속에 '정말 부패가 심각하구나' 하는 생각이 더 깊어지면서 방어에 대한 갈망이 심화되고, 그게 또 청탁을 만들고, 그래서 부패구조는 더욱 강화되고.

김영란 맞습니다. 정말 적은 금액인 경우도 재판에서 지면 전부 '아, 저쪽은 판사와 잘 알아서 이겼다'고들 생각해요. 예외 없이 그래요. 물론 이긴 사람은 그렇게 얘기하지 않죠. 이게 부패구조에 대해 너무 많이 지적해서 그런가 싶기도 하지만, 그렇다고 덮어두면 괜찮은가? 그럴 수는 없잖아요. 결국 부패를 줄여나가는 것 외에 방법이 없어요. 저도 우리나라가 거대한 피해망상증과 과대망상증의 나라라는 생각까지 했던 적이 있어요. 아까 말한 전두환 대통령 시절에 변호사들을 조사했을 때도 집행유예 한 건당 판사들이 얼마씩 받는다는 의심이 있었던 건데 의외로 그렇지 않았거든요.

김두식 생각보다 판사들이 받는 액수가 적어서 신군부도 놀랐다는 얘기죠. '애들이 이 정도 액수에 흔들리나?'

김영란 《거짓말하는 착한 사람들》을 보고 느낀 게 딱 이 부분이었어요. 사람들은 자신의 선함을 합리화할 수 있는 선, 작은 부분에서 유혹에 넘어간다는 대목. 1970년대 케네디예술센터가 운영하던 선물 매장에서 일하는 300명의 자원봉사자 얘기가 대표적인데, 이 매장의 한 해 40만 달러의 매출 중 15만 달러를 누군가가 훔쳐갔다고 하잖아요. 조사해보니 어떤 한 사람이 훔친 게 아니라, 수많은 자원봉사자들이 조금씩 훔친 것이었다고 하죠. 사람들은 자신이 선하다고 믿기 때문에 어떤 기준을 넘어서는 나쁜 일을 벌이지는 않지만 일상의 사소한 부정행위에 대해서는 너그럽게 허용하는 경향이 있다는 얘기입니다. 도덕적인 삶을 유지하는 건 다이어트하고 비슷하다고도 해요. 점심, 저녁은 샐러드만 먹었으니 자기 전에 쿠키 정도는 먹어도 된다, 이렇게 생각한다는 거예요. 그러니까 자기 전반적인 삶을 돌아볼 때 내가 착한 사람이었다고 생각되면 조그만 부정을 허용하는 경향이 있다는 거죠. 사소한 부정행위를 저지르는 건 일반적으로 착한 사람이래요.

김두식 스스로 나쁜 짓을 한다고 자각하면서 돈을 받는다는 사람은 없다는 거죠.

김영란 네. 사람들은 다른 사람의 눈에 비친 자기 모습이 정직하고 존경받아 마땅한 인물이기를 원하는 에고 모티베이션(ego motivation)과 다른 사람을 속여서 가능한 한 큰 이익을 얻기를 원하는 파이낸셜 모티베이션(financial motivation), 이 두 가지 모순된 동기를 부여받아 행동하므로 두 동기 사이에서 균형 잡힌 행동을 하고자 한다는 거예요. 저자는 그때 작동하는 요인들을 '퍼지요인(fudge factor)'이라 이름 붙인 다음 퍼지요인을 줄여나간다면 부정행위도 줄여나갈 수 있다고 주장해요.

어떤 사람이 범죄행위를 저지르고자 할 때는 자기 행동을 합리화하려 하는데, 그런 합리화하는 능력이 확장될 때 퍼지요인도 함께 커져 자신이 저지르는 잘못된 행동이나 부정행위를 좀 더 평온한 마음으로 받아들인다고 해요. 반대로 합리화할 소지가 줄어들 때 퍼지요인도 함께 줄어들고 그 결과 잘못된 행동이나 부정행위를 불편하게 받아들인다는 것이죠. 정직한 사람으로 보이고 싶은 욕망과 부정행위로 이득을 얻고 싶은 욕망 사이의 미묘한 균형을 잡아주는 퍼지요인을 줄여나갈 방법을 고민해야 한다는 거예요. 이런 이론을 퍼지요인 이론이라 설명하고 있었어요.

김두식 사람이란 워낙 자기합리화를 많이 하는 존재죠. 소년범죄를 저지를 때도 이런 자기합리화가 이른바 중화기술(neutralization)로 작용하잖아요. 그러니까 자기가 나쁜 짓을 하는 게 아니라 의리나 친구 사이의 우정 등 상위 가치를 위해 훔친다는 식으로 스스로를 계속 합리화하는 거예요. 위원장님이 말씀하신 것처럼 자기가 대놓고 나쁜 짓하고 있다고 생각하면 사람이 살 수가 없기 때문에 계속 자기합리화 과정을 거치는 거죠.

김영란 지금까지 우리 사회는 사소한 부정행위까지 모두 드러내면 공직사회가 너무 부패한 것처럼 보이니까 다 같이 입 다물고 있었던 것 같아요. 그런데 그렇게 사소한 부정행위에 발을 적시면 이번 김광준 검사 사건* 같은 큰 비리에도 점점 무감각해지는 거예요. 그러니까 아예 발을 못 적시게 하는 게 맞고, 그렇게 해야만 '빽' 없는 국민을 과대망상과 피해망상으로부터 마음 편하게 해드릴 수 있어요. 아직은 그런 거대한 망상이 있는 게 사실이거든요.

김두식 《거짓말하는 착한 사람들》에는 이런 우스개도 나오잖아요. 여덟 살짜리 아이가 학교에서 연필을 훔치다 걸리니까, 그 아버지가 아이를 혼 내면서 '아빠가 회사에서 얼마든지 가져다줄 수 있는데 왜 그랬냐?'고 했 다는. (웃음) 실제로 그런 일이 많죠. 저도 사실 학교 비품과 제 개인 물품 을 완벽하게 구분해서 사용하고 있는지 자신이 없어요. 예를 들면 입시 면접 때마다 학교에서 교수들 쓰라고 '포스트잇'을 책상 위에 올려놓는 데, 그걸 집에 가져다가 제가 읽는 책의 중요한 부분을 표시하는 데 사용 하거든요. 물론 책 읽는 것도 교수 업무라고 생각하면 잘못이 아니라고 볼 수도 있지만, 그만큼 작은 일에는 민감하지 못하다는 얘기죠.

김영란 재판 끝나고 '나는 빽이 없어서 졌다'고 생각하는 사람이 늘 있 다고 했죠. 그런 얘기 들으면 판사들은 당연히 억울해요. 그래서 이런 제 도와 별개로 판사가 법정에서 재판을 잘해야 한다는 말씀을 드리고 싶어 요. 판사의 가장 중요한 능력 중 하나가 법정에서 재판을 잘하는 거예요. 판결문을 잘 쓰는 것보다 더 중요한 것이 결론이 왜 이렇게 났는지를 법 정에 있는 사람들이 납득할 수 있도록 하는 것이거든요. 그래서 저는 법 정에서 설명을 많이 해줬어요. '지금 이러이러한데 이런 증거가 부족합니

* 서울 고검의 김광준 부장검사가 유진그룹 측으로부터 5억 9,600만 원, 다단계 사기범 조희팔의 측근 강태용으로 부터 2억 7,000만 원, 고소 사건 무마 대가로 전 국가정보원 직원 부인으로부터 8,000만 원, 옆 부서인 특수2부에 서 진행하는 KTF수사와 관련해 회사 임원으로부터 여행경비 2,000만 원 등 9억 6,600만 원을 받은 혐의로 기소된 사건. (박대한·박용주·김승욱, "'10억수수' 김광준 기소…후배검사 3명 감찰 의뢰", 〈연합뉴스〉, 2012. 12. 7.)

다. 당신은 이런 점을 주장하는데, 증거가 더 있습니까?' 어떤 증거가 있다고 하면 그 증거를 내게 하고, 없다고 하면 '이 상태로 판단을 해도 되겠습니까?' 묻고 나서 변론을 종결합니다.

김두식 소송이 지연되는 문제는 없나요?

김영란 적당한 선에서 그런 재판을 몇 번 하면 학습이 됩니다. 방청객은 대개 재판 당사자의 가족이나 관계자들이잖아요. 이 사람들이 그런 절차를 이해하면 재판이 의외로 더 빨리 끝나요. 저는 '법무사에 갈 필요도 없고, 당신이 직접 쓰는 게 훨씬 좋으니까 아무 종이에나 손으로 써서 복사해서 두 통을 내십시오.' 이렇게 설명해줬어요. 법무사나 행정사가 쓴 글에서는 진심을 알 수 없거든요. 전문가들이 써준 소장이나 답변서가 이미 나와 있으니까 당사자가 쓰고 싶은 말을 직접 써 오도록 하는 거지요. 그 글을 자세히 읽으면 숨겨져 있는 진실이나 항변이 나와요. 그러면 구제해줄 수 있게 되지요. 당사자가 항변하지 않으면 판단을 할 수 없는 법률적 제한이 있는 경우도 많잖아요.

김두식 당사자가 직접 손으로 써서 진심을 담아 제출하는 서류가 가장 설득력이 있다는 것은 저도 전적으로 동감입니다. 형사재판 때문에 상담하는 사람이 있으면 꼭 그런 얘기를 해주거든요. 만약 소년범이라면 부모님, 학교 선생님, 목사님, 스님 누구라도 '얘가 원래 착한 애인데 이런 실수를 저질렀다. 앞으로 내가 책임지고 잘 교육하겠다'는 얘기를 정성스럽게 써서 제출하라고요. 웬만하면 타이핑하는 것보다 직접 손으로 쓰는 게 나을 거라는 조언도 하죠. 실제로 그게 먹혀드는 경험도 많이 했습니다. 그런데 모든 판사가 다 위원장님처럼 당사자들에게 조언하면서 재판을 진행하지는 않거든요. 법률전문가가 아닌 당사자와 직접 대화하는 걸 피곤해하는 판사들도 있고요.

김영란 그런데 그런 것을 몇 번만 하면 오히려 편해져요. 공개재판이라서 방청객이 학습이 돼요. 제가 대법관일 때 국민참여재판이 시범 도입됐는데, 저는 국민참여재판은 그 자체로 굉장한 학습효과가 있다고 주장했어요.

김두식 비용이 많이 들기는 하지만 국민참여재판을 할 만한 가치가 있다는 거죠?

김영란 네. 물론 미국의 미식축구 선수 O. J. 심슨 재판같이 형사, 민사가 다르게 나올 수도 있고 예상치 못한 결론이 있을 수 있지만, 돈 들여서 따로 법 교육시키는 것보다 국민참여재판이 훨씬 효과적이에요. 마찬가지로 재판하는 걸 한두 건 지켜보면 방청객들은 학습이 돼서 군말이 없어요. 제가 진행하는 대로 잘 따라오고 결과를 받아들이죠. 그래서 그날의 첫 재판을 잘해야 한다고들 말하지요. 첫 재판 때 짜증내고 못하면 그날 재판은 끝까지 망치거든요. 저는 법정 문고리를 잡고 들어가면서 '아, 오늘 재판 잘해야지. 화내지 않고 당사자한테 잘해야지', 이렇게 일부러 마음으로 읊었어요. 일종의 의식(ritual) 같은 거예요. 그러고 들어가면 재판이 훨씬 잘되거든요. 그래서 배석들에게도 그런 얘기를 해줬어요. 저도 법정에서 조금 심한 말을 한 적이 있었거든요. 그러고 나서 이러면 안 되겠구나 깊이 반성했어요. 그 후부터는 늘 당사자의 말을 잘 들어야겠다고 마음속으로 되뇌었어요.

제가 법정에 들어갈 때 한 것처럼 모든 일에는 행동강령(code of conduct)이 필요해요. 부정청탁금지 및 공직자의 이해충돌방지법도 법무부가 여러 가지로 문제제기를 하지만, 저는 이것이 누구를 처벌하기 위한 법이라고 생각하지 않아요. 누군가 청탁을 하면 이런 식으로 거절하라고 행동강령을 만드는 거예요. 공직자뿐 아니라 일반 국민에게도 '공무원에게 당신의 어려움을 이러이러한 방식으로 호소할 수 있지만 청탁은 못한다'는 규범을 주는 거죠.

소수의 악당이 아니라 다수의 선한 사람이 부정행위를 저지르는 것이라면, 그걸 통제하는 방법이 중요해요. 체포 가능성을 높이고 처벌수위만 높여가지고는 해결될 수 없다는 거죠. 오히려 도덕적인 규범을 머리에 떠올리도록 하는 것만으로도 태도를 바꿀 수 있다고 해요. 행동강령을 도덕적인 각성장치로 활용하는 거죠. 판사들이 청탁을 받으면 담당 판사에게 가서 '그 사건 기록 좀 열심히 봐주세요' 하거든요. 자기 재판도 아니고, 판사에게 기록을 봐달라는 건 명목상 문제없는 발언이니까 쉽게 그런 말을 하는 거죠. 하지만 상대방은 그 말에 영향을 받아요. 《거짓말하는 착한 사람들》에는 '어차피 이렇게 된 것'(what the hell) 효과 얘기도 나와요. 정한 기준을 한번 깨고 나면 더 이상 자신을 통제하려 들지 않는다는 거죠. 청탁을 주고받는 사람들 사이의 관계를 명확하게 하는 것도 필요해요.

소수의 악당이 아니라 다수의 선한 사람이
부정행위를 저지르는 것이라면, 그걸 통제하는 방법이 중요해요.
처벌수위만 높여가지고는 해결될 수 없다는 거죠.
오히려 도덕적인 규범을 머리에 떠올리도록 하는 것만으로도
태도를 바꿀 수 있다고 해요.
행동강령을 도덕적인 각성장치로 활용하는 거죠.

그 행위와 돈의 거리가 얼마나 가까운지도 알게 해야 하고. 청탁과 돈과의 거리가 얼마나 가까운지 드러나게 되면 다수의 선한 사람들이 부정부패로 미끄러지는 것을 막을 수 있어요.

김두식 오랜 세월 판사로 일한 경험이 김영란법을 만드는 원동력이 된 셈이군요. 스폰서나 부정청탁을 직접 경험하거나 목격하면서 어느 고리를 끊어야 할지 고민한 결과물이니까요.

김영란 네. 줄곧 생각한 거예요. 제가 판사 출신이라서 이런 말씀 드리는 게 좀 어색하지만, 사실 좋은 판사님들이 많거든요. 저는 판사가 썩으면 우리 사회가 다 썩은 거라고 생각해요. 그렇다면 판사를 포함한 공직자들이 첫 출발 때의 초심을 가지고 끝까지 잘해낼 수 있게 도와주는 방법은 무엇인가, 제 고민은 바로 거기에서 출발했어요. 출발은 그랬지만 그 후 우리 사회에 가장 중요한 반부패정책은 무엇일까를 계속 고민하다가 이른 결론은 권력형 부패를 막는 것이라는 데로 연결됐어요. 권력형 부패가 한 번씩 터질 때마다 우리 사회 모두가 절망감을 느끼잖아요. 부패를 학습하는 계기가 되어 민간부문에 좋지 않은 영향을 끼치기도 해왔고요. 권력형 정경유착을 막으면 민간부패는 상당 부분 해소될 수 있을 거예요. 그런데 권력형 부패가 어떤 프로세스에서 생기느냐? 기업으로부터 권력자가 돈과 청탁을 받고, 그 청탁을 공무원에게 전달하는 데서 생기죠. 자기가 공무원이라면 직접 그 청탁을 실현해주기도 하고요. 그 고리를 끊어야 해요. 권력자에게 돈이 가는 것을 막고, 권력자가 청탁을 들어주는 길목을 끊어야죠. 돈 받는 것과 청탁하는 것, 두 부분만 근절되면 권력형 부패를 근절할 수 있을 거예요.

그래서 부정청탁금지 및 공직자의 이해충돌방지법이라는 해법에 이른 거죠. 그런데 법을 만들자고 하니까 처벌만 강조하는 엄격한 여자라고 저를 공격하기도 하고, 세상물정을 몰라서 자기네 아픔을 몰라준다고도 해요. 이건 윤리적인 문제인데 왜 처벌하려고 하느냐는 얘기도 많이 들었어요. 하지만 잘 살펴보면 개인의 권리구제에 도움이 되는 것들은 법안에 모두 다 예외를 뒀습니다. 처벌 자체보다는 이런 규범을 만들어놓고 지키게 한다는 것이 목적이니까요.

김두식 공직자가 당장 눈앞의 청탁과 관련 없이 기업에서 일상적으로 받는 돈이 문제인 거지요? 그렇게 청탁과 관련 없는 돈을 먼저 받고, 나중에 돈과 상관없는 청탁을 받게 될 때 처벌이 어려워지니까요.

김영란 지금 법으로 대가성 있는 뇌물은 처벌하지만, 대가성 없는 돈은 처벌을 못하잖아요. 평소 돈을 받아오던 관계에서 청탁하는 것은 대가성이 없다고 해서 처벌이 쉽지 않고, 그게 바로 '스폰서'지요. 권력형 부패에서는 스폰서라 생각하고 돈을 주고받지, 뇌물이라 생각하고 돈을 주고받지는 않아요. 그래서 금품수수와 부정청탁, 두 가지를 모두 끊어야 하는 거죠. 그 고리를 끊는 행동강령을 만들면서 처벌규정이 없으면 실효성이 떨어지니까, 기존의 행동강령처럼 윤리만 논하는 단계를 넘어서야겠다고 생각했어요. 과거 농경사회에서는 마을공동체에서 모든 게 이루어졌잖아요. 그 안에서 문제가 다 해결됐으니 문자화된 매뉴얼이 필요 없었고, 윤리의 문제인지 통제의 문제인지도 잘 구별되지 않았지요. 그래서 큰 문제가 없었는데, 지금은 달라요. 매뉴얼도 없고, 공동체의 품앗이도 없어서 어떻게 해야 할지 모르는 경우가 많아졌지요. 공무원의 부정부패도 마찬가지예요. 앞으로는 구체적인 행동강령을 만들어서 그 틀에 따라 행동하고, 나머지 부분에서 개인의 프라이버시나 자유를 누릴 수 있게 선을 그어주자는 거죠. 공동체문화와 개인주의 문화가 혼재되어서 혼란스러웠던 것에 선을 그어줌으로써 다른 차원으로 패러다임이 이동할 수 있어요.

김두식   이런 구조적인 문제가 권익위에 오신 다음 바로 눈에 들어왔나요?

김영란   아뇨. 처음에는 뭘 할 건지 한참 고민했어요. 부패방지, 행정심판, 고충처리…. 이 업무들을 어떻게 이념적으로 융합시킬까, 이게 따로 놀아서는 안 되겠다는 고민이 우선이었어요. 고민을 정리하고 직원들과도 교감이 된 시점에서 '우리 사회에 정말 필요한 부패방지 정책이 무엇일까?' 궁리하기 시작했지요. 그래서 어느 날 직원들과 회의를 하다가 제가 '청탁을 아예 금지하는 법을 만들면 어떨까? 그러면 이상한 건가요?' 하고 물었어요. 또 '모든 청탁을 다 처벌하면 어떻습니까?' 그랬더니 다들 좋다는 거예요. 그러고는 여기에 대가없는 금품수수, 이해충돌 방지까지 다 넣어서 법안을 하나 만들어왔더라고요. 저는 청탁만 금지해도 다 해결된다고 생각했는데, 사회적 반향을 일으킨 건 오히려 대가 없는 금품수수였죠. 그 덕분에 이 법이 힘을 받았어요. 사실 스폰서 관행이라는 게 있으면 안 되니까요. 청탁을 막자는 게 출발점이었고 그래서 여기까지 왔어요.

김두식 그런데 국민권익위원장 임기를 못 채우신 거잖아요.

김영란 임기는 3년인데요. 임기를 꼭 지켜야 하는 이유는 반부패기관이
니까 권력기관에 휘둘리지 않기 위해서죠. 독립성 유지. 저는 그것과 상
관없는 이유로 그만뒀지만.

김두식 서운하지는 않으세요? 법도 못 만들고 그만두셨는데, 다음 위원
장이 잊어버리면 없던 얘기가 되는 거잖아요.

김영란 제가 그 안에 있으면서 계속 추진하는 것도 좋지만 방법을 달리
해보는 것도 괜찮을 것 같아요. 내부에서 제가 했던 것과는 다른 방식으
로 추진하고, 저는 밖에서 요구하는 게 더 효과적일 수도 있어요.

김두식 이 책 자체가 그 요구 작업의 일환이기도 하죠.

권력은 뒷돈 없이
살 수 없는가?

2장

권력형
부패

김두식 오늘은 돈과 권력의 유착 관계, 권력형 부패의 원인과 대책을 살펴볼 차례죠? 군사독재 시절엔 이른바 4대 의혹사건이나 3분(三粉, 밀가루, 시멘트, 설탕) 폭리사건처럼 정치자금 확보를 위한 노골적인 부패가 만연했고, 권력이 군인들에게 집중된 상황에서 전 분야에 구조적인 비리가 자리를 잡았어요. 이후락 중앙정보부장처럼 이른바 '떡고물'을 만지는 사람들이 생겨난 것도 그때부터고요. 이 때문에 '빽'을 써야 문제해결이 가능하다는 믿음이 국민의 의식 속에 뿌리를 내린 것 같습니다. 이런 잘못된 믿음의 기반 위에 부패구조가 점점 강화되어 지금까지 사라지지 않고 있죠. 실제로 87년 민주화 이후에도 김영삼, 김대중, 노무현, 이명박 정부 모두 측근과 친인척 비리가 발생했고요.

김영란 오늘 제가 가져온 자료 중에 한인섭 교수의 〈권력형 부패의 구조와 통제의 범죄학〉*이란 논문이 있어요. 이 논문을 잠깐 볼게요. 한 교수는 권력형 부패에 대해 "공직에 있는 사람들이 자신의 지위나 위세, 권력

---

* 한인섭, 〈권력형 부패의 구조와 통제의 범죄학〉, 《법과 사회》 13호, 1996.

을 이용해서 사익을 도모하는 것을 가리킨다"고 했네요. 권력형 부패는 정치적 부패와 거의 같은 말이라고도 나와 있어요. 정치적 부패는 권력 남용을 통해 이루어지는 것이니까요. 그리고 "권력이라는 건 공적인 결정을 자기에게 유리하게 사용할 수 있는 힘이다. 그래서 권력의 사적인 사용의지와 부가 결합될 때 전형적인 정치적 부패 모습이 나타난다"고 해요. 한 교수는 '절대권력은 절대부패한다'는 말을 한 번 더 강조하면서 "결국 문제는 권력에 의한 사회적 약자의 유린"이라고 진단했어요.

이런 논리로 본다면 정권의 주역들에게 임기 5년은 자신이 획득한 권력을 경제적인 부로 전환할 수 있는 최적이자 마지막 기회일 수도 있는 거죠. 확고한 청렴성이 없다면 이런 유혹을 견뎌내기 어려울 것이고요. 특히 변변한 직업 없이 정치에만 몸담았던 사람이라면 권력이 있을 때 이것을 경제적 부로 전환하고자 하는 욕구는 더 커질 수도 있어요. 제 말은 정치인을 폄하하자는 게 아니라, 권력을 가진 인간은 누구나 부패의 유혹에 약할 수밖에 없다는 것을 인정하자는 거죠.

김두식 무형적인 권력은 정권 임기가 다하면 사라지지만 경제적 부는 오래 간직하면서 두고두고 사용할 수 있으니까요. 신임 대통령은 이전 정권에서 실세들의 비리로 레임덕을 심하게 겪은 것을 직접 목격했기 때문에 취임식에서 절대 측근 비리를 용납하지 않고 이를 철저히 방지하겠다고 약속하곤 했지만 시간이 지나면 그 약속은 어김없이 깨지고 말았죠. 이건 대통령이나 그 측근들의 의지만으로는 안 된다는 증거겠죠?

김영란 실질적인 제도적 장치를 만들지 않고 대통령이든 누구든 사람의 의지로만 권력형 부패를 막겠다는 것은 권력과 부패, 그리고 인간의 본성을 모르는 순진한 생각인 것 같아요.

김두식 국민도 이미 다 아는 이야기 아닌가요. 말로만 하는 부패척결 약속을 곧이곧대로 믿는 국민이 있을까요?

김영란 1장에서 이야기한 부정청탁금지 및 공직자의 이해충돌방지법을 만들어 권력층이 청탁을 아예 못하게 하는 것, 그리고 뒤에 이야기할 고위공직자비리수사처(공수처) 같은 제3의 기구를 만들어 권력형 부패에 대한 적발과 처벌을 강화하는 것처럼 눈에 보이는 대책이 있어야 실효성을 거둘 수 있고, 국민들도 부패방지 약속을 믿어줄 거예요.

김두식 사실 예전에 비하면 비교가 안 될 정도로 깨끗해진 부분도 있어요. 가령 대통령이 대기업의 돈을 직접 받아서 이른바 '통치자금'으로 쓴 것이 불과 20여 년 전이에요. 박정희, 전두환 대통령이 그랬죠. 박정희, 전두환 대통령은 아마 '부패의 중앙집중 시스템'을 통해 부패를 막는다고 생각했을 거예요. 나름대로 자기합리화가 필요했을 테니까요. 하여튼 그때는 대학 교수가 대통령의 눈에 들어 공천만 받으면 학교 앞에 고급 승용차가 배달됐다고 하잖아요. 트렁크에는 선거자금 쓰라고 돈 상자가 들어 있었다고 하고요. 여당의 공천을 받으면 돈 걱정할 필요가 없었던 시대였지만, 지금은 그런 걸 상상도 못하죠. 국고보조 등이 도입된 것도 그렇고, 돈을 주고받으면 안 된다는 국민의 의식도 높아졌고요. 종이돈 뭉치가 오가지 않게 된 것만 해도 20여 년 전에 비하면 굉장한 발전이라고 생각해요.

김영란 권익위의 전신인 국가청렴위원회에서 일정 금액 이상의 정치자금은 카드로 쓰게 하는 등 부패를 막는 장치들을 만들어서 많이 제도화됐어요. 예를 들어 1회 120만 원을 초과해 기부하거나 50만 원(선거비용은 20만 원)을 초과 지출할 때는 수표나 신용카드, 그 밖에 실명이 확인되는 방법으로 기부 또는 지출을 하게 규정하고 있어요. 선거운동 시 돈을 주거나 받으면 안 된다는 것은 선거관리위원회에서 철저하게 단속하고 과태료도 엄청나게 물림으로써 눈에 띄게 효과를 거두었지요.

김두식 이번 대선 때 일어난 일이 위원장님 말씀과 관련이 있을 것 같아요. 새누리당의 소위 '십알단'(십자군알바단) 문제로 시끄러웠잖아요. '알바'들을 모아놓고 인터넷에 댓글을 달게 하거나 트윗을 올리게 한다는 것인데, 그 며칠 전까지만 해도 트위터 검색창에 문재인, 안철수, 진중권, 공지영 같은 이름을 치면 누가 봐도 알바들 짓이 분명해 보이는 트윗들이 새카맣게 달렸어요. 검색 기능이 완전히 마비될 정도였죠. 뭘 검색해도 똑같은 글이 20~30개씩 나오니까 더 이상 검색을 안 하게 됐어요. 그런데 선관위에서 12월 13일 목요일에 십알단 사무실을 수사하고 나서 그 주 토요일, 일요일을 기점으로 그 많은 글이 싹 사라졌더라고요. 선관위에서 알바를 잡자마자 쫄아서(?) 다 도망간 거죠. 선관위가 한두 건만 잡았을 뿐인데 거기에 딸려 있던 사람들이 일시에 사라진 거예요. 반대 진영에서도 일종의 '죄수의 딜레마'* 같은 상황을 만들어내면서 '지금까지 한 짓이 걸리면 받은 돈의 30배를 물어야 한다. 그러나 지금 신고하면 3억으로 팔자를 펼 수 있다. 오늘 12시까지 신고하라'라는 글을 계속 띄웠어요. 자정효과가 일어난 거죠.

단속의 위력을 직접 체감해보니 대단하더라고요. '이게 장난이 아니구나. 걸리면 몇 배…' 이런 식으로 느끼게 만드는. 《거짓말하는 착한 사람들》에 나오는 선언효과와도 일맥상통하죠. 세금 신고할 때도 신고서 앞에 거짓말 안 하겠다고 미리 선언하게 하면 실제로도 거짓말이 확 줄어든다고 하잖아요.

엘리트 카르텔
신드롬을 넘어

김영란 제가 만들자는 법도 그런 점을 노린 겁니다. 여기 또 다른 자료가 있어요. 한국방송통신대학교의 강성남 교수는 〈차기정부의 반부패정책 과제〉**라는 논문에서 '부패 패러독스'라는 개념을 얘기하고 있어요. 부패가 국가경쟁력과 경제성장의 걸림돌이라는 부정론과, 부패가 성장의

---

* 죄수의 딜레마 공범자의 범죄 사실을 밝혀주면 형량을 감해준다는 수사관의 유혹에 빠져 동료의 죄를 고변함으로써 결국 둘 다 무거운 형량을 선고받게 되는 상황.
** 강성남, 〈차기정부의 반부패정책 과제〉, 한국행정학회 하계학술대회, 2012.

윤활유라는 긍정론이 공존하는 현상을 일컫는 말이죠. 긍정론은 부패행위를 통해 수익을 올릴 수 있으므로 어느 정도의 부패는 필요하다는 인식이죠. 미국의 어느 학자가 실증적인 연구를 해보니 외국 공무원들에게 약간의 뇌물을 줄 때 업무상 효과가 훨씬 크더라는 거예요. 그래서 나라에 따라서는 저개발국과 개발관련 계약을 체결할 때 그쪽 공무원들에게 약간의 뇌물을 써서 쉽게 계약을 따낼 수 있을 경우 당연히 뇌물을 준다는 거죠. 그런데 미국이나 영국 같은 나라는 외국 공무원에게 뇌물 주는 것을 엄격하게 처벌하고 있어요. 그래서 자기네들은 뇌물을 못 주는데, 예컨대 경쟁국인 중국이 뇌물을 주면 자기들은 불리해질 수 있잖아요. 그래서 OECD 반부패협약 같은 선진국 주도의 여러 국제협약에서도 외국 공무원에게 돈을 주지 않도록 유도하고 있어요. 우리나라도 외국 공무원에게 뇌물을 주는 경우 국내법으로 처벌할 수 있는 규정을 입법화해서 적용하고 있어요. 그리고 매년 OECD나 APEC에서 협약 준수에 관한 보고회를 가져요. 우리나라도 올해 몇 명을 기소해서 처벌했다거나, 어느 기업이 어느 나라 공무원에게 돈 준 것을 적발해서 처벌했다는 식의 보고를 하고 있어요.

우리나라는 선진국 질서에 들어서기로 약속하고 어느 정도 실천하고 있지만, 국제적인 반부패협약에서는 중국도 유사한 규제를 받아들이도록 하는 것이 초미의 관심사라는 말을 들었어요. 그러나 어느 나라든 경제적 이익이 크고, 적발되더라도 책임자만 처벌받고 회사의 권력구조에 영향이 없다면, 간단히 말해 뇌물을 주는 편이 훨씬 더 이익이라면 그렇게 할 수도 있을 테지요.

김두식 돈 주고 한두 명만 처벌받는 게 경제적으로 이익이라면 그렇게 한다는 거죠.

김영란 그게 부패 패러독스예요. 우리나라 법원판결이 왜 그렇게 대기업을 선처하는지에 대해 강성남 교수는 이렇게 설명해요. "국가경제에 이바지한 공로를 인정해 선처한다는 법원판결의 배후에는 부패 패러독스가 자리 잡고 있다." 저도 여기에 전적으로 동의해요. 언젠가 한국에 있는 외국 기업의 CEO들과 조찬을 하면서 이런저런 한국의 상황에 대해 얘기하는 기회가 있었어요. 그때 프랑스 사람인 르노 자동차 CEO가 제가 판사 출신인 걸 알고는 '한국 법원은 왜 그렇게 기업 대표에게 관대한가? 왜 늘 풀어주느냐?'고 묻더라고요. 그래서 '한국은 오너가 거의 모든 사안에 대해 의사결정을 하는 구조여서 오너를 구속하고 실형을 선고하면 기업 자체가 흔들린다는 부담이 판사들에게 있다. 어느 정도 구속기간이 지나 집행유예나 벌금형 또는 사회봉사명령 같은 것을 내리면 국가적으로는 더 도움이 될 수 있다고 생각하는 경향이 있어서 그런 것 아닐까?'라고 어물어물 답했더니 'CEO가 감옥에 있어도 회사는 회사대로 충분히 돌아갈 수 있는데, 왜 해보지도 않고 그럴 거라고 단정하느냐?'고 하더라고요.

강성남 교수의 글을 읽다 보니 그 생각이 났고, '판사들도 일종의 부패 패러독스에 갇혀 있는 것이었구나' 생각했어요. 'CEO가 대기업의 여러 노동자들과 수많은 종업원들을 먹여 살린다는 식의 논리에 함몰돼 있는 것이 아닐까?'란 생각도 들고요. 앤드루 웨더먼(Andrew Wedeman)이라는 미국의 정치학 교수도 《더블 패러독스》(Double Paradox : Rapid Growth and Rising

Corruption in China)라는 책에서 '중국의 부패상황이 심각한데 어떻게 경제성장이 가능할까?'라는 문제를 패러독스로 보고 분석했더군요.

《불멸의 신성가족》은 우리 사회가 멈춰 있는 일종의 '엘리트 카르텔' 상태를 보여준 책이잖아요. 이익을 위해서라면 누구와도 야합할 수 있는 엘리트들의 네트워크를 보여줬죠. 하지만 이제는 바꿀 수 있어요. 사람들도 더 이상 그런 상황을 용납할 수 없다고 생각하고 작은 부패에도 질색하는 등 의식이 많이 변했죠. 선거판에서 돈 주고받는 문제가 없어진 것도 비슷하고요. 이제는 엘리트 카르텔을 뛰어넘는 단계로 가야 하는 것 아닌가요.

김두식 위원장님은 미국 콜게이트 대학 정치학과의 마이클 존스턴(Michael Johnston) 교수가 주장하는 '4단계 부패유형'*이 우리나라에 적용 가능하다고 생각하시는군요. 독자들을 위해서 그 이론을 좀 설명해주시죠.

김영란 '돈 줄 자격' 이야기를 했듯이, 청탁이나 부패에 가담하는 것도 그 무리에 끼워줘야 가능하거든요. 이렇듯 사회 지배층 구성원들이 울타리를 쳐놓고 서로 이해관계를 같이하고 상부상조하는 구조를 '엘리트 카르텔'이라 해요. 엘리트들은 한정된 자원을 독식하기 위해 높은 진입장벽과 같은 '승자독식'을 보장하는 각종 제도를 만들어놓고 자기네 울타리

---

* Michael Johnston, "First, Do No Harm-Then Build Trust : Anti-Corruption Strategies in Fragile Situations", *World Development Report*, 2011(Background Paper).

안에서는 서로간의 유대를 다지죠. 우리나라 부패의 특징이에요. 권익위원회에서 정리한 내용을 좀 볼까요? 존스턴 교수는 체제압박(stresses)과 체제역량(capabilities)이라는 두 가지 변수를 통해 다양한 부패현상을 설명하고 있어요. 먼저 체제압박이란 한 국가가 내부적·외부적 요인으로부터 받는 체제 위협을 의미해요. 만성 기근이나 빈곤, 심각한 사회적·정치적 분열, 그리고 효과적으로 관리되지 못하는 자연 재해도 이에 해당된다고 할 수 있죠. 화폐개혁이나 토지개혁과 같은 과감한 개혁정책들도 체제를 불안정하게 할 수 있어요. 부패방지를 위한 개혁정책들도 마찬가지겠죠. 그런데 존스턴 교수는 이러한 체제압박 요인들이 '정치·경제 분야에 대한 국민의 참여 경쟁'이라는 모습을 통해 가장 핵심적으로 나타난다고 보고 있어요. 아마도 국민 참여 경쟁이 국가에서 적절히 관리·통제하느냐 여부에 따라 혁명이나 폭동과 같은 체제 위협이 되기도 하고 아니면 부패방지나 민주주의 강화 요인이 되기도 하기 때문이 아닌가 싶어요.

그런데 체제압박이 있다고 모든 나라가 혼란에 빠지거나 내전이 일어나거나 혹은 총체적인 부패에 빠지지는 않아요. 왜냐하면 나라마다 그 체제압박을 관리할 줄 아는 체제역량이 다르기 때문이죠. 부패문제와 관련해 예를 들어보면 우리가 보통 생각할 수 있는 대부분의 부패방지 대책들은 최소한의 효과성과 신뢰성이 보장된 체제역량을 전제하고 있어요. 부패사범에 대한 강력한 적발 또는 처벌 정책이 성공하려면 최소한 제 모양을 갖추고 신뢰가 가능한 경찰, 검찰, 재판 시스템이 있어야 하는 거죠. 그러나 대부분의 부패 취약 국가들은 이런 체제역량이 부족해요.

위장이 약하면서 호흡기 질환을 앓고 있는 사람에게 호흡기에는 효과가 있지만 위장에 부담을 주는 약을 처방하면 위장이 망가져 오히려 역효과를 내듯이 체제가 취약한데 강한 부패방지 처방을 하는 것은 오히려 상황을 악화시킬 수 있다는 것이 바로 존스턴 교수가 말하고자 하는 요점이에요. 그래서 존스턴 교수는 체제압박의 핵심 요소인 국민의 (정치·경제 분야에 대한) 참여 경쟁과 이를 관리·통제할 수 있는 국가의 체제역량이 나라마다 어떤 조합으로 나타나는지 기준을 세워 다음과 같이 부패 현상을 4가지로 구분하고 있어요.

첫 번째, 독재형은 부패한 독재자와 그의 개인적 추종자들이 법적인 제약을 거의 받지 않고 마음대로 공권력을 휘두르며 경제 분야를 잠식하고 외국 원조나 투자금까지 넘보는 상태예요. 이 유형에서는 정부와 제도적 역량도 수준이 낮고, 정치적 참여와 같은 압력도 독재체제에 의해 힘을 발휘하지 못하죠. 중국, 케냐, 인도네시아, 그루지야, 아르메니아 등이 여기 속해요.

두 번째, 족벌체제형도 역시 소수의 강력한 인물들과 그들의 개인적 추종자들에 의해 지배되는데, 독재형과 다른 점은 소수의 권력자들이 이권을 차지하기 위해 서로 경쟁을 벌인다는 거예요. 경쟁하는 족벌들의 참여 압력은 매우 큰 데 반해 이를 관리할 역량이 보잘것없죠. 그 결과 소수의 부패 권력자들이 단기적 이득을 극대화하기 위해 무질서한 경쟁을 벌이는 과정에서 경제는 파괴되고 사회질서도 무너져요. 러시아, 필리핀, 멕시코, 방글라데시, 태국, 터키, 콜롬비아 등이 여기 속해요.

세 번째, 엘리트 카르텔형은 사회 상층부 구성원들이 광범위한 네트워크를 구축하여 부패의 전리품을 나누어 가지며 현 질서의 유지를 통해 기득권을 지키죠. 독재형과 달리 이 유형에서는 정치·경제 분야에서 상당한 정도의 참여와 경쟁이 존재합니다. 족벌체제형과 달리 복수가 아닌 단일한 엘리트 카르텔이 시스템을 지배하죠. 엘리트 카르텔 체제에서는 경제발전과 대국민 서비스 공급을 위한 국가 역량이 이전의 두 유형보다 우수해요. 하지만 정치·경제적 압력은 엘리트에 의해 효과적으로 관리되죠. 카르텔을 구성하는 엘리트는 주로 정치인, 고위 관료, 언론 소유주, 군부 지도자, 그리고 대기업가 등이에요. 엘리트 카르텔 지배를 가능케 하는 것은 지나치게 비대한 정부, 비생산적인 국회, 제 기능을 다하지 못하는 법원과 정당 시스템이죠. 이탈리아, 한국, 아르헨티나, 이스라엘 등이 여기 속해요.

네 번째, 로비시장형은 성숙한 민주시장 경제에서 나타난다고 해요. 즉 신뢰도가 높은 사회에서 나타나는 유형인데, 이때의 신뢰도는 시스템의 정당성에 대한 무조건적인 믿음에서가 아니라 시민사회의 사람들과 단체들이 정치·경제적 영역에서 자유롭고 반복적인 상호작용을 해온 데서 나온다고 하고요. 이때도 부패는 있는데, 주로 특정 결정을 이끌어내기 위해 뇌물을 제공하는 유형이에요. 이러한 로비의 중개자는 대개 정치인이나 정당이죠. 참여와 경쟁에서 생기는 압력이 강하기는 하지만 이를 관리하고 수용하는 역량도 강하기 때문에 별로 문제되지 않는 사회라고 해요. 미국, 일본, 독일 등이 여기 속하죠.

존스턴 교수는 한국을 대표적인 엘리트 카르텔 유형으로 분류했어요. 우리나라의 엘리트 카르텔을 유지·강화하는 기제는 다름 아닌 '청탁문화'죠. 엘리트 사이의 상호 청탁이 금품수수가 없다는 이유로, 또는 금품수수라 하더라도 대가성이 없다는 이유로 처벌 대상에서 제외되어온 거죠.

김두식 엘리트 카르텔 유형인 우리나라도 다음 단계로 넘어갈 때가 되었고, 부정청탁방지법이 그 수단이 될 수 있으리라 생각하시는군요. '부패가 성장의 윤활유'라는 얘기가 누군가에게는 일견 타당했던 시대가 있었지만 이제 그 시기는 끝났다, 그 시대는 명백하게 걸림돌의 시기였고 더이상 논의할 가치가 없다, 이렇게 정리할 수 있겠네요. 엘리트 카르텔은 사실 재판에서도 알게 모르게 작동이 되죠. 재벌 회장 등 화이트칼라 범죄(white collar crime)에 대한 법원의 관대한 판결도 그렇고요. 근본적으로는 재판하는 사람이 누구인가의 문제로도 연결되는 것 같아요. 제가 자랄 때를 생각해보면 가까운 친척들 중에 화이트칼라, 블루칼라가 고루 섞여 있었거든요. 그런데 계층이 고착되면서 부자는 부자끼리, 가난한 사람들은 가난한 사람들끼리 어울리게 됐어요. 사회계층이 굳어진 상태에서 대부분 먹고살 만한 집안 출신인 판사들은 이른바 길거리 범죄(street crime), 즉 거리에서 누구를 때리거나 강간한 범죄자들이 잡혀오면 자기와 전혀 상관없는 사람들이기 때문에 쉽게 중형을 때리게 돼요. 그러나 주가조작이나 뇌물수수 같은 범죄를 저지른 화이트칼라 범죄자들은 학벌이나 성장배경이 판사와 비슷해서, 판사가 '얘가 이 자리까지 오느라 얼마나 고생했을까' 하는 생각을 하기 쉽죠. 자연스럽게 마음이 약해지는 거예요. 일종의 동일시(identification)가 일어나는 거죠. 동일시가 일어나니 갈수록 화이트칼라 범죄에 대해서는 관대해질 수밖에 없어요.

판사들 입장에서는 기업 하는 사람들이 다들 이 정도는 해먹고 있는데

엘리트 카르텔은 사실 재판에서도
알게 모르게 작동이 되죠.
근본적으로는 재판하는 사람이 누구인가의 문제로도
연결되는 것 같아요. 화이트칼라 범죄자들은
학벌이나 성장배경이 판사와 비슷해서
동일시가 일어나기도 쉬워요.

이놈만 재수 없게 걸렸다는 생각이 들기도 할 거예요. 그래서 내가 이 사람한테만 중형을 때리는 것이 과연 정의인가라는 고민도 있는 것 같고요. 오너 밑에서 일하다가 함께 걸려 들어오는 사람들이 있잖아요. 그들을 보면서도 같은 맥락에서 '오너가 주는 월급 받고 고생하면서 사는 놈인데, 내가 이런 불쌍한 놈 하나 혼내줘서 뭐 하나' 이런 생각도 들죠. 부패 패러독스는 '누가 재판하는가'의 문제와 무관하지 않아요. 그런 점에서 패러다임을 바꿔볼 필요가 있다는 건 의미 있는 말씀이에요.

김영란 실제로 판사들은 화이트칼라 범죄에 대해 그렇게 생각하는 부분이 있어요. '이 사람은 이 지위만 박탈해도 블루칼라에게 중형을 선고하는 것만큼 충분히 괴로울 것이다. 공무원에게 집행유예를 붙여두면 공직을 맡지 못하므로 그 자체가 벌이다' 이런 것이죠. 화이트칼라 범죄자의 성장과정을 화이트칼라끼리 더 잘 안다는 점은 분명히 있을 테고요.

김두식 화이트칼라에게는 단순히 집행유예나, 자리를 빼앗는 것만으로도 징역을 주는 것만큼의 고통이라고 생각하는 거죠. 정작 이런 게 재벌 회장한테는 아무런 의미도 없는데요.

김영란 판사들은 '재벌 회장이 그 정도로 망신당했으면 됐다'는 식으로 생각하기도 하죠. 징역 3년, 5년, 이렇게 실형을 내리면 회사가 흔들릴 것이고, 그러면 국가경제도 흔들릴 텐데 깊이 반성하고 있으니 한 번만 더 기회를 주는 게 사회적으로 유리하다는 식으로 생각하는 거예요. 그 모든 것이 엘리트 카르텔에서 작동하는 프레임이죠.

김두식 2012년 8월 김승연 한화그룹 회장에게 실형을 선고한 것은 그만큼 예외적인 일이라고 볼 수 있죠.* 이에 대해 일회성 사건이라고 보는 시각과, 법원이 변하고 있다고 보는 시각이 다 있는 것 같아요.

김영란 법원 전체가 변했는지는 모르겠는데 양형위원회를 만들어서 양형의 기준을 만들어줬잖아요. 그리고 그 기준에서 벗어날 때는 뭔가 합당한 근거가 있어야 하니까 예전처럼 판결할 수 없었던 것 같아요.

김두식 예전에는 기준이라는 게 대충 판사들 마음속에만 있었잖아요. 물론 턱도 없는 판결이 나오지는 않고 대개 '이 정도 범죄에는 이 정도 형일 것이다' 하는 합의된 범위가 있기는 했죠.

김영란 그런데 그 편차가 크다는 문제가 있었어요. 예를 들어 사법연수원에서 판사들 교육시킬 때 똑같은 케이스를 주고 양형을 써보라고 해요. 그러면 평범한 절도 사건도 집행유예서부터 징역 5년까지 편차가 심해요. 그래서 심각하다는 인식이 있었죠. 꼭 화이트칼라 범죄만이 아니라 대체로 판사들 양형이 너무 낮다는 얘기도 있었어요.

* 그러나 2013년 1월 9일 김승연 회장은 건강 악화를 이유로 구속집행이 정지돼 병원으로 옮겨졌다. 그는 2007년 '아들 보복폭행 사건' 당시에도 건강 악화를 이유로 한 달가량 구속집행이 정지돼 풀려난 적이 있다.

김두식 그래서 기준을 만들자는 게 최근 5~6년 동안 법원의 굉장히 중요한 과제였죠. 옛날같이 재벌이라고 다 봐줄 수 없고, 대개 이 정도 잘못에는 이 정도 형이 나간다는 기준이 생겼어요.

김영란 예컨대 2010년에 있었던 태광그룹의 비리 사건*은 그래서 형이 엄하게 나온 것 같아요. 일반적인 양형기준을 벗어날 때는 이유를 자세하게 판결문에 쓰게 돼 있어요. 그게 판사에게는 부담이 될 수도 있죠. 앞으로 양형기준을 따라가는 경향은 점점 더 강화될 것이라고 봐요.

김두식 저는 그래도 김승연 회장 건은 이례적이라고 봐요. 김승연 회장은 2007년에 야구방망이로 사람을 때림으로써 화이트칼라 범죄가 아닌 전형적인 거리 범죄 쪽으로 갔잖아요. 그래서 판사들이 '이번에 또 걸렸네? 이 사람 이번엔 가만 두면 안 되겠어'라고 생각한 것 아닐까요. 그런 면에서 김승연 회장 사건은 이전 범죄의 연장선상에서 나온 일회적인 판결 같아요. 거리 범죄를 저지른 전과 때문에 판사들도 더 이상 동일시가 곤란해진 거죠.

김영란 그럴 수도 있겠네요. 그래도 이런 판례가 일단 생기면 다음에 발생하는 사건에도 영향을 미치게 되니까 좀 바뀔 수는 있을 거예요. 그래

---

* **태광그룹 비리 사건** 태광그룹 회장이 아들에게 편법으로 재산을 물려주고 차명계좌를 통해 비자금 4,000억 원을 조성해 정관계 로비자금으로 쓴 사건. (신소연, "끝이 안 보이는 태광그룹 비리…검찰, 4대의혹 초점", 〈헤럴드뉴스〉, 2010. 10. 18.)

서 양형위원회를 만들었고요. 미국은 양형위원회를 엄격하게 운영하는데, 사실 판사들은 일종의 재량권을 뺏기는 거니까 우리나라 판사들도 처음에 반발이 심했어요. 공식적인 문제제기는 없었지만, 우리가 무슨 자판기냐, 이런 생각들이 있었죠. 지금은 범죄별로 양형기준을 만들고 있는데, 거의 끝났는지 모르겠어요.**

청렴하고 무능한 공무원 vs 부패하고 유능한 공무원

김두식 공무원의 부패와 관련해서는 오래전에 들은 인상적인 이야기가 있어요. 경제부처 출신의 국회의원으로 나중에 장관도 지내신 분이 사법연수원에서 강의하신 내용인데요. 깨끗하고 정직하고 뇌물 한 번 받지 않은 어느 젊은 세무 공무원이 탈세 혐의를 찾으러 다방에 갔대요. 장부를 뒤지고 별짓을 다했지만 아무것도 찾지 못했다고 하죠. 뒤이어 뇌물 먹는 게 생활화된 부패한 세무 공무원이 다시 그 다방을 찾아갔대요. 그가 일단 '장부 가져와봐' 한 다음 장부를 한 장씩 넘기다가 손가락으로 한 군데를 딱 짚으니 다방 사장은 그것만으로 이미 사색이 됐다고 하죠. 페이지 넘기다가 또 한 군데 짚고 사장 얼굴 한 번 쳐다보고, 또 몇 페이지 넘

** 양형위원회 홈페이지에서 현재 시행중인 양형 기준을 확인할 수 있다.
 http://www.scourt.go.kr/sc/krsc/main/Main.work

어가고…. 장부를 덮을 때쯤 사장은 완전 초주검이 됐다는 거예요. 앉은 자리에서 벌금 1,000만 원 때릴 탈세혐의를 찾아낸 거죠. 그런데 이 부패 공무원이 벌금 1,000만 원짜리를 500만 원 규모로 줄여준 다음 사장에게서 200만 원을 뇌물로 받아먹었다면, 잘못을 하나도 못 찾아낸 젊고 청렴한 공무원과 국고에 500만 원을 채우고 200만 원 뇌물을 챙긴 닳고 닳은 공무원 중 누가 더 애국자냐고 질문하셨어요.

그때는 동료 연수생들이 다들 너무 기분 나쁘게 그 얘기를 들었어요. 우리 대부분이 스물 몇 살 때였으니까 강사를 보고 뭐 저런 놈이 다 있나 생각했죠. 고위공무원 출신이 저런 소리나 하니 나라가 엉망이라고 비분 강개하는 친구들도 있었고요. 부패한 사람이 더 실력 있다는 전제부터 잘못된 것 아니냐는 생각도 들었죠. 그런데 지난 20여 년 동안 제 머리에서 그분이 던진 질문이 사라지지 않았어요. 물론 그분은 실력 있는 공무원이 되라는 취지로 하신 말씀이었지만요.

김영란 네, 정직하고 성실한 것만으로는 안 되고 실력을 기르라는 것이었겠죠. 설마 좀 부패할 필요도 있다는 얘기는 아니었겠죠.

김두식 그건 아니었죠. 아무튼 젊고 정의감에 불타는 연수생들한테는 너무 인상적인 얘기였어요. 그런데 사실 실력 있는 사람이 부패와 같이 간다는 인식이 오랫동안 우리나라에 뿌리를 내리고 있었던 게 아닐까 하는 생각도 들었어요.

김영란 실제로도 부패의 구조를 알기 때문에 적발이 가능한 면도 있을 수 있겠죠. 문득 홍콩영화 3부작 〈무간도〉가 생각나네요. 범죄조직 안에 심은 경찰 얘기…. (웃음) 하지만 전략적으로 〈무간도〉의 형사처럼 범죄조직 내부에 들어가 행동하는 것과 공무원이 부패에 젖어 들어가는 경우는 전혀 다른 얘기죠. 적당히 부패에 발을 담근 사람이 우수한 공무원이나 정치인이 될 수 있다는 식의 프레임은 곤란하지요. 그게 바로 부패 패러독스예요.

김두식 정치도 그와 비슷한 면이 있는 것 같아요. 국민 상당수가 전두환을 통 큰 지도자로 기억한다잖아요. 가령 '전두환이 봉투를 하나 줬는데 1,000만 원이 들어 있었다더라. 자기 혼자 다 챙겨먹지 않은 통 큰 지도자였다'는 식의 생각들도 부패 프레임을 강화하죠. 이 모든 것들이 결국 부패 패러독스의 우산 아래서 나오는 얘기들이에요.

김영란 저는 그것도 우리 사회의 상식처럼 되어버린 청탁문화와 관련 있다고 생각해요. 청탁이 관행인 곳에서는 아무래도 인맥이 넓고 청탁도 요령 있게 잘하는 사람이 그렇지 않은 사람보다 더 성공할 확률이 높지 않겠어요. 청탁에는 접대나 금품수수가 없을 수 없고, 그러다 보니 부패가 필요악이라는 생각이 일반 국민뿐 아니라 법조인, 정치인, 공무원 할 것 없이 퍼져 있는 것 같아요.
　이와 관련해서 신영복 선생의 《강의》를 읽다가 관련된 내용이 나와서 메모를 해놓은 게 있어요. 사카구치 안고의 '타락론'에는 집단적 타락증

후군을 설명하는 부분이 있대요. 모든 사람이 범죄자라는 사회적 분위기 하에서는 적발된 사람만 재수 없다고 생각한다고 하고요, 유명인의 부정이나 추락에 대해서는 안타까워하는 마음 대신 쾌감을 느낀다는 걸 말한다는데요. 타인의 부정이 자신의 부정을 합리화하는 계기가 되는 거예요. 이런 상황에서는 부정의 연쇄를 끊을 전략적 지점을 찾기가 대단히 어렵습니다. 부패 패러독스 자체를 퇴치하지 않는 한.

권력형 부패,
청탁이 핵심고리

김두식 《강의》에서 인용하신 내용은 우리나라에 딱 맞는 얘기네요. 그럼 부정부패를 막기 위한 과거의 대책들에 실효성이 부족했던 이유는 어디 있을까요?

김영란 권익위에서 부패방지 업무를 다루어보니까, 이게 지금까지 하던 식대로 하다가는 아무것도 안 되고 그저 시간과 예산만 낭비하겠다는 생각이 들더라고요. 기존의 부패방지 교과서에 열거된 대책들을 모두 제대로 실천하면 나라가 깨끗해질 수 있겠지만 그건 우리 국민소득을 5만 달러로 올리는 것보다 더 어려운 이야기예요. 실행할 수도 없는 대책들을 반복하는 것은 무책임을 넘어서 기만에 가까운 행위라고 생각해요. 강성남 교수는 앞서 제가 인용한 논문에서 역대 정부의 반부패정책이 가지고 있던 문제점을 지적했어요. "대인 처벌 위주의 통제는 무사안일, 복지부동, 기피, 책임전가, 기회주의, 요령주의 등 역부조리 발생가능성을 높인다." 더 읽어보면 이런 얘기도 나와요. "성과지향적이고 권위에 의존하는 통제 방식은 건수 위주의 통제실적을 추구하도록 만들기 때문에 사소한 비리자나 의욕적으로 업무수행을 하는 과정에서의 실수로 인한 부패행위자, 불법행위자를 척결하는 수준에 머무르기 쉽다. 그래서 오히려 권력형 부패나 직무유기형 부패, 후원형 부패, 사기형 부패, 거래형 부패 등에 대한 감시와 통제활동을 상대적으로 소홀하게 하는 문제점을 낳는다. (…) 그동안 시민과 공직자들을 참여시키지 않고 사정의 대상으로 간주하거나 정화의 대상으로 간주한 서정쇄신이니 사회정화니 이런 방법도 좋지 않다."

김두식 강성남 교수는 사후처벌 강화보다는 예방을 중시하는 입장이군요.

김영란 그렇죠. 부패문제를 단순히 범죄현상으로만 취급하는 대증(對症)적 접근보다는 부패에 개입하는 기회나 동기 자체를 감소시키는 방향으로 가야 한다는 이야기예요. 그래서 부패에 개입하는 비용(리스크)을 증가시키거나 반부패 유인책 개발을 대안으로 제시했죠. 사전예방적 활동은 하지 않은 채 처벌만 강화하면 극소수의 비리행위자만 적발돼서 무거운 처벌을 받게 되니까 '왜 나만 걸려들었나' 하고 억울해하는 부작용도 생기고 처벌을 집행하는 데 드는 비용도 늘어난다는 거예요. 그리고 "부패행위를 하는 사람의 처벌회피 노력만 강화하게 된다"는 언급도 했어요. 결국 처벌 중심보다는 사전예방 차원에서의 감시와 통제가 필요하다는 거죠. 아울러 예방활동에 국민 모두의 참여를 유도할 방법이 없는지 고민해야 한다고도 했어요. 소수가 다수를 감시하는 게 아니라 다수가 소수의 잠재적 부패행위자를 감시하는 전략이죠.

사실 판사를 할 때는 판검사만 잘해도 우리 사회가 맑아질 거라 생각했는데, 권익위 자료를 읽어보니 판검사의 일은 사후처벌적인 것이고, 예방이 더 중요하다는 걸 알게 됐어요.

김두식 혹시 부패를 못 막는 것이 아니라 안 막는 것은 아닐까요?

김영란 저도 그 점이 긴가민가했는데 우리나라의 엘리트 카르텔 부패구조를 보면서 부패를 일부러 안 막을 수도 있다는 생각이 들었어요. 부패방지 방법을 결정하는 주체도 결국 정부 내의 엘리트들이잖아요. 물론 모든 엘리트들이 다 그렇지는 않았다고 해도 기본적으로 엘리트들이 자기의 기득권을 해체하는 일을 앞장서서 했을까 싶어요.

김두식 그렇다면 지금까지의 부패방지 대책이 실효를 거두지 못했던 이유는 결국 엘리트 카르텔 해체를 목표로 하지 않아서였다고도 볼 수 있나요? 국민권익위원회도 만들고 공무원 행동강령도 만드는 등 노력을 아예 안 했다고 볼 수는 없을 텐데요.

김영란 그런데 그것들이 엘리트 카르텔을 근본적으로 없애는 게 아니라, 권력형 부패가 터져서 국민의 분노가 극에 달할 때 국면 탈출용으로 만든 경우가 많아요. 그렇다고 실제적으로 움직이는 지하의 거대한 엘리트 카르텔 조직이 있어 그렇게 했다는 것이 아니고, 엘리트 카르텔의 유지와 공고화에 장애가 되는 부패방지 대책들은 항상 반대에 부딪혀 좌절되었다는 말이에요.

그 대표적인 것이 공무원 행동강령이에요. 공무원 행동강령이 2003년에 제정되었는데 이것만이라도 제대로 제정되었다면 지금 문제 되는 대부분의 부패를 막을 수 있었을 거예요. 공무원 행동강령은 대가 없는 청탁도 못하도록 되어 있거든요. 그런데 이것을 위반해도 별다른 처벌규정이 없어요. 그러니 아무 효력도 없는 종이호랑이가 되어버린 거죠. 현행 부패방지 수단들의 공통점이 대부분 알맹이가 빠져 있다는 거예요. 예컨대 부패방지를 전담하는 기구인 국민권익위원회를 만들어놓고 부패신고 사건에 대한 조사권은 주지 않는 식이죠. 행동강령에는 위반자에 대한 처벌규정이 미흡하고, 공직윤리 교육은 제도화돼 있지 않고…. 그러다 보니 검찰이 정권의 실세 몇 명 잡아들이는 것을 부패방지의 전부로 생각하는 경향이 지금도 여전히 있어요. 검찰의 부패 혐의자 기소는 많은 부패방지 대책 중 하나일 뿐이고, 그나마 권력형 부패의 경우에는 제 역할을 못하고 있잖아요.

김두식 결국 사전예방이든 사후처벌이든 실제 효과가 있을 만한 부패방지는 거의 이루어지지 않고 있는 셈이군요. 그런데 검찰이나 경찰 측에서 들으면 많이 서운해할 것 같습니다. 우리나라 검찰, 경찰이 권력형 부패는 몰라도 일반 공무원들 부패에는 그다지 예외를 두지 않았던 것 같은데요. 그래도 우리나라는 공무원이 부패를 저지르면 처벌된다는 인식은 확고히 자리 잡았는데 그것은 검찰, 경찰의 공도 있지 않을까요?

김영란 물론이죠. 다만 저는 지금까지의 부패방지 대책이 실패한 이유가 적발, 처벌을 부패방지와 동일시하는 태도 때문이라고 생각해요. 저도 법률가이지만 법률적 제재 만능주의가 가지는 함정이 있다고 봐요. 막스 베버는 적발이나 처벌이 범죄억제 기능을 발휘하려면 공식적·사법적 처벌에 앞서 우선 공동체의 비난이나 따돌림 같은 사회적 처벌 풍토가 있어야 된다고 했어요.* 법률적 처벌은 시간도 오래 걸리고 적용이 엄격하여 제재의 효과를 내기 어려운 반면 직능단체의 자격 박탈, 기업의 해고, 협회의 퇴출 같은 제재는 즉각적이고 해당 개인의 생존권을 박탈하는 효과를 내거든요.

요즘은 많이 개선되긴 했지만 성폭행이나 성희롱 문제가 대표적이에요. 예를 들어 어느 국회의원이 여성을 성희롱했을 때 1차로 언론에서 비난이 쏟아지고 국회는 윤리위를 열어 의원직에서 제명하고 지역구에서는 성범죄자로 낙인이 찍혀 재선이 불가능하게 되는 것이 효과적인 사회적 제재죠. 의원들이 무서워하는 것도 바로 이것이고요. 이렇게 된다면 무서워서라도 그런 범죄를 저지르지 않을 거예요. 그런데 현실을 보면 언론에서는 일단 비난을 하지만 곧 잊혀지고, 국회 윤리위에서도 시간만 끌고, 소속 정당에서는 제명 정도로 처리해요. 지역구민들은 다음 선거에 그 사

* Max Weber, *The Theory of Social and Economic Organization*, 1947.

람이 무소속으로 나오면 '그래도 우리 지역이 키운 인물인데' 하는 식의 논리로 다시 뽑아주는 경우가 많아요. 부패에 연루된 정치인도 마찬가지고요. 그런데 만일 여성 정치인이 도덕적으로 비난받을 일을 저질렀다면 사법적 처벌의 천배 만배 되는 사회적 처벌을 받아 영원히 정치인으로서 재기하기 어려운 경우가 훨씬 많지 않겠어요?

김두식 그렇군요. 예나 지금이나 공무원 비리가 터지면 해당 조직에서 앞장서서 고발을 하거나 중징계를 하기보다는 일단 은폐하다가 검찰의 수사로 어쩔 수 없이 밝혀지면 마지못해 법원의 최종 판단이 나오고 나서야 징계하는 경우가 많죠. 부패한 사회는 사회적 처벌이 사법적 처벌보다 늦게, 더 느슨하게 이루어지고 청렴한 사회는 사회적 처벌이 사법적 처벌보다 빠르고 더 가혹하다고 볼 수 있겠네요.

그러니까 사회적 처벌의 토양이 마련되지 않은 상황에서 사법적 처벌만 무한정 강화하는 것은 소위 '재수 없는 범죄자'만 양산할 뿐인 거죠. 올바른 부패방지란 사회적 처벌과 사법적 처벌의 강화가 같이 가야 한다는 거네요.

김영란 우리 사회의 고질적인 청탁문화를 그대로 둔다면 부패에 대한 사회적 처벌도 불가능해요. 사회 구성원 모두가 청탁행위에 가담하고 있는 상황에서는 부패에 대한 사회적 비난이 생겨나기 어렵죠. 겉으로는 비난할 수도 있지만 속으로는 동정하고 있는 상황이니까요. 부정청탁금지 및 공직자의 이해충돌방지법의 필요성이 여기에 있어요. 이제는 엘리트 카르

사회적 처벌의 토양이 마련되지 않은 상황에서
사법적 처벌만 무한정 강화하는 것은
소위 '재수 없는 범죄자'만 양산할 뿐이에요.
올바른 부패방지란 사회적 처벌과 사법적 처벌의 강화가
같이 가야 해요.

텔을 극복해야 하는 단계라고 볼 때, 청탁에 대한 좀 더 정교한 가이드라인이 필요한 거지요. 어느 나라든 처음부터 완벽한 법률을 가지고 시작하는 나라는 없고 사회발전 수준에 맞춰 규범을 수정해나가는 것일 테니까요. 외국의 사례를 보면, 미국은 '뇌물 및 이해충돌 방지법' 제209조에서 공직자가 미 연방정부 이외의 출처로부터 금품 등을 수수하는 것을 엄격히 금지하고 있어요. 이를 위반하면 처벌되는데, 미국 정부의 설명이 인상적이에요. 공직자가 공직을 수행하면서 정부 외의 출처로부터 금품 등을 받는 경우 충성심의 분열(divided loyalty)이 발생할 수 있고, 공직 수행이 외견상 부정행위로 보일 수 있기 때문이라는 거죠. 고정적인 생활비를 제공하는 스폰서는 공직자의 경제적 생명선을 끊을 수 있기 때문에 공직자에 대한 지배력을 갖게 된다는 것이 첫째 이유, 생활비를 받는 공직자는 스폰서에 자발적으로 특혜를 제공하려는 경향이 있다는 것이 둘째 이유, 공직자와 스폰서 간의 관계에 대해 외부에서 보기에 의심이나 비난할 수 있는 모습을 보이기 때문이라는 것이 세 번째 이유예요.

무슨 일을 해도
문제없으리라는 착각

김두식 그렇군요. 한편 최근의 권력형 비리들을 가만히 보면 측근들에 의한 국가의 수익모델화, 말하자면 국가의 사유화 경향이 뚜렷해졌다는 특징이 있는데요.* 다이아몬드 사기사건, 4대강 사업, 인천공항 민영화 기도 등과 같은 예가 있죠. 과거에는 권력형 부패가 이권배분 과정에서 떨어지는 떡고물을 노리는 식이었다면, 이제는 처음부터 이권 자체를 목적으로 기획되는 수준이라는 분석도 나와요. 과거에 입찰 과정에서 돈을 받아먹거나 리베이트 주고받던 것과는 다른 성격이 나타난다는 얘기죠. 이런 분석에 동의하시는지요? 사실 이런 것들은 비리라는 명백한 증거가 없잖아요. 외관상 국가의 합법적인 정책결정 과정을 거쳐서 방향이 정해진 것처럼 보이니까요.

김영란 인천공항 민영화, 다이아몬드 사기사건 같은 구체적인 사례에 대해서는 아직 평가가 끝난 것은 아니지요. 이와 관련돼 김은석 에너지대사는 직위해제됐고 기소됐지만요. 이게 단순히 권력이 남용된 건지, 국가사유화 경향이나 권력형 비리의 새로운 유형이라 할 수 있는지는 좀 더 지켜봐야 할 것 같아요.

다만 이런 사건들이 '내가 권력을 수익모델화하겠다'는, 비즈니스 마인드에 바탕을 둔, 철저한 계산에서 벌어졌는지는 의문이에요. 그보다는 그냥 권력 행사에 두루 무감각해지는 것 아닐까요? 그래서 측근들의 비리까지 포함해 전체적으로 절제하지 못한 게 문제 아닐까요? 클린턴의 섹스 스캔들에서 볼 수 있듯이 권력의 정점에 오른 사람들이 이상한 행동을 많이 하잖아요. 그렇다면 왜 권력자들은 홀로 있을 때도 자기를 돌아보는

---

* 국부를 사익으로 취하는 행위를 '클렙토크라시'(kleptocracy) 현상이라고 부르며, 일반적으로 '도둑정치'라 번역된다. (고나무, "가족을 위해 나라를 이용해먹다", 〈한겨레21〉 제934호, 2012. 11. 5.)

'신독(愼獨)'이 아니라 오히려 더 이상한 행동을 저지르는가? 자기가 무슨 일을 해도 문제없을 것이라는 착각에서 비롯된 것 아닐까요. 신임검사가 피의자와 성관계를 맺었다든지, 상식적으로 '어떻게 그런 일이?' 싶은 사건들이 계속 일어나잖아요. 권력과 섹스, 권력과 부의 축적, 또 권력을 이용한 사기행각 등등.

김두식 근본적으로 대통령이나 주변의 권력이 너무 큰 것이 문제라고 생각하시는 거죠?

김영란 네, 절제되지 않은 권력이 문제라는 것이죠. '내가 이 사람을 대통령으로 만들기 위해 모든 것을 다 했다'는 착각 속에서 절제를 못하게 되는 것. 오히려 이와 관련된 문제로 생각돼요. 딱 집어 수익모델화라고 말할 수는 없을 것 같고요.

김두식 말씀을 듣고 보니 일전에 'GO발 뉴스'의 이상호 기자를 인터뷰할 때 들었던 재미있는 표현이 떠오르네요. 선거캠프에서 전화 돌리는 말단의 사람들 있지 않습니까? 이 기자는 그 사람들이 선거만 승리하면 갑자기 '저~ 위로' 올라가서 전화 한 통 하기도 힘들어질 거라고 하더군요. 생각해보니까 대선 끝날 때마다 그랬던 것 같아요. 선거 때 전화해서 도와달라고 하던 사람들이 선거 끝나고 청와대에 들어가면 진짜 저~ 위로 올라가서 쉽게 다가갈 수 없는 사람들이 되더군요. 그게 바로 권력의 속성이죠.

김영란　저는 권력과 떨어져 있었던 편이라 잘은 모르지만 정권마다 이너 서클(inner circle)이 있고, 그들이 너무나 막강하다는 얘기는 자주 들었어요. 대통령을 만든 사람들은 예전부터 있었잖아요. 상도동계니 동교동계니 하면서. 노무현 대통령 때는 안희정, 이광재 씨가 그랬고요. 이명박 대통령 때는 소위 SD, 이상득 씨 휘하의 인물들이 그랬죠. 정두언 씨가 그들과 대립하다가 쫓겨나고. 정권 초기에 '고소영'이니 하는 라인도 생기고. 매 정권마다 이처럼 막강한 권력을 만들고, 그러기 위해 돈을 끌어들이고, 그러면서 도덕적으로 무감각해지고 절제할 수 없게 되는 악순환이 반복되는 것 같아요.

　이것은 정권이 바뀐다고 해결될 문제가 아니에요. 정권의 문제, 사람의 문제가 아니기 때문에 구조적으로 우리가 현 단계를 완전히 뛰어넘지 않으면 똑같은 일이 반복돼요. 그러므로 이 문제를 회피하지 않고 직시해야 해결할 수 있어요. 부패 의심을 받는다고 억울해하는 공직자가 있으면 그 사람들을 위해서라도 더 투명한 절차나 정보공개가 있어야 해요. 민주정부 하에서는 정책결정이 다소 늦어지더라도 손해를 다 같이 감수해야죠.

김두식　그런데 MB정부가 그런 스타일이 아니었던 거죠. 1970년대 개발 스타일로 가다 보니 오해를 더 많이 받은 부분도 있을 거고요. 다행인 것은, 공무원들도 이런 과정을 거치면서 투명성을 강화하는 것이 꼭 자기들에게 불리한 것만은 아니라는 것을 깨닫게 된 것 같아요.

　그렇다면 권력형 부패를 막는 방법에 대해 좀 더 살펴볼까요?

의사결정 공개로
부패를 막는다

김영란 이는 사실 소통의 문제도 있어요. 앞서 말한 국책사업을 수익모델화한다는 의혹을 사는 이유도 그래요. 예를 들어 정책적으로 필요하다고 판단한 경우에도 국민과 충분한 의사소통이 필요한 거죠. 초기 의사결정 단계에서 타당성 검토, 토론회, 세미나 같은 것들을 하는데 너무 형식적이거든요. 횟수와 머릿수만 맞추면 된다는 식이죠.

김두식 처음부터 동의할 사람만 불러다 앉혀놓고 하는 세미나는 하나마나잖아요.

김영란 사실 권익위에서 관리하는 '국민신문고'에 정책토론 기능이 있어요. 국민신문고는 모든 부처의 정책을 다루는 일종의 포털 사이트이고 관리만 권익위에서 하고 있어요. 여기에 다음(Daum) 아고라와 똑같은 시스템으로 된 토론기능이 있거든요. 24시간 주요 정책에 관해 계속 토론하는 거죠. 정책결정 전에 철저하게 국민과 소통할 수 있게 되어 있어요. 진정한 끝장토론이지요.

김두식 실제로 해당 부서에서 신문고에 답변을 달거나 반론을 제기하는 경우가 있나요?

김영란 해당 부서는 물론 일반인도 가능하고 토론 과제를 직접 올릴 수도 있어요. 예를 들어 교육 문제에 관한 토론을 진행할 때 교육 전문가 몇 명을 패널로 섭외하고, 다음과 손잡고 동시에 진행하기도 했어요. 이런 시도를 새 정부에서도 활성화해야죠. 그러면 설익은 정책을 밀어붙이거나 국민이 공감하지 않는 상태에서 추진하는 데 제동을 걸 수 있죠. 업무 추진이 조금 늦어지더라도 전문가들이 참여해서 충분히 의견을 수렴하고 국민을 설득한 다음에 하자는 거예요. 그럼으로써 부작용을 줄일 수 있고요. 우리 사회가 빨리빨리 압축적으로 성장하는 단계는 지났으니까요.

김두식 국민신문고는 원래 있었던 것인가요? 아니면 위원장님이 들어오시면서 만든 건가요?

김영란 원래는 민원접수 포털이었어요. 민원이 국민신문고에 접수되면 저절로 분류돼 해당 부처로 가게 돼 있어요. 권익위는 관리만 하는 거죠. 이제는 여러 방법으로 통계를 뽑아 점수를 매기고 평가도 해요. 공청회 기능도 있고요. 정책토론이 필요하면 권익위가 다음이나 네이버, 네이트 등의 포털 사이트를 통해 언제 어떤 정책토론이 진행된다고 홍보를 했어요. 이것이 활성화된다면 다양한 국책사업들을 무모하게 시작하거나 의심받는 일을 줄일 수 있어요. 투명성에 기여하는 거죠. 이건 정보공개와도 연결되는데, 모든 정보를 100% 공개할 수는 없겠지만 최종결정자의 중요한 정책판단 외에는 공개할 수 있어야 하는 것 아닌가 싶어요.

김두식 원래 정부는 그래야 하죠. 그렇다면 국가의 수익모델화나 국가 사유화 경향도 방지할 수 있겠네요.

김영란 네, 좀 다른 얘기지만 국책사업에서 엉터리로 타당성 조사를 하는 연구원에게는 징벌적인 의미에서 배상토록 할 필요도 있어요. 제가 이동신문고를 운영하면서 전국을 돌아다녀보니 그런 사례가 너무 많더라고요. 예를 들어 8차선 도로가 놓일 곳인데 거기 바짝 붙여서 아파트를 지어요. 도로가 완공되고 나니 소음이 너무 심한 거죠. 설계 단계에서 도로와 조금만 떨어뜨렸다면 나중에 방음벽 세우는 돈을 아낄 수 있잖아요. 이런 것은 초기 단계에서 충분히 처리할 수 있는데도 사후에 하려니까 몇십 억이 깨지는 거예요. 이런 식의 사업에 대해 초기단계부터 제대로 지적됐다면 8차선 도로 바로 옆에 아파트가 들어설 일은 없는 거죠.

김두식 각종 정책에 대한 의사결정 과정이 투명해지면 비리도 막을 수 있을 뿐 아니라 비용도 줄일 수 있군요. 정보공개법도 같은 취지에서 최대한 많이 공개하자는 거죠?

김영란 그렇습니다. 정보공개법 개정에 관해서는 참여연대에서 아주 자세히 제안한 게 있어요. 투명화와 개방화, 이런 것을 점점 더 강화해야 해요. 이런 모든 것들이 엘리트 카르텔 단계를 벗어나는 방향이에요.

김두식 고려대 법학전문대학원 박경신 교수 같은 분도 정보공개에 대해서 지속적인 주장을 펼쳐왔죠. 우리나라는 선진국의 기밀관리 시스템을 흉내만 내고 있을 뿐 핵심적인 부분을 왜곡 또는 누락해서 사실은 제대로된 정보공개 제도가 아니라는 이야기를 박 교수가 자주 합니다. 우리나라는 국민이 특정해서 요구한 정보만 공개하도록 되어 있기 때문에 대부분의 국민에게는 있으나 마나 한 제도라는 거예요. 대부분의 국민은 무슨 일을 당해도 도대체 뭘 공개하라고 요구해야 하는지 모르니까요. 정보공개는 국민의 알 권리를 보장하기 위한 필수조건일 뿐 아니라, 부패방지를 위해서도 반드시 필요하죠. 전직 판사로서 판결문 공개에 대해서는 어떻게 생각하세요?

김영란 그것도 다 공개해야 한다고 생각해요. 법원에서도 하고는 있는데, 개인정보를 일일이 삭제하는 데 시간과 돈이 들거든요. 조금씩 진행해나가는 것으로 알고 있어요.

김두식 1심 판결만 제대로 공개되어도 손해배상청구소송 등 가벼운 사건은 훨씬 줄어들 거예요. 이런 사건에는 대충 얼마가 나온다는 걸 검색을 통해 쉽게 알 수 있다면 누구도 불필요한 소송을 하지 않게 될 테니까, 궁극적으로 비용절감 효과가 생기는 거죠.

김영란 뭔가 중대하게 숨겨야 할 사유가 있어서 판결문을 공개 못하는 것 아니냐고 의심하는 분들도 있는데, 그건 아닌 것 같아요. 판사들이 업무량이 많다 보니 오류가 생기기도 하지만, 그건 공개하지 않더라도 어차피 다 정정해야 하거든요. 미국은 판결문을 100% 공개하는 대신 가명을 쓰는데, 예컨대 우리도 판결문을 작성할 때부터 그런 시스템을 도입할 수도 있겠죠. 어쨌든 전면공개는 단지 시간문제라고 봐요.

사실 이제는 공직자들이 정보공개를 대놓고 반대할 수 없는 분위기가 됐죠. 그러나 아직도 '이런 것까지 공개해야 해?'라는 인식이 남아 있어요. 특히 정부위원회의 녹취록을 공개하는 것은 늘 부딪히는 반대 논리가 '자유롭게 발언할 수 없다, 위축될 수 있다'는 거예요. 사실 반부패 정책을 다루는 권익위 같은 경우에는 가끔 공개하기 곤란한 사안이 생기기도 해요. 다른 기관의 경우도 조직의 성격에 따라 그럴 수 있을 거고요.

김두식 법원의 의사결정 과정 공개가 어려운 것과 비슷할 수 있다는 말씀이시군요.

김영란 공개해도 아무런 문제가 없어 보이는데 로비에 노출될까 봐 위원 명단을 공개하지 않는 경우도 있었어요. 그런데 감춘다고 명단 노출이 안 되는 것은 아니더라고요. 그런 경우에는 위원 명단을 다 공개하고도 로비를 막을 방법을 연구하는 쪽이 오히려 나아요.

김두식 로비를 막는 게 쉬운 일은 아니죠. 주변 교수님들의 경우 뭔가를 선정하는 위원회에 들어가면 어떻게 알았는지 관련된 회사에 들어간 졸업생이 찾아온다고 하더라고요. 만년필 하나를 선물로 주기에 별 생각 없이 받았는데 알고 보니 그게 100만 원이 넘는다든지, '그냥 드리는 핸드

백입니다' 하기에 받았더니 명품이었다든지 하는 얘기들이죠. 명단을 비공개한다고 해서 그런 일을 막을 수는 없는 것 같아요. 공개된 상태에서 더 조심하도록 하는 게 효과적일 수 있죠.

김영란 어차피 그렇게 공개하고 투명해지는 쪽으로 갈 수밖에 없어요. 공개하지 않아도 어차피 알려지게 되고, 오히려 정보수집 능력이 있는 회사와 그렇지 않은 중소기업 간의 차별만 심화될 뿐이에요.

금융거래 공개,
관리냐 통제냐

김두식 이 외에도 공직자 재산등록 시스템을 강화한다는 권익위의 방안이 눈에 띄네요. 현행 재산등록제도는 재산현황에 대한 단순한 조사만 가능한 데다 고지거부 등이 폭넓게 인정되어 부정한 재산의 축적과정이나 자금원천에 대한 확인이나 예방이 불가능하니까요. 대통령의 친인척, 측근 등 공직자의 범주에 속하지 않는 사람은 제도의 적용을 받지 않아서 예방장치가 허술한 측면도 있고요. 그래서 대통령의 친인척(직계존비속 및 형제자매)까지 재산등록을 확대하고, 고위공직자의 경우 재산형성 과정을 소명하도록 하며, 재산등록 심사를 강화하자는 방안을 권익위가 검토했던데요. 이건 기본권 침해라는 문제와 부딪히지 않나요? '아버지가 대통령 됐다고 내가 무슨 죄냐?'라는 문제제기가 있을 수 있잖아요.

김영란 저도 계속 재산신고도 하고 공개도 해왔지만, 직계존비속이 다 독립된 경제활동을 하고 있으면 '가족들 재산이 내 월급하고 무슨 상관인데?'라는 생각이 들기는 해요. 헌법적 문제가 생기는 거죠. 그러니 어디까지 공개할 것인가라는 문제가 있어요. 이 점을 간과해선 안 되겠죠. 교수님 생각은 어떠세요?

김두식 재산등록 액수가 늘어나면 공무원의 이미지에는 안 좋은 일이잖아요. 독립된 경제활동을 하는 가족이 단순히 고위공직자의 친족이라는 이유로 재산을 등록해야 하는 것도 문제고요. 그래도 등록한다고 해서 모두 공개하는 것은 아니니까 등록단계에서 지금보다 조금 더 엄격하게 운용해보는 것은 의미가 있을 것 같아요. 고위공직자에 대한 고객확인 절차강화 방안도 상당히 흥미 있는 제안이던데요. 말하자면 금융회사의 고객이 고위공직자일 때는 실명확인 이외에 거래목적, 거래자금의 원천 등 추가적인 정보를 요구한다는 얘기잖아요.

김영란 그것은 국제기구에서 요구하고 있는 제도예요. 우리나라가 FATF (Financial Action Task Force on Money Laundering), 즉 자금세탁방지 금융대책기구에 정회원으로 가입할 때 액션플랜을 제출했어요. 그에 따라 특정금융거래보고법 일부개정안이 국무회의를 통과했고요. 의심거래보고 기준금액을 현행 1,000만 원이 아니라 의심거래가 있으면 무조건 보고하게 하자, 금액한도 자체를 폐지하자고 해서 지금 국회에 가 있습니다.

김두식 1,000만 원 이하더라도 의심스러우면 무조건 보고하자는 것이죠?

김영란 네, 무조건 금융정보분석원(FIU)에 보고하자. 분산송금거래를 통한 자금세탁을 방지할 수 있도록 송금금융회사가 송금인 정보를 수취금융회사에 제공하면, 예컨대 A라는 인물이 다섯 군데에서 자금을 나눠 보냈다 해도 한 곳에서 수취했다는 사실을 알 수 있죠. 개인정보보호 강화와 관련해, 심사분석을 위해 FIU가 요청하는 자료를 현재는 대통령령에서 규정하고 있는데 법률에서 규정하도록 하는 개정안도 포함되어 있어요. 지금 세계적으로 고객확인 절차를 강화하자는 요구가 있습니다. 범죄자금의 국제적인 유통을 막는 정책의 일환이죠.

김두식 그렇게 하면 국가가 시민의 정보를 너무 많이 갖게 되는 문제점이 있지 않을까요? 금융거래에 의심스러운 점이 있다고 보고되고, 보고된 게 어딘가에서 또 관리되고, 어쨌든 조사대상이 될 수 있다는 찜찜함은 남으니까요. 정보의 무한 축적이 가능해진 시대인데, 그렇게 축적된 정보가 악용될 가능성도 생각해봐야 하잖아요. '폭력에 의한 지배'에서 '정보에 의한 지배'로 옮겨가는 상황에서 국가가 너무 많은 정보를 가지면 위험하다는 근본적인 측면을 무시하면 곤란할 것 같아요.

김영란 국제적으로는 부패 리스크가 높은 금융거래를 계속 감시해야 한다는 방향으로 가고 있어요. 이런 제도들을 주도하는 나라는 앞서 소개한 부패유형이 '로비시장형'인 국가들이고요. 로비시장형 국가에도 분명히 부패는 남아 있지만, 개혁가들이 새로운 법률을 만들어 집행해가면서 부패를 줄여가는 데 대한 신뢰가 형성되어 있으므로 문제가 되지 않아요. 반면 다른 유형의 국가들에는 새로운 규제가 과연 누구의 이익을 위한 것인지 문제가 될 수 있어요. 홍콩, 말레이시아 또는 아프리카의 반부패기구를 둘러보며 느낀 건데, 사회가 성숙하지 않은 상태에서 반부패 권한이 너무 강화되면 오히려 정적을 처단하고 독재를 강화하는 목적으로 악용될 수 있어요. 그런 의미에서 우리가 어떤 단계에 와 있는지 살펴볼 필요는 있어요. 엘리트 카르텔을 다룬 존스턴의 다른 책*에도 그런 얘기가 나와요.

저는 10년간 진보정부를 거치고 다시 MB정부를 거치면서 우리 국민이 학습도 많이 하고 충분히 성숙했다고 생각해요. 이런 제도들이 도입되어야 할 필요성을 느낄 정도로 말이죠. 나이스(NEIS, National Education Information System, 교육행정정보시스템)를 만들 때도 교직원과 학생정보 수집에 대한 반대가 엄청났잖아요. 그런데 나이스를 가지고 누군가 정보를 수집해서 나쁘게 활용하고 있다는 얘기는 아직 없어요. 금융거래보고 역시 그와 똑같다고 생각해요. 물론 준비가 안 된 사회에서 받아들이면 큰일 나겠죠. 우리나라가 과연 그런 것을 받아들일 준비가 된 성숙한 나라인가? 민주주의를 이끌어갈 책임의식을 가지고 운영할 수 있는 수준인가? 이런 부분들에 대한 판단이 전제되어야 한다는 데는 동의합니다. 국민적 합의가 있는가는 좀 더 논의할 필요가 있겠지만, 제 생각에는 제도적으로 악용될 소

* Michael Johnston, *Syndromes of Corruption: Wealth, Power, and Democracy*, Cambridge University Press, 2005.

사회가 성숙하지 않은 상태에서 반부패 권한이
너무 강화되면 오히려 정적을 처단하고 독재를 강화하는
목적으로 악용될 수 있어요.
저는 10년간 진보정부를 거치고 다시 MB정부를 거치면서 우리
국민이 학습도 많이 하고 충분히 성숙했다고 생각해요.
이런 제도들이 도입되어야 할 필요성을 느낄 정도로 말이죠.

지를 최대한 줄이는 장치를 마련하고 궁극적으로는 실행에 옮겨야 한다는 거예요.

김두식 저는 여전히 개인정보에 관해서는 훨씬 조심스러워야 한다는 생각을 갖고 있어요. 웃자고 하는 얘기지만, 저도 의심스러운(?) 돈거래를 할 때가 있거든요. 큰돈은 아니지만 100만 원, 200만 원이 저하고 전혀 상관없는 사람한테 넘어갈 때가 있어요. 예를 들어 여의도 길거리에서 이름도 모르는 누군가에게 카메라 렌즈를 산다든지, 중고 오디오를 구입한다든지 할 때죠. 대개 이런 경우는 아내도 모르게 저지르는 일이죠. 걸리면 혼나기 때문에 계속 숨기고 가끔은 거짓말도 해요. 어떤 광고에 나오는 거잖아요. 아내에게는 가격을 10분의 1로 낮춰서 말한다는. (웃음) 고위공직자의 금융거래 정보도 이런 '비밀의 영역'과 맞물릴 수 있다는 거죠. 영화 제목처럼 '누구에게나 비밀은 있'고 그 비밀은 최대한 지켜져야 하니까요.

김영란 그런 곤란함이 있군요. (웃음) 사실 지금 주민등록증에 지문을 입력해서 발급받는 것에도 반대하는 분들이 있고, 그 이유도 경청할 필요가 있다고 생각해요.

김두식 우리나라 주민등록 제도는 전 세계 어디에서도 찾아볼 수 없는 강력한 국민통제 수단이거든요.

김영란 하지만 특정금융거래보호법은 국제기구를 통해 이미 다른 나라에서도 많이 시행되고 있어요. 지금도 1,000만 원 이상을 관리한다고 돼 있지만 1,000만 원 넘게 송금해도 대개는 조사를 받지 않아요. 정말 수상할 때 그렇게 할 수 있다는 뜻이니까. 그리고 특히 고위공직자 등에 강화된 확인절차를 거치자는 거예요. 이건 FATF가 요구하는 수준에 맞춘 것이지, 결코 더 많은 개인정보를 확보하겠다는 게 아니에요.

김두식 그래도 이 안건은 액션플랜을 제출하는 게 금융위원회든 권익위든, 프라이버시 침해 면에서 인권위원회와 충돌할 여지가 있는 것 같아요. 비례의 원칙*이 지켜지고 있느냐 하는 문제도 있고요.

김영란 프라이버시와 관계된 문제이니 그 점을 늘 염두에 둬야 하겠죠.

너무 쉽게
용서받는 문제

김두식 권력형 비리와 관련한 또 한 가지 이슈는 '사면'에 관한 것입니다. 대통령의 사면권 남용이 주로 문제되는데, 저는 그렇게 사면된 사람

---

* 비례의 원칙(과잉금지의 원칙) 기본권을 제한하는 국가 작용은 목적이 정당해야 하고(목적의 정당성), 그 목적을 달성하기 위한 수단이 적정해야 하며(방법의 적정성), 최소한의 피해를 주는 것이어야 하고(피해의 최소성), 달성하려는 공익과 침해되는 사익 사이에 균형이 맞아야 한다(법익의 균형성)는 원칙.

들에게 다시 기회를 주는 국민의식도 문제라고 생각해요. 권력형 비리로 처벌받은 정치인들이 다들 부활하잖아요. 비리에 치를 떨면서도 쉽게 잊고 용서해주는 국민의 의식, 이것은 어떻게 설명할 수 있을까요?

김영란 그게 신영복 선생이 말한 집단적 타락증후군 아닐까요? "사람들이 왜 그들을 다시 뽑아주나? 재수 없게 걸렸을 뿐 누구나 다 똑같다고 생각하기 때문이다." 여야를 막론하고 똑같은 프레임 속에서 똑같은 비리를 반복하기 때문에 그중 한두 명이 처벌받는다고 한들 그 사람만 특별히 부패했다고 보지 않는 측면도 분명 존재하니까요. 또는 이런 시각도 있을 수 있죠. 국가가 먼저 사법절차를 통해 사면복권시켜주니까 그걸 보는 국민에게 규범화된 모습으로 받아들여지는 것이죠. '국가가 용서해줬는데' 하면서요. 만약 부패를 저질렀다는 낙인을 찍고 국가가 용서하는 모습을 보여주지 않았다면 국민도 쉽게 용서하지 않았을 거예요. 그런데 국가가 사면복권을 통해 풀어주고, 또 풀어주고 하다 보니까 이렇게 된 거죠. 어쨌든 사면복권 없이 엄벌에 처하는 것이 중요한 해결방법이라고 생각해요.

김두식 권익위에서도 내부적으로는 특별사면을 제한하자는 검토가 이루어졌더군요. 예컨대 부패사범에 대해서는 형기의 3분의 1을 경과하지 않은 특별사면이나 감형을 금지한다든지 하는. 사면위원회의 독립성도 강화할 필요가 있겠죠. 사면되었다 하더라도 공직진출을 제한하고, 부패 수익에 대한 환수를 강화해야 한다는 주장도 있습니다. 사실 대통령후보 시절에야 다들 사면권을 제한해야 한다고 말하지만 대통령이 되고 나서도 그

입장을 지켜줄지는 잘 모르겠어요. 이명박 대통령이 집권 말기에 최시중 전 방통위원장, 천신일 씨 등을 특별사면한 것은 사면권의 부정적인 측면을 잘 보여준 사건이었죠. 항소심에서 실형을 선고받고 대법원에 상고하지 않아서 형을 빨리 확정받은 것도 청와대와의 교감이 없이는 불가능한 일이잖아요. 보통은 대법원까지 가서 무죄를 다퉈보기 마련인데, 대법원에서 재판 중인 사건을 사면할 수는 없으니까요.

김영란 일반사면은 국회의 동의를 얻어야 하니 통제가 되는데, 대통령 특별사면이 문제죠. 특별사면은 사면 후보자에 넣어달라는 로비도 엄청나게 많이 들어온다고 해요. 사실 이 때문에 잡혀갔던 정치인들이 다 살아서 다시 정치를 하는 것이고요. 판사들이 유·무죄를 엄정하게 따져서 재판해놓아도 사면권 행사하면 말짱 헛일이죠. 사면을 앞두고 상고권을 포기하는 건 과거에도 여러 번 있었던 일이에요. 곧 사면될 것 같으니 빨리 형을 확정해달라는 청탁도 많이 들어오고요. 제 생각엔 권력형 비리에 대해서는 특별사면을 전면 금지해도 될 것 같아요. 정말로 억울하다면 재심 제도를 이용할 수밖에 없는 것이 문제이긴 한데요. 재심은 그 요건이 엄격하게 제한돼 있어서요. 예전만 해도 운동권이나 야권 성향의 정치인을 처벌하기 곤란할 때 오히려 간통죄 같은 파렴치범으로 몰아서 잡아넣은 경우가 종종 있었어요. 그 사람이 더 활동하는 걸 막으려고 개인 비리를 억지로 짜낸 거죠. 이런 경우는 재심으로 구제되기 어렵겠지요.

대통령직인수위원회를
인사검증 중심으로

김두식 대통령직인수위원회의 운영방식 개선안도 권익위가 검토했더군요.

김영란 네, 짧은 인수위 활동기간 동안 광범위한 대책을 추진하다 보니 다양한 의견수렴 과정이 생략되고 설익은 정책을 발표하게 되는 면이 있어요. 국정의 원활한 인수보다는 정부조직 개편과 지난 정부의 실정(失政)을 질책하는 데 집중하다 보니 국정운영의 연속성이 저하되고 공직사회의 사기가 떨어지는 문제도 있고요. 체계적인 인재 발굴이나 인사검증 시스템이 미비해 초대 장관 내정자에 대한 도덕성 논란이 일다 보니 초기부터 국정운영에 부담이 되기도 하죠.

그에 대한 대안으로 영국과 같은 내각책임제 국가에서 만드는 그림자 내각(shadow cabinet)*에 대해 생각해봤어요. 그림자 내각을 보면 사람들이 표를 줄지 말지 결정하기가 훨씬 쉽겠더라고요. 그런 것과 비슷하게 예비 인수위원회를 만들면 어떨까, 이런 생각을 한 거죠. 후보가 확정됐을 때부터 '나는 경제정책을 누구와 함께 만들겠습니다' 하고 특정 인물을 내정하면 정말 좋겠는데, 사실 우리처럼 투표일 전날까지 정책도 제대로 나와 있지 않은 채 정황에 따라 이것저것 막 던지는 상황에서 가능할까 싶기는 해요.

---

* 그림자 내각 야당이 정권획득에 대비해 총리 이하 각 각료로 예정된 멤버를 정해놓는 것. 정부 각 부처의 구성을 모방해서 예비(그림자) 각료를 정하고 정기적인 회의를 열어 당의 독자적 정책 및 의회대책 등을 협의, 결정한다.

그래서 인사검증 기능 위주로 인수위를 꾸리는 게 어떨까 생각했어요. 인수위에서 인사추천 체계나 인사검증 시스템을 마련한 뒤 '우리 정부는 국정운영 기간 동안 이러저러한 인사를 검증해서 어떤 추천 시스템을 갖추고 인사를 하겠다'고 밝히는 것이죠. 고위공직 내정자가 공무원 일을 해왔던 인물이라면 뭔가 체화된 게 있겠지만, 민간부문에서 일하다 갑자기 인수위에 들어왔을 경우 공무원 행동강령 같은 것을 가르칠 필요도 있어요. 부패예방 교육을 시키자는 것이죠. 세계적인 반부패 흐름이 어떻게 가고 있는지, 친인척이라면 무엇을 경계해야 하는지 등도 미리 알리는 거예요. 사실 인수위는 단기간에 모든 국가권한이 집중되는 곳인데 의사결정 과정이나 공개에 대한 의무를 지지 않고 있어요. 엄청난 권한에 비해 통제가 안 되고, 부패에도 그만큼 취약한 조직이 될 수밖에 없죠.

김두식 제가 약 10년 전 인수위를 간접적으로 경험해본 느낌을 떠올려보면, 인수위에서 느껴지는 특유의 흥분이 있어요. 그 가벼운 흥분, 사람을 정상이 아니게 만드는 뭔가가 있죠. (웃음)

김영란 그래서 청탁금지, 행동강령 같은 것을 미리 교육하면 어떨까 생각해본 거지요. 그리고 인수위 때 인사검증 시스템을 확립해놓는다면 정부 초기부터 '고소영 정권'이니 '강부자 정권'이니, 이런 비판을 피할 수 있어요.

김두식 그런데 그 검증도 완벽할 수가 없다는 문제는 있지 않나요?

김영란 물론 완벽할 수 없겠죠. 하지만 어떤 시스템을 만들고 운영하겠다고 제도화해놓으면 아무래도 걸러지는 부분이 더 많아지죠. 사실 노무현 정부 때 이와 비슷한 인사검증 시스템을 만들려고 했어요. 인수위를 대비하려는 목적으로 청렴위원회에서 연구용역도 주었죠. 고위공직 후보자 인사검증에 관한 법률안도 있었고요. 현재도 민주당 원혜영 의원의 대표발의로 법안이 국회에 제출돼 있는 것으로 알아요. 제가 권익위 위원장으로 있을 때 국무회의인가 장관 토론회 자리인가에서 들은 얘기인데, 어느 장관께서 '참여정부는 모든 것을 시스템화해서 해결하려 했는데, MB 정부는 너무 인적자원에 의존하는 경향이 있다'고 얘기하더라고요.

김두식 노무현 정부에서 그나마 만들어놨던 인사검증 시스템이 아명박 정부 들어서면서 무너졌다는 얘기는 저도 많이 들었어요. 노무현 정부 때만 해도 병역문제를 비롯해 몇 가지 기본항목에 걸리면 무조건 못 들어갔거든요. 어쨌거나 명확한 기준을 만들어 엄격하게 적용해야 한다는 생각이 드네요. 시스템이 제대로 작동하려면 교육도 중요하겠죠?

김영란 그 기준에 대한 교육을 시켜야죠. 그런데 권익위가 힘이 없다 보니 (웃음) 높은 사람들이 아니라 주로 하급공무원들을 대상으로 교육을 실시하거든요. 마지막에 수강생들의 소감문을 보면 '좋은 교육 잘 받았는데 제발 높은 사람들도 좀 불러주세요. 이런 교육은 높은 사람이 받게 해주세요' 이런 글들이 있어요. 그래서 인수위도 불러다가 싹 교육을 시키면 좋겠다는 생각이 들었어요.

김두식 하긴, 저도 카이스트 대학원생들 400여 명을 모아놓고 '자기 학교 교수도 못 시킬 박사를 왜 배출하냐, 교수는 다 미국 유학한 사람들만 뽑고…'라는 얘기를 한 적이 있어요. 그런데 강의 듣고 나가는 학생들이 '이건 내가 아니라 우리 교수들이 들어야 하는 얘기인데…' 하면서 욕을 하더래요. 비슷하네요. (웃음) 이런 얘기는 꼭 들어야 할 사람은 안 듣고, 들을 필요 없는 사람들은 열심히 듣는다는 특징이 있죠.

김영란 권력자가 어떤 사람인가라는 문제도 정말 중요해요. 어떤 시스템이 만들어졌을 때 자기뿐 아니라 주변에도 그 시스템을 똑같이 적용하는 사람이 있는 반면 반대세력에만 적용하고 정작 본인은 예외로 두는 사람이 있거든요. 예컨대 권익위에서 인수위 사람들을 대상으로 청렴교육을 실시하겠다고 했을 때 흔쾌히 받아들이는 사람들도 있을 것이고, '너희처럼 힘도 없는 기관이?' 이렇게 반응하는 사람도 있지 않겠어요?

김두식 교육엔 열외가 없어야 하죠. 막상 청렴교육을 실시하면 스스로 인수위에 안 들어갈 사람들이 생길지도 몰라요. '내가 이 부분에서 걸리는구나. 이거 안 되겠구나' 충격을 받을 테니까요. 아, 그런 생각을 하는 사람은 차라리 좋은 사람들일 것 같네요. 그러면 오히려 나쁜 놈만 남게 되려나…. (웃음)

깨진 유리창을
모두 갈아 끼울 수 있을까?

김영란 이런 얘기를 하면 떠오르는 게 '깨진 유리창 법칙'*이죠. 그런데 사람들은 행동강령이라든가 사소한 것부터 지켜야 한다고 얘기하면 현실을 모른다고 냉소적인 반응을 보여요.

김두식 그렇게 작은 것부터 시작하는 것이 맞겠죠. 사소한 것이라니까 생각나는 얘기가 있는데요. 공무원들이 업무용으로 물건을 살 때 마일리지가 적립되는 경우가 있잖아요. 권익위에서는 마일리지든 포인트든 그것을 개인이 쓰면 부패로 규정한다고 들었는데요. 선생님들이 학교에 필요한 물품 수십만 원어치를 샀을 때 마일리지를 적립해놨다가 그걸로 다른 물품을 사서 학생들한테 나눠주곤 했대요. 그런데 권익위원회의 지침이 나오고 나서 학교 행정실장인가가 교육하기를, 마일리지를 아예 적립하지 말라고 했다더라고요. 그전까지 한 것은 봐주겠으니 이제부터는 적립 자체를 하지 말라고요. 사실 제가 아는 교사들도 그동안 적립금을 자기들이 먹은 게 아니라 학생들을 위해 사용해왔는데 억울하다고 하소연하더군요. 이런 게 깨진 유리창 법칙의 적용인데, 너무 빡빡한 것 아닌가요? 제가 권익위 딴죽 걸기 전문가 같네요. (웃음)

---

* 깨진 유리창 법칙(broken windows theory) 깨진 유리창 하나를 방치해두면, 그 지점을 중심으로 범죄가 확산되기 시작한다는 이론. 즉 사소한 무질서를 방치하면 큰 문제로 이어질 가능성이 높다는 것을 말한다.

김영란 저도 출장 갈 때 쌓이는 항공 마일리지가 있는데, 이것도 사적으로는 못 써요. 다시 출장 갈 때 쓰기도 하지만 미처 못 쓰는 부분이 있어요. 이걸 나중에 전부 모아서 예컨대 장애인 단체나 저소득층 아이들이 어디를 갈 때 도움이 되도록 기부할 수 있다면 좋을 텐데, 쉬운 방법이 없는 것 같더라고요. 포인트나 마일리지 적립 같은 걸 무조건 하지 말라고 하면 쉽긴 한데, 합리적이지는 않아요. 쉬우면서도 지킬 수 있고, 합리적인 길을 찾아내는 고민을 계속해야 한다고 봐요. 사실 행동강령은 쉽고 지킬 수 있도록 만들어야죠. 모르면 금방 찾아볼 수 있도록 해야 하고요. 아직은 섬세하지 않아서 문제가 생기는 것이지만, 그런 작업이 분명히 필요하다고 생각해요.

원칙적으로는 포인트나 마일리지도 적립해서 공적으로 쓰는 길을 만들어야 하는데 이게 복잡하기도 하고, 기업들은 적극적으로 나설 이유도 없으니까 해결이 잘 안 되는 것 같아요. 공무원들이 많은 예산을 쓰는 과정에서 포인트나 마일리지가 쌓이고 있는데, 제대로 안 쓰면 항공사나 해당 기업만 배부르게 돼요.

김두식 그런 길을 열어줄 필요가 있다는 거죠. 깨진 유리창 법칙에 충실하면서도 말이죠.

김영란 그렇죠. 엄격하고 철저하게 하면서 합리적이지 않다면 말 그대로 비합리적인 규제가 되어버리니까요. 행동강령을 깨알같이 규정하자고 들면 내용은 엄청 늘어날 거예요.

김두식 찾아보기도 어렵고요.

김영란 홈페이지에 들어가서라도 찾아볼 수 있도록 매뉴얼을 갖춰놓을 수는 있을 거예요. 외국 기업에서는 회사 내 자문변호사에게 별별 질문을 다 해요. '내가 오늘 이런 저녁모임에 초대받았는데, 가도 되는가? 이해 관계에 충돌은 없는가?' 괜찮다고 하면 가고, 아니면 못 가는 거죠. 또 모르고 갔다 왔으면 가서 먹은 밥값을 사후에 내도록 하는 경우도 있어요. 이런 문제들을 회사 내부에서 다 자문해주는 겁니다. 그런데 우리는 '그렇게까지 다 따질 필요가 뭐 있어? 쪼잔하게.' 이처럼 반응하죠. 대부분의 사람들이 우리나라의 문제는 권력형 부패, 거대한 부패에 있다고 생각해요. 물론 부정할 수는 없겠으나 사소한 부패는 대충 넘어가고 권력형 부패만 단속한다면 문제는 여전히 남게 되거든요. 그렇기 때문에 외국에서는 자문변호사가 사소한 것까지 다 상담해주고 나름의 행동강령도 체크해주는 것이죠. 공무원은 공무원대로 교사는 교사대로 특성에 맞는 행동강령을 갖춰야 한다고 생각해요. 그러나 무조건 모든 경우의 수를 다 집어넣을 수는 없겠지요. 퇴근하기 전에 자문변호사에게 전화해서 물어보면 쉽게 답이 나오는 시스템으로 가야 하지 않을까요. 법조인이 모든 판례를 머릿속에 다 집어넣고 있지는 않잖아요. 쉽게 찾아보고 쉽게 접근할 수 있게 해주는 것이 중요해요.

지난번 다이아몬드 사건, 외교부 상하이 영사사건 이후에 외교부에서 대사들 청렴교육을 시켜달라고 해서 장관, 대사들에게 부패척결에 관한 국제적인 흐름이 어떻게 가고 있는지를 얘기해준 적이 있어요. 공부 잘하던 사람들이니까 윤리교육보다는 그런 구체적인 얘기를 좋아하더라고요. 질문도 많이 했어요. 예를 들어 이런 거예요. 어떤 대사가 교민들이 하는 사업체가 오프닝 행사를 하면 웬만하면 다 방문하려고 했대요. 그런데 나중에 생각해봤더니 대사에게 '오프닝 합니다'라고 하는 사람은 교민들 중에도 일정 수준 이상의 사람이더라는 거죠. 그러면 대사가 어떤 데는 가고 어떤 데는 안 가는 문제가 생기게 돼요. 유착관계가 형성되니까요. 이런 얘기를 하면서 그런 기준도 정했으면 좋겠다고 그러더라고요. 우리 교민이 없는 나라가 없고 나라마다 사람들마다 행동양식도 다르니까 외교부에서도 그런 어려움이 있겠구나, 느꼈지요. 권익위에서 외교부 청렴도 평가를 해보면 외국 거주민들이 가장 싫어하는 게 현지에서 잘사는 사람과 외교부 관리들의 유착관계예요. 외교부에는 외교부에 맞는 매뉴얼이 있어야 불필요한 오해를 막을 수 있어요. 지금까지는 주로 선배들로부터 말로 전수받고 개인판단에 맡겨졌거든요.

김두식 다 마찬가지지요. 국립대 교수인 저도 공무원 중에서는 특수한 직역인데, 외부 강의를 할 때 어디까지 되고 어떻게 할 건지 따로 만들어주면 좋겠어요. 지금은 교수의 특수성을 인정하지 않고 일반 공무원 기준이 그대로 적용되고 있어서 불합리하거든요.

그런데 누가 그 기준을 만들고 있나요? 권익위에서 다 만드나요? 또 현실적으로, 모든 경우의 수를 다 다룰 수 있나요? 너무 촘촘하게 만들면 오히려 이의제기할 여지가 커지지 않을까요? 공무원들을 못 믿는다는 불신도 있을 수 있고요. 아까 대사가 '어떻게 해야 할지 모르겠다'고 하는

대부분의 사람들이 우리나라의 문제는 권력형 부패,
거대한 부패에 있다고 생각해요.
물론 부정할 수는 없겠으나 사소한 부패는 대충 넘어가고
권력형 부패만 단속한다면 문제는 여전히 남거든요.
공무원은 공무원대로 교사는 교사대로 특성에 맞는
행동강령을 갖춰야 한다고 생각해요.

데 대한 매뉴얼은 있어야 할 것 같은데, 그렇다고 '대사가 어느 정도 규모의 업체에는 갈 수 있다'고 하면 우스워질 것도 같고요.

김영란 어떤 이유가 있을 때는 가는 게 옳고 어떤 경우에는 가지 않는 게 옳다든지 하는 것은 규정 가능해요. 물론 다 포괄하지는 못하죠. 하지만 방향만 제대로 짚어줘도 큰 도움이 돼요. 대사들이 절실하게 필요로 하는 부분, 예컨대 외교부에서 대사들이 헷갈려하는 부분들을 조사해서 정해주면 되죠. 그래도 애매하면 자문변호사의 도움을 받는다든지, 이것도 애매하면 공무원으로서 자신의 경험에 따를 수밖에 없겠지만. 어쨌든 정해야 할 부분은 정해줘야 해요. 옛날에 판사들 양형도 다 내버려뒀던 걸 생각해보세요.

김두식 그렇군요. 판사들 양형기준을 마련하는 것도 한때는 불가능하다고 했지만, 찾아보니 미국에서 이미 하고 있더라는 거죠. 어쨌든 국민권익위원장이 대사들이나 장관들 상대로 교육하는 것은 좋은 일이에요. 그급에서만 고민하는 문제도 있지 않겠어요. 일반 직원들과는 나누지 못하는 고민들을 장관급이 청취하고 함께 고민해보는 것은 의미가 있죠. 그게 국민권익위원장의 존재이유인 것도 같고요. 위원장님 말씀을 들으면서 제가 스스로 '나는 괜찮나?' 생각하듯이 장관들이 교육받으면서 '나는 이렇게 해도 괜찮나?' 하고 질문을 던져보는 것도 의미가 있겠어요. 그러려면 기본적으로 교육을 좋아하는 위원장이 와야겠네요. 싫어하는 사람이 오면 누가 이걸 하고 싶겠어요. 얼마나 부담스럽겠어요. 장관들, 대사들

앉혀놓고 교육하는 걸 다 좋아할까요? (웃음)

김영란 저도 좋아하지는 않아요. (웃음)

거짓을 고백하고
새출발할 기회를 주는 것

김두식 제도가 아무리 좋아도 부작용이 있을 수 있잖아요. 지나치게 통제만 하다 보면 좋은 자원이 공직을 기피하는 문제가 생기지 않을까요? 그동안 특별한 기준이 없었다는 것도 문제고요. 언론이 기준을 만들다 보니 처음 터지는 사람은 항변할 기회 없이 무조건 다 죽는 거죠. 이게 몇 번씩 반복되면서 '아, 이 정도는 우리 사회에서 어쩔 수 없구나'라고 용인되는 부분이 조금씩 생기잖아요.

교수들이 논문 표절 때문에 장관을 못 하게 됐다는 얘기 들으셨죠? 일정한 나이 이상의 교수들 중에는 이 문제로부터 자유로운 사람이 거의 없어서 장관 하겠다고 나서는 분이 없다는 거예요. 자기 논문을 학술지에 싣고 책이나 비학술적인 매체에 다시 싣는다든지, 학위논문을 분재(分載)하는 건 다른 나라에서도 분야에 따라서는 일종의 관행이라 문제가 안 되는데, 우리나라에서는 초창기에 그것까지 마구잡이로 잡아내면서 낙마 사유가 됐잖아요. 특히 참여정부 때 '자기 박사논문을 여러 개로 잘라서 내는 놈이 있나'라는 식의 논조로 메이저 언론이 논문 검증을 주도하면서 관련된 사람들이 전부 박살났어요. 기준을 학자들이 아니라 기자들이 만들고, 너무 막 적용했던 거죠. 이런 상태에서 소심한 사람은 자기 논문에 조금이라도 걸릴 게 있으면 아예 안 나오는 상황이 됐어요. 주민등록 이전 등 몇 가지 문제에 대해서 아무도 드러내놓고 얘기를 못 하는 상황인데 몇 개까지 봐줄 것인지, 언제 이전의 것은 문제 삼지 않는다든지 명확한 기준이 필요하다고 생각해요.

김영란 아까도 얘기했지만, 인수위에서 인사검증 시스템을 갖추고 그에 맞는 기준을 발표한다면 지금 교수님이 말씀하신 문제도 해결될 수 있지 않을까요? 물론 언론에서는 '누구도 안 됐고, 누구도 안 됐는데 그 사람은 된단 말이야?'라고 의아해할 수도 있겠지만. 지금까지 나온 문제점 때문에 '이 기준을 앞으로는 확실하게 지키겠다, 그러나 여기까지는 봐주자'는 식의 논의가 될 수 있죠. 결과적으로 고위공직자에 대한 무조건적인 통제강화보다는 확실하게 선을 그어주자는 것이고, 이 기준에 못 미치는 사람은 아무리 좋은 자원이라도 공직을 맡을 수 없게 해야죠. 반대로 그 기준을 철저하게 지켜나가다 보면 새로운 자원을 얻게 될 가능성도 있을 거예요.

김두식 누가 그 기준을 만드나요? 인수위에서? 인수위든 어디든, 세부적인 사항에서는 애매해질 것 같아요. 예컨대 다운계약서 작성은 몇 번까지 허용할 거냐? 대통령 선거 때 안철수 교수가 다운계약서를 써서 탈세했다고 말이 많았는데, 어쩌면 본인도 몰랐을 것 같거든요. 이게 자기만

싫다고 안 쓸 수 있는 것도 아니고.

김영란 네, 판사들도 집 살 때마다 설전을 벌이는 게, '나는 다운계약서 원하지 않는다. 원래대로 해달라'고 하면 법무사도 싫어하고 파는 사람도 싫어해요. 그러다 계약이 깨질 수 있으니까 어쩔 수 없이 하는 경우가 꽤 있다고 해요. 세금관련 재판을 하면서 느꼈던 건 '일부러 거짓말하게 하는 시스템은 없애자'는 거였는데, 그게 참 어렵더라고요. 양도세를 기준시가로 매길 때는 기준시가대로 딱딱 내면 되는데, 실거래가 원칙으로 세금을 내니까 거래가격을 떨어뜨려서 이중으로 계약서를 쓴다는 거죠. 탈세를 유혹하지 않는 시스템을 만들어야 해요.

김두식 우리 사회가 상당히 오랫동안 부패가 관행화된, 말하자면 거짓말할 것을 요구받는 사회였잖아요. 거기서 빠져나오고 있는 상황에서 과거의 잘못에 대해서 어느 정도 스스로 고백할 기회를 주고 그런 부분을 털고 갈 기회를 주는 것도 필요해요. 고(故) 김근태 의장이 2002년 민주당 대선후보 경선 당시 지지를 얻지 못하고 중도에 포기한 뒤 '2000년 전당대회 때 권노갑 고문에게 2,000만 원을 받았으며 2억 4,000만 원을 선관위 신고에서 누락했다'고 양심선언을 했잖아요. 저는 고백한 것에 대해서는 수사를 통해 걸린 것과 다르게 처리해야 한다고 보았는데, 검찰에서 다시 수사를 하고 난리가 났죠. 그건 잘못됐다고 생각해요. 자기 고백에 점수를 주는 것, 새 출발할 계기를 마련해주는 것, 전체적인 공직비리 관련해서도 그런 고백의 기회가 주어졌으면 좋겠어요.

김영란 자기 고백을 일일이 하기는 어려우니까. 기준을 정해주면서 언제 것까지는 문제 삼지 않겠다는 사회적 합의를 만드는 것은 어떨까요? 그동안 인사청문회나 여러 수사를 하면서 문제가 많이 나왔으니까, 누군가가 정리를 해서 기준을 만들고, 다 같이 새출발할 수 있도록 말이죠.

대의를 위해서는
선을 넘어도 되는가?

3장

정치자금

왜 그렇게
많은 돈이 필요한가

김두식 이번에는 정치권의 부패방지를 위한 방안에 대해 생각해보죠. 핵심은 뭐니뭐니 해도 정치자금 관련 비리를 없애는 것이 될 텐데요, 일단 정치자금에 대한 정의를 해보죠. 정치자금법 제3조 제1호에 정의돼 있는데, "당비, 후원금, 기탁금, 보조금과 정당의 당헌 당규 등에서 정한 부대수입, 그 밖에 정치활동을 위하여 정당, 공직선거에 의하여 당선된 자, 공직선거의 후보자 또는 후보자가 되고자 하는 자, 후원회 정당의 간부 또는 유급사무직원 그 밖에 정치활동을 하는 자에게 제공되는 금전이나 유가증권 그 밖의 물건과 그 자의 정치활동에 소요되는 비용"이라고 돼 있네요. 앞서 말한 이전 정부들의 측근과 친인척 비리 또한 개인 비리도 있지만 대선자금 등과 관련한 원초적인 문제도 있는 것 같아요. 위원장님은 안희정 씨의 불법 정치자금 사건을 담당하셨죠?

김영란 제가 3심 주심대법관이었는데, 상고기각*한 걸로 기억해요.

김두식 안희정 씨는 2002년 대선 직전 삼성그룹 등 기업체에서 65억 원의 대선자금을 모금한 혐의로 구속기소되어 징역 1년형을 받고 2004년 12월 만기출소했죠. 2006년 광복절에 사면되어 현재는 충남도지사이고요. 노무현 전 대통령은 2003년 '국민과의 대화'에서 '안희정 씨는 내 동업자이자 동지다. 나를 위해 일해왔고, 나로 말미암아 고통 받고 있다'고 했는데요, 솔직하다고 해야 할지…. 안희정 사건을 담당하면서 느낀 점이 있었는지요?

김영란 '정치에 왜 그렇게 돈이 많이 필요한가?'라는 생각을 했어요. 권력을 잡기 위해 돈이 필요하고, 잡은 권력을 유지하는 데도 돈이 필요한 것 같더라고요.

김두식 밥 먹는 데 드는 돈만 해도 만만치 않죠. (웃음)

김영란 5공, 6공 때 실세였던 어떤 분의 경우 호텔 스위트룸 하나를 빌려놓고 계속 썼다고도 하더라고요. 사람들도 거기서 만나고요. 호텔 스위트룸은 하루에 몇 천만 원씩 하는 데도 있다고 들었어요. 저 역시 고위공무원으로 오래 일했지만 살림을 해서 그런지, 여자의 시각으로 봐서 그런지는 몰라도 호텔 스위트룸 얘기를 듣고 왜 그런 쓸데없는 데다 돈을 쓸까, 하고 생각했어요. 밥값, 호텔비… 그냥 자기 사무실을 써도 되지 않나요.

---

* 상고기각 상고가 이유 없다고 판단하여 상고를 받아들이지 않음.

김두식 위원장님 같은 분이 이해하기 어려운, 남자들의 허세가 있어요. 예전에 저는 고위공무원이나 회사를 크게 운영하는 남자들 중에 '식당에서 절대로 신용카드를 쓰지 않는다'는 분들을 본 적이 있어요. 남자는 '쪼잔하게' 신용카드를 써서는 안 되고 늘 지갑에 한가득 현금을 넣어가지고 다녀야 한다는 분들이었어요. 신용카드 꺼내고 기다리고 긁고 사인하는 것을 굉장히 좀스럽다고 여기고, 현금을 딱 꺼내서 던지고 나와야 멋있다고 생각하는 사람들이었죠. 그분들은 5만 원권 나오고 굉장히 편해졌을 거예요. 참 이상한 얘기죠. 사실 국회의원이 누구를 만나서 밥을 샀는데 8,000원짜리였다, 하면 '걔는 좀스럽고 통이 작고…' 이런 얘기가 나와요. 그래서 국회의원들이 손님 접대하는 여의도의 어지간한 식당은 싸면 5만 원, 비싸면 한 사람당 10만 원씩도 하고요. 밥 먹는 데만도 상상할 수 없을 만큼 돈이 많이 든다고 해요.

작은 조직이라도 움직여본 사람들은 밥값 얘기를 꼭 하더라고요. 제가 일전에 'GO발 뉴스'의 이상호 기자와 인터뷰를 했는데 그분이 이런 얘기를 해줬어요. 이 기자가 GO발 뉴스를 꾸렸을 때 한 10명 정도가 함께 일했나 봐요. 10명이 하루 종일 같이 일하다 보면 매 끼니를 같이 먹어야 하는데 처음엔 식당에 가서 먹을 때마다 자기가 계속 돈을 냈다는 거예요. 그런데 이게 계속되다 보니까 도저히 어떻게 할 수 없는 상황이 오더라는 거죠. 나중에는 저녁을 먹는데 누가 밥을 많이 먹으니까 마음속에 미움이 생기더래요. '저 새끼 밥만 처먹고…' 이상호 기자가 이 얘기를 들려주면서 눈물을 줄줄 흘리더라고요. 그다음부터는 점심 저녁으로 함께 밥을 지어 먹는다고 했어요. 저는 조직을 한 번도 굴려본 적이 없는데, 그 얘기를 듣고 '10명 움직이는 데도 밥 많이 먹는 게 미워 보일 만큼 돈이 많이 드는구나. 하물며 정치는 얼마나 돈이 많이 들까?' 생각했어요. 선거운동원들이 각자 자기 돈 내고 밥 먹으면서 일할 수는 없을 테니, 정치하는 사람들에겐 생각보다 훨씬 심각한 문제인 것 같아요.

김영란 과시욕구하고도 관계된 거죠?

김두식 밥을 사야 하는 현실적인 필요와 과시욕구가 같이 가는 거죠.

김영란 실제로 보스가 밥을 사야 하는 문화에서는 과시욕이나 허세가 함께 가게 되죠. 여자들이 과시욕과 허세를 푸는 방식과 남자들이 푸는 방식이 달라서 제 눈에 그렇게 보이는지 모르겠지만, 자기 가정살림이라면 그런 식으로 안 쓸 텐데 생각되는 경우가 많더라고요.

김두식 정치, 특히 선거판에서 움직이는 사람들의 엄청난 숫자를 생각해 보면 어쨌거나 밥은 먹어야 하고, 최소한만 따져봐도 무시 못 할 돈이 들죠. 또 직업이 일정치 않으면서 정치하는 분들이 굉장히 많잖아요. 배우자가 의사, 초중고 교사처럼 안정된 직장을 가진 경우라면 그나마 다행이지만, 일부 정치하는 분들을 보면 '지난 20년 동안 뭘 먹고 살았을까?' 하는 의문이 들어요. 들어온 돈으로 선거운동하고 밥 먹는 데 썼다고는 하지만 아무래도 모두 그렇지는 않을 거고, 어딘가 새는 구석이 생길 수밖에 없는 구조죠.

정치에 돈이 많이 드는 현실이 권력형 부패의 주요 이유이기는 하지만, 그것이 전부는 아닌 것 같아요. 예를 들면 부패는 권력 그 자체의 속성에서 나오는 면이 있지 않을까요? 그렇기 때문에 권력에 대한 통제를 필연적으로 강하게 해야 한다는 논리도 나올 수 있을 것 같고요.

대의를 위해서는
받아도 된다?

김두식 제가 오늘 간단히 적어온 자료가 있는데, 한번 짚고 넘어가볼까해요. 지난 2012년 5월 18일 이명박 정부의 중요한 축이었던 최시중 전 방송통신위원장이 파이시티 인·허가 로비 과정에서 8억 원을 받은 혐의로 구속기소되었어요. 최시중 씨는 정연주 사건, PD수첩, 미네르바 사건 등 표현의 자유를 억압하는 지난 정부의 기소들과 무관하지 않은 인물이죠. 이명박 정부 언론정책의 기초를 놓았다고 할 수 있으니까요. 그는 결국 2012년 11월 29일 서울 고법에서 특가법상 알선수재 혐의로 징역 2년 6월에 추징금 6억을 선고받았어요. 대법원 상고를 포기해 형이 확정되었고요. 최시중 씨는 검찰에게 조사받기 전만 해도 '대선 여론조사 자금'이라고 했다가 검찰에서는 '개인용도'로 말을 바꾸었고, 2012년 7월에 있었던 재판 도중에는 다시 '대선 경선용 자금'이라고 주장했어요. 검찰이 강력하게 항의하자 변호인이 '대가성 없는 돈이라는 점을 강조한 것'이라며 후퇴하기도 했고요. 2013년 1월 31일 대통령 특사로 풀려나면서는 자신의 무죄를 다시 강조했지요. 최시중 전 방송통신위원장이 이명박 대통령과 언론계에 끼쳐온 막대한 영향력을 생각할 때 여러모로 충격적인 사건이었습니다. 그런데 우리는 과거에도 여러 번 비슷한 사례를 경험한 적이 있죠. 제게 가장 인상적이었던 것은 2002년 대통령선거 당시 이회창 후보의 오른팔로 이른바 '차떼기'를 주도한 서정우 변호사 사건이었습니다. 위원장님도 잘 아시다시피 이회창 후보나 서정우 변호사나 모두 경기고, 서울대 법대를 졸업하고, 삶의 대부분을 법원에서 보낸 대표적인 엘리트 판사들 아닙니까?

김영란 그게 꼭 법원이나 언론 엘리트들만의 문제는 아닌 것 같고요. 노무현-안희정 사건도 크게 다르지 않아요. 비리 규모에는 차이가 있지만, 정치권력을 창출하고 유지하는 데 어째서 그렇게 많은 돈이 필요한가라는 점을 문제 삼게 해준 사건인 건 동일하죠. '이것은 나의 비리가 아니라 우리가 권력을 잡고 유지하기 위해 하는 일이다'라는 생각이 있었기 때문에 소위 엘리트라는 사람들이 동참했다고 생각해요. 바로 이 지점이 우리가 이 대화를 통해 고민하려는 것이고요. 이회창-서정우 커플도 그렇고 그 많은 돈을 도대체 어디에 썼는지가 문제예요. 박정희, 전두환, 노태우 시대 이후로 줄곧 그래왔던 거잖아요.

김두식 이른바 '배달사고'도 꽤 있었을 테고, 그 와중에 한밑천 챙긴 사람도 있었겠죠.

김영란 예전에 누구는 그 돈으로 학교를 지었다는 소문도 있었고요. 그러니까 오래된 구조의 하나로서 이회창-서정우 커플이 있는 것이지, 그들이 엘리트라는 점을 부각시키는 것만으로는 설명되지 않아요. 구조적인 문제죠. 앞으로 정말 좋은 정치를 해보겠다는 사람들을 우리 정치의 고착화된 비리 발생 구조 속에서 어떻게 구제해낼 것인가도 중요한 문제예요.

김두식 사건 기록을 자세히 읽다 보면 정치인들이 자기 배를 채우기 위해서 벌인 일은 아니라는 생각이 들고, 그래서 판사들이 중형을 선고하지 못하는 경향도 있잖아요. 구조적인 문제이기 때문에 판사 입장에서도 개인만 처벌해서 될 일이 아니라는 생각이 드는 거죠.

김영란 그런 일을 하지 않았더라면 더 좋았겠지만, 개인의 힘으로 극복하기에 너무 어려운 문제인 것도 사실이에요. 이런 의문이 드네요. 이회창-서정우든 노무현-안희정이든, 어느 순간에 진짜 '너무 많은 돈이 들어서 이건 안 되겠다' 싶은 순간이 왔을 때 그만둘 수 있었을까요? 사실 그런 순간에 '구조적으로 원래 돈이 많이 드는 것이니 어쩔 수 없다'고 생각하기 십상인데요. 장사를 하는 경우 1억에서 10억으로 규모를 키우려면 넘어야 하는 어떤 선을 맞닥뜨리게 마련이라고들 하잖아요. 하지만 그 순간 '이렇게 무리해서 돈을 벌고 싶지 않다'고 물러서는 사람도 많거든요. 정치판에서는 조국의 발전을 위해 큰일을 하고 있으니 선을 넘을 수밖에 없다고 생각하는지 모르겠어요. 우리나라는 식민지를 겪고 독재를 거치면서 '명분'이 준법을 압도하는 경향이 있어요. 국가를 위한다는데

'이것은 나의 비리가 아니라
우리가 권력을 잡고 유지하기 위해 하는 일이다'
라는 생각이 있었기 때문에
소위 엘리트라는 사람들이 동참했다고 생각해요.
바로 이 지점이 우리가 이 대화를 통해 고민하려는 것이고요.

'까짓 것 넘어서지' 하면서 잘못된 선택을 하는 거죠. 그러나 그들이 그 순간에 정말 '조국을 위해서'라고 생각했을까, 박정희, 전두환, 노태우 대통령이 청와대에 재벌들 불러다놓고 돈 받을 때 정말 '조국을 위해서'라고 생각했을까 의문이 들기도 합니다만.

김두식 마음으로 정말 믿었을지는 모르겠지만 최소한 자기합리화는 했겠지요. '이 돈을 나를 위해 썼느냐 아니냐'가 개인적으로 굉장히 중요한 정당성의 기준이 되는 것도 지적할 필요가 있어요. 이 돈을 내가 집으로 가져간 게 아니다, 내 사익을 위해 쓴 게 아니다, 라는 자기정당화가 이루어지면 불법 정치자금을 받기가 훨씬 쉬워진다고 생각해요.

김영란 이때까지 그렇게 정당화했던 거죠. 사실 대부분의 사람들이 받은 돈의 일정 부분을 집으로 가져갔을 텐데도 말이죠. 최시중 씨가 검찰 조사에서 밥 먹는 데 썼다고 했다가 여론조사하는 데 썼다고 했다가, 말을 계속 바꾼 것도 그 경계가 분명치 않았기 때문이 아닐까 싶어요. 사적인 용도와 공적인 용도가 뒤섞여 있었던 거죠.

김두식 너무 옛날 얘기긴 합니다만, 저도 검찰청에서 선배 변호사에게 휴가비로 30만 원인가를 받았을 때 직원들에게 그 돈을 나눠주고는 일단 '나는 깨끗하다'는 생각을 했던 것 같아요. 검찰 간부들이 대기업에서 더 큰 규모의 이른바 떡값을 받을 때도 비슷한 생각을 했을 거고요. 일부는 집으로 가져갔더라도 일부를 사람들에게 돌렸으면 자기가 쓴 것이 아니라는 기분이 든다는 거죠. 또 업체들로부터 수사비 명목으로 받은 돈도 직원들과 회식할 때 쓰면 괜찮다고 생각하게 되고요. '내가 쓴 것이 아니다'라는 생각은 사실이 아닐 때가 많고, 설사 사실이라 하더라도 면죄부를 받을 수는 없죠.

김영란 그런 생각들 때문에 직접 쓴 것이 아닐 때도 뇌물이 되는지가 법리적으로 문제된 적이 있었어요. 대가관계가 있다면 당연히 뇌물이라는 결론이 났지요. 그런데 이런 엘리트들이 불법을 자행하면서까지 지키려고 하는 게 과연 뭘까요?

김두식 서정우 변호사도 이회창 씨도 깨끗한 이미지의 실력 있는 법관들이었잖아요. 그런데도 차떼기 같은 일을 벌인 걸 보면, 정치권력이 갖는 특성이 있는 것 같아요. 보통 정치판에 '몸을 던진다'고 표현하는데, 말하자면 '투신'인 거죠. 일단 정치에 몸을 던지는 순간 이겨야 한다는 최종 목표만 남게 되는 거예요. 역사를 봐도 투신 이후 패배는 곧 죽음이었고, 요즘은 정치에서 패배한다고 죽지는 않지만 세상에 그보다 큰 망신이 없거든요. '투신'했다가 '망신'하는 거죠. 박빙인 것 같은 마지막 순간에 조금만 선을 넘으면 이길 것 같다는 생각이 들면 망신을 피하기 위해 불법적인 관행에 자신을 내주게 되는 것 같아요.

김영란 그러니까 '조국을 위해서'보다는 '여기까지 왔으니 물러설 수 없다'는 생각이 더 강한 거네요. 일반 사업가들은 불법 앞에서 멈추는데 정치인들은 왜 못 멈추나? 교수님의 설명도 맞지만 그동안 정치자금을 불법적인 방법으로 끌어다 썼던 오랜 관행이 없었다면 정치인들의 합리화도 불가능했을 거라고 봐요. 그 관행의 고리를 끊지 않는다면 앞으로도 언제까지 계속될지 모르죠. 정치인 개인의 소신만 가지고 올바른 판단을 내리기는 쉽지 않았을 거예요. 어쩌면 '더러운 정치 더 이상 못 하겠다'고 빠져나온 사람들도 많지 않았을까요? 다만 역사에 기록되지 않았을 뿐.

김두식 하긴, 그런 사람들은 잡혀 들어가지 않은 대신 권력도 못 잡았겠지요.

김영란 지금까지는 어차피 승자가, 권력을 쥔 자가 이런 문제들을 합리화했고 승자나 패자 모두 똑같은 구조 속에 있었기 때문에 쉽게 문제 삼지 못했던 게 사실이에요. 하지만 이제는 국민도 더 이상 봐줄 수 없는 단계로 들어섰고 정치 수준도 충분히 성숙했다고 봅니다.

정치자금이냐, 뇌물이냐

김두식 뇌물과 정치자금은 어떻게 구별해야 하나요? 자금을 더 투명하게 하고 완전 공개하면 최소한 뇌물과 정치자금은 구별할 수 있겠지요. 하지만 예를 들어 건설회사 사장이 정치자금으로 건네는 것을 어떻게 볼 것이냐 하는 문제는 남지 않나요?

김영란 법에는 1인당 연간 총 2,000만 원, 그리고 대통령 선거는 1회에 1,000만 원까지 후원할 수 있게 돼 있어요. 건설회사가 '난 이 사람의 건설에 대한 관점을 지지한다'면서 1,000만 원 내고 공개하고 영수증 받는 거야 무슨 상관이냐는 거죠. 만약 1억 주면서 1,000만 원만 신고했다면 저의를 의심해야 하지만 그때도 후원할 당시에 특별한 청탁이나 대가관계를 찾을 수 없으면 결국 정치자금법으로 갈 수밖에 없어요. 웬만한 정치자금은 완전히 공개하고 1년 내내 홈페이지에 게시하는 게 옳은 방향이에요. 다만 지금 염려하는 것은 야당에 대한 탄압이라든지 '왜 너는 저쪽에 1,000만 원이나 기부하고 나한테는 안 해?' 이럴 경우 어떻게 하냐는 두려움이죠. 그래서 우리나라에서 정치자금은 다른 돈보다 특히 더 어려워요.

김두식 상대방 후보 측에서 함정을 파는 경우도 있잖아요. 돈을 주면서 청탁은 안 하고 녹음만 계속한 다음 상대방을 찔러넣은 사례도 본 적이 있어요. 그런 식으로 군수들이 계속 쫓겨난 지역도 있고요. 유권자도 많지 않은데 선거가 계속 박빙이니까 서로 잡아넣고 한쪽이 잡혀가면 그다음에는 다른 쪽이 당선되고, 그만큼 정치라는 게 위험한 거죠.

김영란 〈시사저널〉 기사를 보면 〈웨스트윙〉(The West Wing)이라는 드라마의 한 장면을 소개해요.* 백악관이 어떤 법안을 통과시키려는데 한 상원의원이 반대하자 대통령 보좌관이 의원과 만난 자리에서 이렇게 말하죠.

* 김회권, "'쩐의 전쟁' 미국 대선, 돈 흐름 보면 선거가 보인다", 〈시사저널〉 976호, 2008. 7. 8.

'만약 백악관의 요구를 들어주지 않는다면 다음 선거에서 당신의 경쟁자에게 선거자금을 원 없이 제공할 겁니다. 결과는 안 봐도 빤하겠지요.' 그런 식으로 미국의 선거는 투명하게 공개되지만 돈 많은 쪽이 승리하게 돼 있다는 거예요. 그래서 이게 참 어떻게 해야 될지…. 우리나라도 돈을 더 많이 쓰면 당선 확률이 높아진다는 신념이 없지는 않을 거거든요.

김두식 신고는 원래 한도액보다 적게 했을 거고요.

김영란 그래서 서울대 강원택 교수가 그랬어요. 정치자금 수요를 계속 규제하기만 하면 비합법적인 돈이 들어올 수밖에 없고, 그렇다면 지금처럼 보스정치가 불가피하다. 비합법적인 돈을 많이 끌어들일 수 있는 보스가 유리하니까.

김두식 규제를 엄격하게 해놓을수록 그런 문제가 생긴다는 거지요.

김영란 성매매 규제를 반대하는 사람들이 드는 논거로 풍선효과* 얘기가 있는 것처럼, 비합법적인 돈이 늘어나는 효과가 생긴다는 것이죠.

* 풍선효과 풍선의 한 곳을 누르면 다른 곳이 불거져 나오는 것처럼, 문제 하나가 해결되면 또 다른 문제가 생겨나는 현상.

정치자금 개혁,
규제 완화와 투명성 강화

김두식 그러면 이제 정치자금 개혁방안에 대해 생각해볼까요? 2011년
권익위에서 발표한 '부패인식·경험 조사 보고서'에 따르면 국민이든 기업
인이든 공무원이든, 전 영역에서 정당 및 입법분야의 부패 해결이 시급하
다고 대답했더군요. 위원장님도 정치자금 개혁이 필요하다는 생각이시죠?

김영란 앞에서 말한 대로 안희정 사건, 이광재 사건도 그랬고 이번에 최
시중 사건 같은 경우도 모호하긴 하지만 대통령 만들기 자금으로 쓰인 것
으로 강력하게 추정되지 않습니까? 우선 대통령 만들기 자금이 그렇게
많이 필요한가, 하는 문제가 있고요. 사실 우리는 선거공영제이기 때문에
MB도 380억 정도 보전을 받았거든요. 그런데 그게 대통령 만드는 돈으
로는 턱도 없는 금액이라니 문제죠. 이걸 그냥 놔두면 항상 불법정치자금
을 끌어다 써야 하고, 그런데 세상에 공짜돈은 없는 법이니 불법정치자금
을 쓴 이상 대가를 줘야 하니까 거기에서 온갖 청탁이나 비리 문제가 나
올 수밖에요. 미리 받은 돈이니까 대가관계가 없다고 해서 처벌하지 못한
다고 할지 모르지만, 기업인의 입장에서는 수십 억 원이 예사로 왔다갔다
하는데 그건 언젠가 대통령 측근을 써먹기로 하고 투자하는 거잖아요. 부
정청탁금지법이 통과돼서 처벌할 수 있게 되더라도 그것은 근원적인 해
결책이 아니라 사후대책일 뿐이에요. 과연 근원적인 해결책은 없는 것일
까. 정치자금에 대해 근원적인 해결책을 생각하지 않고는 우리나라의 부

패를 잡을 수 없다고 생각했어요.

김두식 그런데 지금 대기업은 정치자금을 내놓을 수 없게 돼 있고, 개인 단위로 할 때도 상한선이 있어요. 그러니까 대기업이 선거자금을 내놓으면 원칙적으로는 다 불법인 셈이죠.

김영란 그렇지요. 법인이 할 수 없게 돼 있지요. 청목회 사건이 바로 그게 문제가 된 거잖아요.

김두식 말씀하신 김에 청목회 사건 얘기부터 해볼까요? 2010년 전국청원경찰친목협의회(청목회)는 개별 회원들 명의로 국회의원들에게 후원금을 낸 뒤 청원경찰법 개정안을 통과시키려고 입법 로비를 벌였죠. 법인이 후원금을 낼 수 없으니까, 회원을 통해서 우회적으로 내는 방식을 취했던 건데요. 검찰이 청목회 사건을 수사하는 기간에 정치자금법 개정안이 나왔고요. 정치자금법 개정안의 핵심내용은 법인 또는 단체의 정치자금 기부를 금지했던 조항을 완화하자는 것이었어요. 2004년에 만들어진 정치자금법 제31조 제2항은 "법인 또는 단체와 관련된 자금으로 정치자금을 기부할 수 없다"고 돼 있었거든요. 거기 나오는 '단체와 관련된 자금'을 2012년 개정안은 '단체의 자금'으로 바꿔서 단체 소속 회원이 개별적으로 후원금을 낸 건 불법이 아니게 만들려고 했죠. 이렇게 되면 청목회 회원들이 10만 원씩 후원한 것은 '단체의 자금'은 아니고 '단체와 관련된 자금'이니까 허용될 수 있어요. '단체의 자금'이 직접 들어오는 것만 막도록 법을 개정하는 게 18대 국회의 마지막 프로젝트였던 셈이죠. 왜냐하면 청목회 사건으로 잡혀간 사람들도 많고, 이 사람들이 나중에 공천에서 탈락했잖아요. 그래서 동료 국회의원들이 볼 때 '저건 억울하지 않냐'고 생각했던 것 같아요. 앞으로 돈도 더 편하게 더 많이 받아야겠다는 생각도 있었을 테고요. 개정안은 2012년 5월에 18대 국회 법사위를 통과했지만, 본회의에는 올리지 않았어요. 돈 받은 의원들에게 면죄부를 주는 것이라고 여론이 아주 나빴기 때문에 국회의원들도 더 이상 밀어붙이지 못했던 거죠.

김영란 선관위에서도 완화할 필요가 있다고 본 거죠? 그런데 '법인이나 단체의 자금'이 아니라 '관련 자금'까지 금지한 이유는, 그 돈 때문에 결국 해당 법인이나 단체의 영향을 받을 수밖에 없기 때문이거든요. 단체에서 직접 들어오는 자금만 통제해서는 효과가 없어요. 미국은 소프트머니(soft money)와 하드머니(hard money)라는 개념으로 구분하고 있어요. 법인이나 단체가 정당에 기부하는 정치자금을 소프트머니라고 하고, 개인이 특정 정치인에게 주는 걸 하드머니라고 하는데, 이 소프트머니를 무한정 놔두면 결국 기업이 돈으로 정치를 하게 되는 문제가 생겨요. 그래서 전문가들은 소프트머니를 규제해야 한다고 주장해왔죠.

김두식 미국에서 소프트머니는 상대적으로 규제를 덜 받는 돈이었군요.

김영란 특정인의 당선을 위해 주는 돈은 여러 가지 규제가 있는데 소프트머니는 정당에만 주는 거라서 규제가 덜했어요. 소프트머니는 예컨대 인종차별적인 정당에다 집중적으로 돈을 준다든가 하는 식으로 정치에 영향을 미쳐요. 그래서 규제해야 한다는 주장인데, 미국에서는 2002년 규제 법안이 통과되었어요. 이것처럼 우리도 '단체 관련 자금'을 규제하지 않으면 정치가 기업의 영향을 받을 수 있어요. 다만 문제는 규제가 너무 많아서 불법정치자금을 모을 수밖에 없게 만드는 구조라는 거죠. 그렇다면 어느 정도 완화해야 하는 것 아니냐, 개인은 어차피 후원금을 많이 안 낼 것이고 법인이나 단체에 기댈 수밖에 없는데 너무 규제가 강한 것 아니냐, 하는 주장이 나오게 된 거예요. 현재 단체의 후원은 당연히 안 되고, 개인도 연간 2,000만 원까지밖에 안 되고, 선거비용 제한액의 100분의 5 한도에서만 후원금을 모을 수 있으니까요.

김두식 저는 최근에 친구인 국회의원을 한 번 도와야겠다 싶어서 인세를 받은 김에 100만 원을 입금한 일이 있어요. 실명으로 하고 통장으로 그냥 넣어준 거지요. 공식적으로 처리하라고 한 건데, 그 친구가 '혹시 탄압받는 것 아니냐'고 걱정하더라고요. 그래서 '내가 탄압받을 일이 뭐가 있냐? 대통령이 바보냐, 나같이 하찮은 사람을 건드리게?' 그러고 그냥 웃었어요.

김영란 이게 참 문제예요. MB정부의 민간인 사찰의 악영향인 것 같고.

김두식 10만 원까지는 세액공제 혜택도 되는데 아무도 안 하는 게 문제죠. 심지어 청목회 같은 데가 악용하는 상황만 만들었잖아요. 청목회는 어차피 세액공제 혜택을 다 받을 수 있으니까 개별적으로 10만 원씩 후원하라는 일률적인 지시를 내리는 식으로 돈을 몰아줬죠. 결국 후원은 개별적으로 하고 로비는 단체 차원에서 하는 게 문제인 거죠?

김영란 그러니까요. 단체후원을 막는 이유가 이런 것 때문이죠. 영향을 받을까 봐.

김두식 실제로 영향을 받았죠. 두 가지가 늘 충돌하는 것 같아요. 투명성을 확보하는 것과 모금 액수가 현실적인 수준으로 유지되는 것.

규제완화보다
투명성 확보가 먼저

김영란 2004년에 법을 개정하면서 근원적으로 돈이 많이 필요한 현실은 해결되지 않은 채 사후대책 비슷하게 투명성 쪽만 강조되다 보니 여전히 불법자금 없이는 정치가 안 되는 문제가 남았죠. 그런데 사실 유럽 같은 데는 당비를 많이 납부하고 그 돈으로 정치가 돌아가거든요.

김두식 진성 당원이 많지 않은 건 우리 정치의 고질적인 문제점이죠. 대중정당이 아니라서요.

김영란 대중정당 말씀하시니 정당유형부터 살펴볼 필요가 있을 것 같네요. 카츠(Richard Katz)와 메이어(Peter Mair)의 정의에 따르면 정당은 카르텔정당, 대중정당(mass party), 포괄정당(catch all party)으로 나눌 수 있다고 하잖아요. 카르텔정당은 정당이 시민사회와 국가를 연결해주는 기존의 역할에서 탈피해서 국가와 더욱 밀착된 관계를 가지면서 선거운동에 필요한 자원을 국가에 의존하는 형태죠. 그러면서 신생정당의 탄생을 억제하고 기존 정당들 간의 존속을 위해 전략적 제휴를 해요. 우리나라의 민자당, 민주정의당, 과거 민주당을 예로 들더라고요. 반대로 정치비용이 민간부문에서 조달되면 정당이나 정치인은 국가보다 사회의 민간영역으로 기우는 경향을 보인다고 해요. 특히 정당이나 정치인이 특정 사회집단에 의존하게 되면 그 사회집단의 이익과 의견을 국가에 전달하고 일관되게 국가정책에 반영하게 되죠. 이게 대중정당이고요. 그다음에 포괄정당이라는 건 모두를 다 포괄한대요. 민간에서 자금을 조달하는 경우에도 당비 같은 안정적 자금이 아니라 후원금이나 기부금 같은 불안정한 자금에 의존하게 되면 더 많은 사회집단의 지지를 받아야 하기 때문에 일관된 정책을 추구하기 어려워요. 그래서 정책의 유연성을 꾀하는 속성의 정당형태를 포괄정당이라고 합니다. 즉 일반적으로 정당의 자금을 국고에만 의존하는 게 카르텔정당, 당원의 당비에만 의존하는 대신 당원들에게 후보공천권을 주는 게 대중정당, 정당의 운영권을 개방하고 일반 유권자들로부터 당비뿐 아니라 후원금을 받는 방식이 포괄정당인데 영국의 노동당이 대중정당이고, 미국의 민주당이나 공화당이 포괄정당이죠.* 우리나라 정당은 이세 가지 모델의 성격을 부분적으로 다 가지고 있다고 하네요. 그래서 우리나라 정당정치가 영국식으로 가는 게 쉽지 않은 것 같아요. 그걸 전제로 제도설계를 하면 안 되는 거죠.

김두식 통합진보당, 진보정의당, 진보신당 정도가 대중정당으로 분류될 수 있을 텐데, 아직은 세가 너무 약하니까요.

김영란 정당의 밀집도가 강한 대신 대중적인 정당정책을 펴지는 못하고 있으니까 약간 뭐랄까, 본인들끼리 하는 느낌이 강하죠. 그나마 나머지 정당은 당비를 내는 진성당원이 별로 없어요. 그렇다고 불법정치자금을 끌어모을 수도 없고. 그래서 독일 같은 나라는 국고보조금을 소액당비 납부와 연계하는 매칭펀드 방식(matching fund system)을 적용하고 있어요. 그리고 당비와 기부금의 집중을 완화하기 위해 기회균등화 조정금이라는 것을 정당에 지급하고 있는데, 평균 기부금의 40%가 지급됩니다. 소규모 정당에 훨씬 도움이 되는 방식이지요.

김두식 매칭펀드는 이런 건가요? 외국 대학에서 어떤 프로젝트를 할 때 교수가 밖에서 연구비 5억을 받아오면 학교에서 매칭펀드로 5억 만큼 더 줘서 10억을 만들어주는 경우가 있거든요. 독일의 매칭펀드도 당원들이 낸 당비를 합산한 액수에 맞춰 국가가 돈을 보조해준다는 거죠?

* 김민전, "2005 개정 정치자금법의 정치적 의미평가와 소액 다수주의 활성화 방안", 중앙선거관리위원회, 〈선거관리〉 제51호, 2005, 121~126쪽. (장정윤, 〈새로운 정치자금론〉, 한국행정DB센터, 2010, 34~35쪽에서 재인용.)

김영란 네. 소액납부에 혜택을 더 많이 주는 등의 방법으로 개별 당원의 당비납부를 활성화하고 있더라고요. 하지만 우리나라에서 당비로 당을 운영하게 되기까지는 굉장히 오랜 세월이 걸릴 것 같고요. 일단 지금은 당비, 후원금, 기탁금, 보조금밖에 없는 건데, 당비는 통합진보당이나 진보신당 등 말고는 별로 없어 보이고, 기탁금도 거의 없대요. 지정기탁금 제도가 없어진 이후에 지금은 선거관리위원회에 기탁하면 선관위가 알아서 정당에 나눠주잖아요. 기탁자가 어느 당에 주라고 지정하는 게 아니니까 사람들이 하지 않게 됐죠. 결국 지금 선거는 후원금과 보조금으로 운영된다고 봐야 해요. 그런데 아까 말씀드린 것처럼 후원금은 금액제한이 많아요. 대중정당이 아니라서 정치자금을 모으는 데 한계가 있고, 최소한도의 투명성을 위해 기부내역을 공개하자고 하면 사찰당하지 않을까 두려워하고, 그래서 불법이 자행되는 악순환이 계속되는 거죠. 권익위에서 가장 부패한 기관을 조사해보면 국회의원이 항상 1위로 나와요. 그들로서는 조금 억울할 수 있어요. 돈이 많이 들어가는 구조인데 모을 방법은 없으니까요. '국회의원은 교도소 담장을 걷고 있는 사람들'이라고 자조적으로 얘기하는 것도 그래서인데, 그런 처지에서 해방시켜주면서 세금도 낭비하지 않는 방법을 찾아야 해요.

이와 관련해서 외국의 경우를 보면, 유럽하고 미국은 차이가 기본적으로 많아요. 미국은 후보자 개인에게 정치자금을 대주고 당비를 내고 선거운동을 하는 반면, 영국 등 유럽은 철저히 정당정치예요. 특정 정당인에 대한 마음은 바뀌더라도 '나는 항상 보수당이었다'고 스스로 생각하면 보수당을 표방하고 당비를 내요. 즉 보수당의 차기 당수를 보고 돈을 내는 게 아니고 그 정당의 정책을 보고 내는 거니까, 꾸준히 돈이 들어오고 쓰는 돈도 많지 않아요. 정당 정책을 홍보하는 데 돈을 쓰지, 출마하는 국회의원 개개인의 선거운동자금은 별로 안 드는 구조죠.

그런데 미국은 돈이 엄청나게 많이 드는 나라잖아요. 그리고 그게 '표현의 자유'라는 취지로 옹호되고요. 지난 2010년 1월 21일에 미국 대법원은 기업이 특정후보를 지지하기 위해 정치자금을 사용하는 것을 막아서는 안 된다고 판결했어요. 그게 '시티즌즈 유나이티드 대 연방 선거관리위원회 사건'인데,* 표현의 자유를 기업에까지 확대 적용하는 데 5명이 찬성하는 다수의견을 내고 4명이 소수의견을 냈거든요. 그런데 180쪽짜리 판결문 중 소수의견이 90쪽이었대요. 그만큼 치열했다는 거죠. 다수의견은 앤서니 케네디(Anthony Kennedy) 대법관이 썼는데 표현의 자유를 인정한 수정헌법 제1조에 의거해 '의회는 어떤 경우라도 시민 또는 시민들의 결사체가 정치적 의사표현을 했다는 이유만으로 벌금을 부과하거나 투옥하는 내용을 담은 법리를 만들어서는 안 된다. 기업이 특정후보를 지지하기 위해 해당 후보와 조율을 거치지 않은 채 독립적으로 선거자금을 사용하는 것은 자기의 정치적 의사표현에 해당한다.' 이렇게 주장했어요. 특정 후보를 지지하기 위한 PAC(Political Action Committee), 즉 정치활동위원회도 지출하는 금액에 제한이 없어요. 그래서 이번 미국 대선에서도 대규모 선거광고는 PAC에서 다 했거든요. 각 후보 개인이 모금하고 PAC도 모금하고, 그래서 미국의 대선자금은 어마어마해요. 이 PAC에서 후보자

---

* 정인환, "부자 코크 형제, 미국 대선을 사다", 〈한겨레21〉 제933호, 2012. 10. 29.

에게 후원하는 금액은 제한이 있어요. 그런데 PAC가 독자적으로 활동하는 것은 제한이 없지요. 가령 누군가가 오바마를 지원하고 싶으면 PAC를 등록하고 따로 모금하는 것이죠. 오바마는 오바마대로 모으고요. 다만 대선후보가 국고 보조를 받으려면 금액제한이 있어요.

김두식 미국은 PAC도 후보마다 하나씩이 아니고 사람들이 자기 지지하는 후보를 위해서 그냥 만들면 되는 거죠. 보수 성향의 비영리 단체인 시티즌즈 유나이티드는 당시 상원의원이었던 힐러리 클린턴을 비판하는 정치적 광고를 방송했다가 문제가 되었잖아요. 2002년에 만들어진 초당적 선거자금 개혁법(Bipartisan Campaign Reform Act of 2002)에 따르면 기업이나 노조가 후보를 언급한 광고를 내보내지 못하도록 규제하고 있었고요. 그 법을 위반한 사건이 연방대법원까지 올라가서 판결이 나오게 된 거죠.

김영란 그렇지요. 반대의견은 90세가 넘은 대법관 존 폴 스티븐스(John Paul Stevens)가 썼어요. 스티븐스는 미국 대법관의 살아 있는 전설이죠. 캘리포니아 쪽에 그분 댁이 있는데 팻말이 붙어 있대요. 존 폴 스티븐스 대법관이 살고 계신 곳이니 조용히 하라고요. 미국은 대법관이 독특한 위치에 있는 나라니까. 그분이 쓴 반대의견은 이거였어요. "기업에 인간과 똑같은 표현의 자유를 허용하는 것은 중대한 오류다. 기업의 자금이 자유롭게 정치권으로 흘러든다면 정치마저 시장논리에 휘둘려서 민주주의 자체가 위협받게 될 것이다." 원래 미국 대법원은 1990년에 기업의 정치자금 사용을 금지한 선거법에 대해 합헌결정을 내렸고 2002년에 다시 합헌결정이 났는데 이번에 바꾼 겁니다. 그래서 기업인들이 자기 돈을 써서 선거운동을 하는 거예요. 그리고 자기네 회사 직원들에게 '우리 회사를 위해서는 이러이러한 후보를 지지하는 게 옳다'는 편지도 보내지요.

김두식 '시티즌즈 유나이티드' 판결에 대해 어떻게 생각하세요?

김영란 기업에 인간과 똑같은 표현의 자유를 허용하기 곤란하다고 본 스티븐스 대법관의 의견에 동의해요. 요새 경제민주화 얘기를 많이 하잖아요. 그런데 자유경제, 재산권 사유화 등이 기업과 인간에게 똑같이 적용되는지부터 생각해봐야 해요. 경제민주화 논쟁은 거기에서 출발해야겠지요.

김두식 이번 대통령 선거에서 얘기된 경제민주화 논쟁은 초점을 제대로 잡지 못했죠.

김영란 네. 경제민주화 얘기를 하려면 사유재산권 보장이 어디에서 출발했는지부터 살펴봐야 해요. 원래는 기업이 아니라 개개인의 자유경제활동과 사유재산권 보장에서 출발한 것이거든요. 왜냐하면 왕권에 대한 귀족권의 투쟁이었으니까요. 사유재산권 보장, 조세법률주의, 죄형법정주의 이런 게 처음에는 귀족권의 보호를 위한 것이었죠. 그다음에 시민계급, 자산계층에서 부르주아지가 생겨나면서 앙시앵레짐*에 대항해 시민계급을 보호하게 되었고요. 지금처럼 무한책임을 지지 않고 유한책임만 지는 법인은 염두에 두지 않았어요. 그런데 이제 기업이 사람과 똑같은 권리를 주장하기 시작한 거죠. 과연 그런가? 미국 판결도 이것과 똑같은 문제의식이라고 생각해요. 기업이 그 많은 돈을 가지고 광고하는 것과 시민들이 표현의 자유를 가지고 자기 의사를 표현하는 것을 똑같이 취급할 것인가. 반대의견은 이 둘의 힘이 너무 차이 난다는 점을 직시한 것이고 다수의견은 고전적인 자유이론으로 간 것 같아요. 제가 미국의 대법관이었다면 소수의견을 지지했을 것 같아요. (웃음) 저는 '왜 기업이 자유롭게 활동 못하게 제한하느냐'라는 주장에 대해서도 근본적인 성찰이 필요하다고 생각해요. 경제민주화 논의도 거기에 초점이 맞춰져야 하고요.

김두식 개인과 기업이 똑같은 권리를 보장받을 수는 없고, 경제민주화 논의도 그 차이를 직시하는 데서 시작해야 한다는 말씀이군요. 미국 연방 대법원이 선거법 관련 판결을 하면서 표현의 자유를 논거로 제시한 것도 흥미롭습니다. 미국헌법이 처음 만들어질 때는 기본권 조항이 아예 없었 잖아요. 기본권을 보장한 권리장전은 1791년에야 헌법에 들어왔고, 그 첫 번째 조항이 표현의 자유를 규정한 수정헌법 제1조(The First Amendment) 죠. '기업도 하고 싶은 얘기가 있고 자기 얘기를 대변해줄 정당을 위해 돈도 줄 수 있으며 직접 얘기할 수도 있다'는 발상이 재미있어요. 우리 헌법재판소라면 이런 문제를 기업의 표현의 자유로 연결시킬 것 같지는 않 거든요. 우리하고는 다른 토대가 있지 않나 싶기도 하고요.

---

* 앙시앵레짐(ancien regime) 프랑스혁명 이전 절대왕정기의 사회체제. 당시 절대군주가 소수의 성직자 등과 결탁 해 인구의 90%를 차지하는 농민과 시민을 억압했다.

김영란 미국은 뭐든지 표현의 자유로 가는 경향이 있긴 하죠. 볼테르의 후손들도 아닌데. (웃음) 조금 다른 얘기지만 〈허슬러〉(The Hustler) 발행인을 다룬 영화 〈래리 플린트〉(Larry Flynt), 그 판결이 유명한데 영화의 하이라이트도 그거예요. 음란물이라고 기소됐는데 연방대법관들이 '아무리 망나니, 무뢰한이라도 섹스와 표현의 자유를 향유한다'며 무죄 선고를 하는 장면이 나와요. 그 영화를 저도 재미있게 봤거든요.

김두식 저도 말할 자유는 최대한 보장되어야 한다고 생각해요. 그게 음란물이든, 선거방송이든 간에. 위원장님은 표현의 자유가 중요하지만 그게 과연 기업이나 법인에까지 인정되는 권리인지는 의문이라는 말씀이지요?

김영란 민주사회에서 다양성을 인정하려면 표현의 자유가 중요하죠. 그러나 기업이라는 것은 한 개인과 다르잖아요. 어마어마한 돈과 힘을 가지지만 사람과 똑같은 책임을 지지는 않죠. 법인을 바라보는 학설에 법인실재설과 법인의제설이 있어요. 옛날에 유명론, 실재론 논쟁같이. 그것처럼 기업을 어떻게 볼 것이냐, 하는 근본적인 문제가 있다고 생각해요. 미국의 다수 대법관은 표현의 자유를 가지고 선거자금의 규제를 다 풀었던 것이고요. 그 대신 미국은 철저한 투명성을 요구합니다. 어디에 썼는지 다 공개합니다. 그러니까 어떤 PAC가 만들어져서 어느 후보를 위해 어떻게 썼다는 것을 유리알같이 투명하게 공개하게 돼 있어요. 그렇게 하면 어떤 PAC는 공화당 후보를 지원했고 어떤 PAC는 민주당후보를 지원했는데, 공화당은 총 100억 달러가 지원됐고 민주당은 150억 달러가 지원됐다면 이미 거기에서 게임은 끝난 거예요. 미국 신문에 보면 항상 대선자금 모금액이 나오잖아요. 후보 개인이 모금한 것도 나오지만 PAC도 다 나와요. 후보가 직접 쓰지는 않지만 PAC가 그 사람을 위해서 쓰는 것이니까요. 아직은 그런 제도를 우리가 도입하기는 어려울 것 같아요.

김두식　미국은 좀 특수하죠. 국가의 규제로부터 자유로울 권리랄까, 그런 길을 늘 열어놓잖아요. 대학들도 예를 들면 흑백통합이라고 해서 흑인과 백인이 같이 교육받는 것을 당연하게 생각하지만, 예컨대 어떤 꼴통 기독교 대학이 '우리는 백인만 뽑겠다. 이게 원래 우리의 신앙이다' 이렇게 말하더라도 국가보조를 한 푼도 안 받기로 마음만 먹으면 대학을 계속 유지할 길이 있죠. 마음대로 기도하고, 동성애는 죄라고 가르치는 학교를 유지하고 싶으면 국가에서 돈을 안 받으면 돼요. 그래서 기독교 사립 중고교가 많잖아요. 우리나라는 기독교 중고교도 배정을 받아서 가기 때문에 그럴 수는 없죠. 명백하게 종교학교인데도 그 학교 예산은 거의 대부분 국가에서 보조를 받다 보니까 도대체 어디까지 그 학교가 마음대로 할 수 있는지 판단하기가 어려워지죠. 그래서 강의석 군 문제도 터진 거고요.*

김영란　강의석 군 사건은 제가 주심이었어요.

김두식　아, 그렇군요. 평준화하고 연결돼 있어서 판단이 쉽지 않은 문제였죠?

* 강의석 사건 2004년 고교 재학 시절, 학교가 개신교 예배를 강요하는 데 반발해 시위를 한 이유로 제적되자 강의석 군이 학교법인 등을 상대로 퇴학처분 무효 소송과 손해배상 청구소송 등을 내서 모두 승소했다.

김영란 제가 다수의견 집필했어요.

김두식 그랬군요. 어쨌든 국고보조를 받지 않으면 마음대로 할 수 있지만, 국고보조를 받으면 엄격한 통제를 받아야 한다는 건 미국 제도를 관통하는 중요한 원칙인 것 같아요. 우리도 PAC처럼, 말하자면 국가의 규제로부터 상당히 자유롭게 법인단체 모집 같은 길을 열어둘 것이냐, 하는 문제가 있겠지요. 위원장님은 아마 반대하시겠지요?

김영란 미국은 후보의 자질을 보는 선거가 아니라 정말 돈이 말하는 선거라는 비판이 많아요. 소프트머니 문제도 있고 PAC 문제도 있으니까요. 우리는 어떤 사람이 후원금을 엄청나게 많이 낼 수 있게 만들면 정당이 그 사람에게 좌지우지될까 봐 막아놨는데 비현실적이라는 비판이 많이 있지요. 유럽과 미국식을 절충하여 조금 풀어주고 후원금을 조금 더 모을 수 있게 해주면서 후원자 신원을 다 공개하는 건 어떨까요. 지금은 대통령 선거가 끝나면 책임자가 선관위에 자료를 제출하고 그때로부터 3개월간 공개하게 돼 있어요. 그런데 왜 3개월만 공개하는지 모르겠어요. 계속 공개하는 식으로 규제해야 한다고 생각해요. 물론 정치자금에 대해서는 왜 그 후보를 후원했냐면서 불이익을 받을까 봐 공개가 쉽지 않아요. 우리 사회의 성숙도 문제죠.

김두식 미국은 연방대법원 판결도 그렇고 PAC의 존재 자체도 우리하고는 완전히 다른 방향이지요. 선거공영제하고도 거리가 있고요. 하지만 어찌 보면 그래서 현실적이라고도 볼 수 있지 않을까요?

김영란 우리는 선거공영제를 하면서 선거비용에 대해 보전을 해주죠. 아까 얘기한 정부보조금이란 게 전체 선거권자에 보조금 단가를 곱해서 줘요. 보조금은 후보자에게 주는 돈이 있고 정당에 주는 돈이 따로 있는데, 그 돈 외에 나머지는 정말 엄격하게 처벌해서 불법정치자금을 다 막아야 한다는 이상(理想) 아래 선거공영제를 시행한 것 같아요. 그런데 실제로는 보전해주지 않는 돈이 많더군요.

김두식 뭐가 빠지느냐가 중요할 텐데요.

김영란 많아요. 예를 들어 선거 사무실 유지비용은 보전되지 않아요.

김두식 왜 사무실 유지비용은 제외했을까요.

김영란 그것은 아마 정당정치를 전제로 해서 그랬을 거예요. 정당에 주는 돈이 따로 있고 그 정당조직이 움직이는 형태이니 굳이 지원할 필요가 없다고 생각한 것 같아요. 어쨌든 현실적으로 드는 돈을 충분히 보전하지 못하는 건 사실이에요. 나머지는 후원금을 모금해서 쓰라는데, 그 후원금 모금이 엄청 까다롭게 규제돼 있고요.

김두식 현실적으로는 이런 문제도 있어요. 아까 제가 친구인 국회의원에게 후원금 100만 원을 냈다고 했잖아요. 그때 이런 생각을 잠깐 했어요. 공식창구로 돈 보내고 세금감면 혜택을 받는 게 좋은 길일까? 진짜 친한 친구라면 얼굴 보고 그냥 현금으로 주는 게 우리 정서인 것 같거든요. 친구도 뭔가 비공식적으로 돈 쓸 일이 있을 텐데, 나 정도 친한 관계이면 개인적으로 둘이 만났을 때 '이거 너 써' 하고 툭 주는 게 도움이 되지 않나 싶었어요. 그 갈등을 하다가 제가 왜 그냥 통장으로 보냈느냐 하면, 관련법을 찾아 불법 여부를 고민하기가 귀찮더라고요. (웃음) 공식적으로 보전 안 되는 비용에 대해서도 어떻게든 채워 넣어야 하니 정말 친한 사이에서 도움을 받게 되고, 그게 나중에 청탁으로 돌아올 수도 있는 거죠.

김영란 그런 식으로 불법자금을 주고받으며 친했다고 믿었던 사람이 사실은 '트로이 목마'일 수도 있어요. 원래 트로이 목마가 될 생각이 없었지만 상대방 진영에 자기의 약점들이 걸려들면서 문제될 수도 있고요. 일부러 스파이를 상대방 진영에 파견하는 경우도 많아요. 그런 불법자금 때문에 항상 위치가 불안하거든요. 특히 국회의원 선거는 고발도 많고 당선무효형을 많이 받잖아요. 불법선거자금을 받은 경우가 그만큼 많다는 거예요. 이 모든 것에서 정치인들을 자유롭게 해주면서도 자신의 출마 이유를 국민에게 충분히 전달할 수 있고, 그것을 국민이 충분히 보고 선택할 수 있도록 가야 하는 거지요.

그런데 정치자금 문제는 하도 난마처럼 얽혀 있어서 사람들마다 해법도 달라요. 누구는 유지비를 줄이려면 지구당을 없애는 게 옳다고 하는데, 한쪽에서는 지구당을 없애서 오히려 불법선거자금 유입이 더 용이해졌다고 하고요. 그러니까 법정지구당이라도 만들어야 한다는 학설도 있고, 중선거구제로 가야 한다는 얘기도 나오고 있죠. 그런데 강원택 교수는 정당주도가 아니라 인물주도형 선거방식으로 가면 돈이 더 많이 드는데 중선거구제가 되면 인물 중심이 될 수밖에 없다며 오히려 반대하는 입장이더라고요. 사람들마다 생각이 너무 달라서 깊은 논의가 필요해요. 우리 사회에서는 아직 이에 대해 대중적인 논의가 별로 없었던 것 같아요.

2004년에 정치자금법이 개정돼서 정당후원회가 폐지됐고요. 법인 및 단체의 정치자금 기부가 제한되어서 정당선거 후보자들의 정치자금 조달이 굉장히 어려워졌어요. 반면 국민경선제가 도입되고 미디어선거가 활성화되어서 정치자금의 수요는 계속 증대됐고요. 수요는 늘어나는데 합법적인 공급채널이 부족해진 거죠.

그리고 정치자금 조달이 과거에는 소수집권층이 재벌로부터 거둬들이는 정경유착 구조였는데 요새는 다수의 측근과 실세 중심으로 자금을 조성하고, 권력을 매개로 비리와 연루되는 형태로 변화하고 있어요. 또 청목회 사건같이 후원금 쪼개기 식으로 법인이나 단체가 위장해서 지원하고 있고, 출판기념회 등을 통해 편법으로 정치자금을 조달하고 있습니다. 출판기념회는 정치자금법상의 모금한도나 기부한도의 영향을 받지 않고 회계보고를 할 필요도 없게 돼 있나 봐요. 선거일 전 90일부터는 출판기념회가 금지돼 있어서 그 이전에 몰아서 하죠. 그래서 그때 여의도 국회 주변을 지나가면 출판기념회 플래카드가 수없이 많아요.

또 공직선거법은 법정선거비용 상한액을 초과 지출한 경우 당선무효라 정하고 있는데, 선거비용 상한액이 굉장히 지키기 어려운 금액이라는 겁니다. 들어가는 돈이 점점 늘어나고 있기 때문에 자금의 출처와 사용처가 불분명한 정치자금들이 조성되고 운영되고 있어요. 지난 18대는 대선후 보자 법정선거비용 상한액이 559억 7,700만 원이었고요. 박근혜 당선자 나 문재인 후보가 559억 7,700만 원 이내에서 썼다고 선관위에 신고를 하겠지요?* 17대는 465억 9,300만 원이 상한액이었어요. 그런데 16대 대선의 경우에 검찰수사에서 민주당이 약 114억 원, 한나라당이 823억 원의 불법대선자금 모금이 밝혀졌거든요.

김두식 거기서 노무현 대통령의 그 유명한 얘기가 나오는 거죠. 2004년 대선자금 수사에서 "노무현 캠프의 불법대선자금이 한나라당 불법자금의 10분의 1이 넘으면 사퇴하겠다"고 했잖아요. 돌이켜보면 진짜 멋있는 대 통령이었어요, 화끈한. (웃음) 그런데 넘은 것으로 나왔잖아요.

김영란 그때 한나라당이 823억 원의 불법자금을 모금했는데, 합법모금 도 있었을 것 아니에요. 18대 선거의 상한액이 559억인데, 16대에는 불 법만 800억이 넘었다는 말이죠. 그때 법정 선거비용이 341억이었거든요. 그런데 823억 원을 불법으로 모금했다, 물론 터무니없이 많이 모아서 자 기들 주머니에 들어간 게 있다 치더라도 대선자금 규모가 정말 큰데, 지 금 법정선거비용은 그런 점에서 보면 비현실적인 거죠.

---

* 제18대 대통령 선거 과정에서 박근혜 대통령 당선인은 약 479억원 가량의 선거비용을, 민주통합당 문재인 전 대 선 후보는 485억원 가량을 선거비용으로 지출했다. (《한겨레》, 2013. 2. 13.)

김두식 걸린 액수만 그렇다는 거잖아요. 사실은 훨씬 더 많을 수 있는 것이고요.

김영란 네. 공직선거법은 정당의 활동이나 경선에 드는 비용, 지금 법정지역구는 폐지됐지만 어쨌든 지역구 관리비용 같은 것은 선거비용으로 인정하지 않고 있어요. 이런 것을 제외한 법정선거비용만 그렇게 많이 든다는 거예요. 제가 듣기로는 대선 때 유세 트럭 빌리는 것만 해도 수십억씩 든답니다. 예전에 어떤 후보로부터 들었는데 자기가 출마 첫날에 몇십억을 계약했대요. 지역선거사무소 계약이 몇 십억, 트럭 임대만 몇 십억이 들더래요.

김두식 자원봉사자들에 대한 수당 지급 문제도 있죠. 공직선거법상 수당과 실비를 제공할 수 있는 것은 선거사무장, 선거연락소장, 선거사무원, 활동보조인 및 회계책임자뿐이에요. 그 외의 사람에게 수당이든 실비든 자원봉사에 대한 보상이든 어떤 명목으로 돈을 주면 전부 불법이 되죠. 그런데도 대부분 돈을 주고 있을 겁니다. 당연히 숨은 비용이 발생하는 거죠.

김영란 그래서 현실과 규제가 불일치하는 면이 있어요. 그리고 친족의 정치자금 기부는 예외조항이라 처벌하지 않거든요. 그래서 정치자금 기부가 자금세탁의 통로가 되는 것 아니냐는 우려도 있고요.

그리고 투명한 정치자금 운영을 위해 공개제도를 도입했는데, 정치자금법 제42조에 보면 정치자금 수입지출 내역을 매년 선관위가 지정한 공개기간 3개월만 하게 돼 있어요. 열람기간이 아닐 때는 공개하지 못하고, 연간 300만 원 이하(대선의 경우 500만 원 이하)를 기부한 자의 인적 사항과 금액은 공개하지 않도록 제한돼 있어서 정치자금을 감시할 방법이 별로 없습니다. 게다가 공직선거 후보자가 아닌 회계책임자에게 불법선거모금에 대한 책임을 묻고 있어서 후보는 면책되는 경우가 생기고요. 받는 쪽 규제와 관련해서는, 부정한 지출에 대한 통제장치가 없답니다. 국회의원들이 정치자금을 모금해서 골프 치러 다니고 자녀교육비로 쓰는 등 무분별하게 지출하는 경우도 규제할 방법이 없다고 보도된 적이 있어요.* 자체 감사기관의 감사의견서나 정당의 중앙당 내 후원회의 공인회계사 감사의견서를 첨부하게 돼 있는데, 회계투명성 확보에도 한계가 있어요. 결국 수입에도 불법자금 수수의 여지가 많지만 지출도 여러 가지로 투명성 확보가 안 돼 있다는 것이죠.

그다음에 정치자금은 대가성을 입증하기 힘들다는 얘기를 했잖아요. 정치자금 운영의 투명성을 확보하고 불법정치자금을 강력히 처벌해야 하는데, 지금 정치자금법상 불법정치자금에 대한 처벌 수준이 뇌물죄에 비해 가볍고 선거법 공소시효도 선거 후 6개월로 굉장히 짧아요.

김두식 임기 내내 선거법위반 사건에 쫓기게 되면 당선된 사람이 일을 할 수가 없으니까 공소시효를 짧게 한 것도 이해할 수는 있습니다만.

---

* 국민일보 탐사보도팀, "정치자금 겉과 속: 후원금 걷어 골프 치나", 〈국민일보〉, 2011. 9. 5.

김영란 그런 면이 있죠. 대법원 양형위원회의 양형기준을 보면 양형기준 외에도 '선거일에 임박하거나 금품 등이 고액인 경우, 사회적 지위나 영향력을 이용한 경우 가중한다'는 식으로 일정한 가중 요소나 감경 요소가 정해져 있기는 해요. 이런 배경을 바탕으로 우리나라 정치자금을 더 규제해갈 건지 확대할 건지 고민해야 할 것 같아요.

김두식 말씀 듣다 보니 이런 상황에서 과연 어떤 출구가 있을까 싶네요. 모든 규제를 풀고 마음대로 돈을 걷게 할 수도 없고, 더 강한 규제를 하기도 현실적으로 곤란한 상황 아닌가요.

김영란 권익위원회에서 만든 개선방안을 볼까요. 우선 정치자금의 현실화 및 모금창구의 다원화 얘기를 하면서 '소액다수 모금의 틀은 유지하자', '모금통로를 확대하자'라고 말하고 있어요. 세부 내용을 보면 후원금 모금한도를 높이자는 안이 있어요. 현행 2,000만 원은 너무 낮다는 거죠. 그 대신 투명한 입출금 통제를 하게 하자. 그다음에 정당후원회 설치를 다시 허용하는 대신, 정당에 대한 기부의 상한선을 매우 낮은 수준으로 유지해 유착 가능성을 경계하자. 그리고 미국처럼 PAC를 만들자는 거예요. 그래서 거기에서 직접 모금이나 기부를 하도록 하고 알선을 허용하되 대신 철저한 회계보고와 투명성을 확보하자는 거죠. 해당 정치인의 손은 더럽히지 말고 PAC가 알아서 투명하게 하자는 건데 그게 우리나라에 맞을지는, 제가 전문성이 부족해서 그런지 앞서 말씀드린 것처럼 조금 회의적이에요.

그리고 또 다른 대책은 법정선거비용 상한액을 현실화하자는 거예요. 18대 대선이 559억이었잖아요. 그것을 조금 더 높여주자. 선거비용에 포함되지 않았던 비용들도 다 집어넣어서 불법음성 정치자금 지출 자체를 양성화하자. 이건 해야 될 것 같아요. 법정선거비용에도 반영하고.

김두식 지출양성화도 중요한데 당연히 선거비용 상한액이 올라가는 것을 전제로 하는 거겠지요?

김영란 그렇죠. 실질적인 정치자금 규모를 조사해서 적정한 규모에 대한 공론화를 추진해보자는 건데, 과연 공론화한다고 답이 나올까? 지금 열거한 정치자금 대책은 좀 자신이 없어요. 어쨌든 하나하나 검토해보자는 건데.

김두식 현재는 다 불법인데, 실태를 제대로 조사할 방법이 있는지도 문제네요. 어쨌든 이야기를 시작할 수 있는 단초는 되겠어요. 신고된 것과 나중에 문제된 것을 기준으로 할 때 한나라당 16대 대선 금액은 대략 1,200억 정도 되는 거죠?

김영란 네. 그것도 수사해서 밝혀낸 것만 그 정도 수준이고. 요즘은 조 단위라는 사람도 있더라고요. 근본적으로 정치인에게 제공되는 모든 돈은 정치자금으로 간주할 필요가 있어요. 외국에는 이렇게 돼 있는 모양이에요. 그런데 우리는 채무를 변제해준다든지 자동차를 대준다든지 하는 것들은 포함시키지 않는 것 같아요. 그것도 조금 더 넓힐 필요는 있어요. 친족의 정치자금 기부도 포함시켜서 투명하게 관리하고 출판기념회도 다 공개해야겠죠. 그런데 걸림돌이 있어요. 이명박 정부에서 민간인 정치사찰이 문제 되다 보니, 공개에 대한 신뢰가 형성되지 않았다는 거예요. 전체 공개가 정답이기는 한데 정치사찰과 보복이 이루어지는 나라에서 과연 그게 가능하냐는 문제가 생긴 거죠. 이것은 우리 사회의 성숙도와 같이 가는 것 같아요. 그다음에 정치자금의 수입·지출 내역을 인터넷에 상시 공개할 필요가 있어요. 지금은 3개월만, 그것도 관할 선관위 사무소에 비치하게 돼 있는데 아예 인터넷 홈페이지에 올리자는 거지요. 미국이나 캐나다는 당연히 그렇게 하고 있거든요. 그리고 지금 고액기부자를 연간 300만 원이면 공개해요. 예전에는 120만 원이었는데 2008년에 300만 원으로 올렸어요. 원래대로 120만 원까지는 익명기부를 할 수 있게 하고, 그 이상은 익명기부가 안 되니까 그 명단을 전부 다 공개해야 해요. 민간인 사찰에 대한 두려움만 없어지면 꼭 해야 해요.

김두식 일종의 프라이버시 침해일 수도 있고, 지지 정당이 공개되는 문제도 있지 않나요?

김영란 지지 정당을 공개하는 사회가 돼야 정당정치가 정착될 것 같거든요. 지금 당장 하기 어렵다면 왜 어려운지를 살펴야죠.

김두식 야당인사로 찍히면 탄압에 대한 두려움이 늘 있으니까요. 민간인 사찰이 여전히 찝찝하긴 한데….

김영란 요즘 젊은 사람들은 트위터나 페이스북이나 다 자유롭게 이번에 누구 찍었다고 다 올리고 있잖아요. 고액기부자들은 아예 공개할 것을 각오하고 기부하는 풍토가 되어야 할 텐데요. 사찰에 대한 불신이 MB정부에서 대표적으로 잘못한 것 중 하나이고, 깔끔하게 처리하지도 않았죠. 기왕에 벌어진 일이었다 치더라도 처리만 깔끔했으면 또 모르겠는데.

김두식 그리고 보니 선거 끝나고 트위터에서 본 재미있는 글이 있어요. 〈한국일보〉 서화숙 논설위원이 뜬금없이 티셔츠 하나 만들자는 제안을 들고 나왔거든요. 이분이 '문재인빠' 이런 건 전혀 아니고 오히려 상당히 비판적이었는데도 '선거 끝났으니 즐거운 마음으로 지내자'면서 티셔츠를 1만 원에 판매한다고 트위터에 올렸더라고요. 하얀 티셔츠에 박힌 글자는 '문재인 찍은 사람.' (웃음)

김영란 저는 안 찍었으니까 못 사겠네요. (웃음)

김두식 거기에도 '문재인 얼굴에 똥칠하자는 거냐'며 반대하는 분들이 있었어요. 그런데 저는 그냥 재미있는 제안이라고 생각했어요. 서화숙 논설위원의 의도는 이런 것 같아요. '쫄기' 시작하면 공안통치가 올 수 있다, 그러니 안 쪼는 게 중요하고, 우리는 전혀 쫄지 않고 48%의 세력이 남아 있다는 걸 보여주자는 거죠.

김영란 우리도 그렇게 갈 것 같고 그렇게 가야만 하는데, 그 시점을 모르겠어요. 제도를 먼저 만들고 사람들을 끌고 갈 것이냐, 분위기가 어느 정도 성숙된 다음에 제도를 만들 거냐, 이 문제는 항상 있어요.

그 밖에 정치기부 공개범위를 확대하자. 정치자금 회계책임자를 센 사람으로, 선거캠프의 책임자로 하자는 제안이 있고요. 정당회계에 대해 실질적인 감사를 할 수 있도록 감사제도를 정비하자. 그다음에 불법정치자금에 대해 공소시효를 더 늘리자는 내용도 있어요. 6개월은 짧다는 거죠. 일단 이 정도가 반부패 관점에서의 대책으로 보입니다. 기본적으로는 우리 사회에 늘어나는 정치비용을 감안해 후원금에 대한 규제를 완화하고 그 대신 투명성을 강화하자, 이게 핵심인 것 같아요. 현실화와 공개가 같이 가야겠죠.

김두식 그러면 위원장님 생각은 예컨대 '법인 및 단체에 대해서도 좀 풀고 대신 액수제한을 두자', 이 정도로 정리할 수 있을까요?

김영란 법인 및 단체에 대해서 푸는 문제는 좀 더 논의해봐야 할 것 같고요. 액수를 올리는 문제는 투명성은 하나도 보장되지 않은 채 현실화만 해서는 곤란하다는 생각이죠. 핵심은 투명성 확보예요. 그렇다고 해서 미국처럼 제한을 전혀 두지 않고 투명성만 요구하는 방향은 곤란해요.

김두식 투명성이 보장된다면 어느 정도 현실화가 필요하다는 생각이신 거네요.

측근 관리 못하는
리더는 자격 없다

김영란 네. 그런데 문제가 있어요. 옛날에는 재벌로부터 돈을 긁어모았고요. 요즘은 측근들이 자기들 책임 하에 정치자금을 다 끌어 모아서 막 쓰는 구조예요. 그래서 걸리면 정치자금법이 아니라 개인비리로 흘러가버려요. '측근이 긁어모아서 측근이 썼다' 이렇게 가는 거지요. 측근들의 문제는 투명성만으로 해결이 안 돼요. 규제나 투명성 대책은 공식캠프에 들어온 자금만 갖고 하는 얘기거든요. 공식캠프에 안 들어오고 측근들이 100억을 모아서 50억은 여기다 쓰고 50억은 개인적으로 썼다, 그럴 수도 있잖아요. 측근들이 끌어다 쓰는 돈에 대해 저는 이런 생각을 했어요. 전체 선거자금을 500억으로 신고했다, 그런데 나중에 측근이 100억을 불법 선거자금으로 썼다고 주장한다, 그러면 불법모금선거가 되어 당선무효를 시킬 수가 있잖아요.

김두식 예를 들면 최시중 씨 같은 경우 이번에 문제된 돈이 8억이었는데, 죄가 인정된 돈은 6억이었어요. 그런데 6억에 대해 대선자금으로 썼다고 주장하면 대선자금 액수에 이것을 포함시키고, 그렇게 총액을 늘려 정치자금법 위반으로 처벌되면 당선무효까지 갈 수 있다는 말씀이죠?

김영란 반드시 형사처벌과 함께 갈 필요는 없지만 당선무효를 시키는 방법을 연구할 필요가 있다는 생각이지요.

제도를 먼저 만들고 사람들을 끌고 갈 것이냐,
분위기가 어느 정도 성숙된 다음에 제도를 만들 거냐,
이 문제는 항상 있어요.
기본적으로는 우리 사회에 늘어나는 정치비용을 감안해
후원금에 대한 규제를 완화하고 그 대신 투명성을 강화하자,
이게 핵심인 것 같아요. 현실화와 공개가 같이 가야겠죠.

김두식 불법선거자금을 공식 선거자금에 포함시켜서 그 액수가 한도액을 초과하면 당선무효를 시키자는 말씀인데. 국회의원은 그렇게 당선무효 시키는 게 가능하지만 대통령은 현실적으로 어렵지 않을까요?

김영란 측근들이 함부로 돈 받아서 쓰는 것을 관리 못한 사람은 지도자의 자격이 없어요. 저는 처음에 이 문제의식에서 출발했어요. 정치자금을 규제할 방법이 없을까? 그래서 여러 명에게 물어봤더니 '아니, 측근이 자기 마음대로 쓴 것을 왜 캠프 책임자가 떠안아야 하냐'고 되묻더군요. '하지만 자기 측근도 간수 못하는 사람은 자격이 없는 것 아닌가. 만약 이런 법을 만들어놓으면 측근들이 돈 받지 못하게 감시할 것 아니냐'고 얘기했는데 그건 위헌의 소지가 있다는 거예요. 비례원칙에 반한다고, 과잉금지라고.

김두식 후보가 남의 범죄에 대해 책임을 지는 문제가 있잖아요. 형법이론의 출발점인 책임원칙에 반할 수 있고요.

김영란 자기를 당선시키기 위해 돈을 끌어다 쓴 건데. 이를테면 민사법에서의 대리권남용 이론이나 형사법에서의 법인이나 사용자에 대한 양벌규정 이론을 적용해볼 수 없냐는 거지요. 대리권남용 이론은 대리권남용을 상대방이 알거나 충분히 알 수 있었을 경우 외에는 후보에게 책임을 물을 수 있는 이론이고요, 형사법의 양벌규정은 사용자가 감독을 철저하게 하지 못한 책임을 묻는 거거든요. 물론 측근의 범위를 어떻게 정할 거냐는 것도 굉장히 어려운 문제이긴 하지만요.

김두식 저는 생각도 못한 급진적인 말씀이신 것 같아요.

김영란 측근이 돈 끌어오는 것을 막는 방법과 설령 돈을 끌어왔더라도 청탁을 못하게 하는 방법, 이 관점에서 생각한 거예요. 돈 끌어오는 것을 원천적으로 막지 않으면 늘 사후처방이니까.

김두식 그래서 '몰랐다. 나는 모르고 썼을 뿐이다'라는 변명을 원천봉쇄하자는 말씀이시잖아요. 그렇긴 한데 실제로 몰랐을 수도 있잖아요. 요즘은 실제로 모르게 한대요. 나중에 문제될 수 있으니까 후보는 돈 문제에 관여하지 못하게 하고 측근들이 알아서 처리한다는 거죠. 후보도 돈 관련된 얘기는 가급적 듣지 않으려고 하고.

김영란 그런데 구체적으로는 몰랐겠지만 정말 몰랐겠냐고요. 제 말은 (측근에게) 대리권을 어느 정도 준 것 아니냐는 거지.

김두식 선거제도의 근간이 무너지는 말씀이에요. 말씀하신 대로 하면 지금 선출직에 있는 사람들은 거의 다 그만둬야 할 것 같은데요? (웃음) '네가 그것도 관리 못하면서 무슨 대통령이 되냐.' 말이 되기는 해요.

김영란 저더러 과격하다고 하는데 뭐랄까, 자코뱅(Jacobins) 같나요? (웃음) 그래도 속은 시원하지 않나요?

김두식 이번에 박근혜 당선인처럼 위임장이니 임명장이니 수백, 수천 장씩 찍어서 뿌린 걸 일종의 대리권 부여로 보고, 그걸 받은 사람들이 저지른 불법을 전부 본인의 책임이 돌린다면 박근혜 당선인도 물러나야 할 것 같은데요. (웃음)

김영란 주어진 대리권의 범위를 넘어선 행동도 있고, 대리권과 전혀 무관한 행동도 있겠지요. 그런데 적어도 정치자금 모금에서 소위 '보스'의 선거자금에 쓴 것만 확실하다면 그것을 그냥 '보스가 아는 돈'으로 간주할 거냐, 추정할 거냐의 문제인데요.

김두식 전직 대법관의 주장으로는 믿어지지 않는 과격한 말씀을 계속 하셔서 제 귀를 의심하고 있습니다. (웃음)

김영란 간주가 아니라 추정한다고 하면, 이번에는 입증책임의 문제가 생기는데, 형사법에서는 피의자의 유죄를 입증할 책임이 수사기관에 있잖아요. 입증책임을 당사자에게 전환시키는 규정이 위법성조각사유*나 책임조각사유** 아니면 거의 없단 말이에요. 그래서 고민하다가 제가 이 부분은 일단 접었어요.

---

* **위법성조각사유(違法性阻却事由)** 범죄구성요건에는 해당하지만 정당방위, 긴급피난, 정당행위처럼 위법성이 없어서 처벌할 수 없는 경우.
** **책임조각사유(責任阻却事由)** 형사미성년자이거나 심신상실 등의 사유로 처벌할 수 없는 경우.

김두식 근대 형사법의 기본정신을 흔드는 고민을 하다가 결국은 포기하셨군요. (웃음) 그런데 고민하신 뜻은 이해할 수 있어요. 측근들이 돈을 받아 선거 때 쓴 다음 나중에 문제되면 측근이 다 뒤집어쓰고 후보는 책임지지 않는 악순환을 끊기 위해서는 특단의 조치가 필요하다는 말씀이시잖아요. 최시중 씨도 법정에서 대선자금으로 썼다고 했다가 안 썼다고 했다가 다시 썼다고 했는데 검찰이 대선자금 수사는 결국 안 했어요. 그런데 검찰의 입장도 이해할 수 있는 게, 선거자금 관련된 것으로 보면 공소시효가 지나버려서 처벌이 어렵다는 문제가 있잖아요.

김영란 제가 심하게 나가긴 했지만, 제 고민은 측근의 문제를 막자는 데서 출발했거든요. 예컨대 최시중 씨가 여론조사에 쓴 것이 증명되었다고 하면 그것은 대선자금에 포함시킬 수 있잖아요?

김두식 후보가 알았는지를 따로 판단할 필요는 있겠죠. 입증만 되면 후보의 책임을 묻고, 대선자금에 포함시킬 수 있을 것 같네요. 위원장님께서는 그렇게 될 경우 당선무효도 가능하다는 말씀이죠?

김영란 저는 그 얘기를 하는 거예요. 형사법적인 책임을 묻는 것이 중요한 게 아니라. 만약 형사법적인 책임을 묻는다면 시효가 문제 됩니다. 시효를 6개월에서 1년으로 늘려봤자 큰 의미는 없을 거예요. 당선 후 1년 정도는 밀월기간이니까요. 6개월 이후에 드러나는 것은 대통령 퇴임 후에 거론할 수 있게 만들면 안 될까요? 후에라도 정치자금법을 걸어서? 지금

6개월 지난 뒤에 문제가 자꾸 생기잖아요. 그리고 선거 한 번 하는 데 수백억 자금이 드는데, 또 하겠어요? 대통령 재임 중에 공소시효를 정지시키는 건 어떨까요?

김두식　그러면 4년 후에 감옥 들어가기로 예정된 사람이 국가를 운영하는 거잖아요. (웃음) 위원장님은 나쁜 짓을 한 번도 안 해본 사람의 입장에서만 말씀하시는 것 같아요. 나쁜 짓을 한 번이라도 해보면 공소시효에서 해방되는 자유의 소중함을 알게 되죠. (웃음) 우리가 계속 살펴본 바와 같이 어느 정도 불법이 있을 수밖에 없는 현실에서 이렇게 규제를 강화하면 대통령의 국정운영 자체에 엄청난 부담이 될 거예요.

김영란　어쨌든 그것은 전부 예시적으로 제시해보는 것이고요. 정치자금 규제가 그만큼 어렵다는 얘기예요.

선출되지 않은 권력이 선출된 권력을 규제할 수 있는가?

김두식　이런 지적도 있어요. 법원, 검찰, 선관위, 국세청 등은 모두 국민의 표를 얻지 않은 '선출되지 않은 권력'인데, 선거자금 규제가 엄격하게 돼 있다 보니 사실상 그런 권력기관이 마음만 먹으면 선거 끝나고 아무나 잡아넣을 수 있는 구조라는 거죠. 선출된 권력이 선출되지 않은 권력 앞에서 늘 떨고 있어야 하는 구조가 과연 정상이냐. 민주주의는 어쨌든 표를 얻은 만큼 권력을 갖는 게 옳잖아요. 정치자금과 관련해서 현실과 동떨어진 법이 존재했기 때문에 검찰, 선관위, 국세청이 과도한 권력을 갖게 됐다는 주장에 대해서는 어떻게 생각하세요?

김영란 여기에 선출된 권력, 선출되지 않은 권력의 논리를 갖다 대는 건 조금 의문이에요. 제가 선출되지 않은 권력 출신이라 그런지 몰라도.

김두식 물론 저도 선출되지 않은 권력 출신이죠. (웃음)

김영란 선출되지 않은 권력은 '나는 왜 선출되지 않았는데 권력을 가지게 됐을까?'를 늘 고민하고 깊이 사유해야 한다는 의미로 저는 받아들여요. 그래서 대법관일 때 늘 고민했어요. 사법부가 선출되지 않은 권력으로 구성되는 이유는 뭘까? 견제와 균형 원칙이 민주주의를 지탱하는 가장 중요한 원리 중 하나라 한다면, 선출되지 않은 권력이 선출된 권력을 견제하라는 것의 의미는 무엇인가? 선출된 권력은 다수에 의해 뽑힌 거잖아요. 그렇다면 선출되지 않은 권력은 소외된 소수를 위해 존재하는 것 아닐까, 저는 그렇게 정리했어요. 선출되지 않은 권력이 선출된 권력 위에서 군림하려 들면 반드시 문제가 복잡해져요. 그러나 선출되지 않은 권력의 역할은 필요하다고 봐요. 모든 것을 다 다수결로 해버리고 나면 까딱하다가는 우중정치(愚衆政治)로 가도 통제할 수 없거든요.

김두식 선출되지 않은 권력은 소수자 보호를 위해 존재한다! 이미 대법관 퇴임 때 하신 말씀이었지요. 법조계에서 듣기 어려운 얘기라고 생각했습니다. 일종의 메리토크라시(meritocracy)라고 해야 하나요? 공부 잘하고 능력 있다고 인정받아서 선출되지 않고도 권력을 갖게 된 사람들의 문제점이 많지만, 그들이 선출된 권력과 상호 통제하도록 해놓은 시스템은 나름의 장점이 있는 것 같아요. 다만 위원장님께서 법관의 위치에서 늘 스스로를 반성했던 것처럼 선출되지 않은 권력이 자신의 존재 이유를 계속 돌아볼 필요는 있겠죠. 선출되지 않은 권력이 소외된 소수를 위해 일해야 한다는 데는 전적으로 동의합니다.

김영란 '권력' 하니까 생각난 얘기인데, 미국에서 처음 헌법을 만든 사람들이 다 부르주아지들이잖아요. 농업부자들이었거든요. 노예들을 부리던 사람들인데, 사람들에게 투표권을 다 한 표씩 주면 자기네가 불리하잖아요. 물론 노예에게는 투표권을 안 줬지만. 그래서 연방사법부를 엘리트들로 임명한 거예요. 그러고는 자기들의 권리가 침해되지 않도록 감시해달라고 맡긴 거지요. 소수의 권리가 침해되지 않도록. 예를 들어 어떤 지역을 개발해서 산업화하겠다 할 때 다수의견은 전부 개발하자는 쪽인데 몇 명의 소수의견자들이 '이것은 이 지역의 이익을 침해하며, 여기는 분지여서 10년만 공장이 가동되면 기후변화도 일으키고 환경이 엉망이 될 것이다' 하면서 반대한다고 쳐요. 설령 소수의견이 아무리 설득력이 있어도 다수가 주(州) 의회에서 통과시켜버리면 막을 방법이 없잖아요. 그러면 소수의 사람들이 법원으로 오죠. 그러면 법원에서는 판사 한 명이 막을

선출되지 않은 권력은 '나는 왜 선출되지 않았는데
권력을 가지게 됐을까?'를 늘 고민하고 깊이 사유해야 해요.
사법부가 선출되지 않은 권력으로 구성되는 이유는 뭘까요?
선출된 권력은 다수에 의해 뽑힌 거잖아요.
그렇다면 선출되지 않은 권력은 소외된 소수를 위해
존재하는 것 아닐까요?

수 있는 거예요.

김두식 미국의 위헌법률심사권도 비슷한 배경에서 나온 거죠. 예컨대 '마버리 대 매디슨(Marbury vs Madison)' 사건°에서 연방대법원이 위헌법률에 대해 심사할 권한을 갖게 된 것도 따지고 보면 법복귀족들이 다수를 통제하는 논리의 연장선이잖아요.

김영란 물론 미국대법원도 이상한 판결을 많이 했죠. 대표적인 게 노예를 재산으로 소유하는 것을 금지시킨 법률을 무효라고 한 판결이죠. 뉴욕의 제과점에서 미성년자를 밤늦게까지 일 시켜서 그것을 제한하는 법을 만들었더니 제빵업자들이 법원에 가서 '이것은 계약자유의 원칙에 반하므로 위헌이다'라는 판결을 받아낸 일도 있고요. 대단히 나쁜 판결의 사례로 꼽히는 것들이에요. 선출되지 않은 권력이 선출된 권력들을 마음대로 떨어뜨려도 되느냐는 얘기에서 여기까지 왔는데, 우리나라가 기소법정주의°°를 도입한 나라라면 선거법 위반이 드러나기만 하면 전부 기소해야 하는 게 맞아요. 그런데 우리는 기소편의주의°°°이므로 검찰에서 그야말로 '편의적으로' 기소 여부를 정할 수 있고, 법원도 벌금 100만 원 이상이면 당선무효인데 100만 원을 안 넘기려고 90만 원, 80만 원 판결을

° **마버리 대 매디슨(Marbury vs Madison) 사건** 미국의 대법원에 위헌법률심사권이 있다고 인정한 최초의 미국 판결.
°° **기소법정주의** 법률이 미리 일정한 조건을 정해두고 그 조건이 충족되면 반드시 기소해야 하는 원칙.
°°° **기소편의주의** 공소의 제기에 관하여 검사의 재량을 허락하고 기소 전 단계에서 용서할 수도 있도록 기소유예를 인정하는 제도.

해요. 100만 원이 중요한 게 아니라 당선무효형이냐 아니냐가 중요하거든요. 그런 의미에서 선출된 권력의 반발을 이해할 수는 있어요.

김두식 당선무효를 막기 위해 오히려 형이 낮춰지는 기현상도 생기고 있죠.

김영란 그럴 수도 있어요. 왜냐하면 판사가 판단할 때 이 범행이 벌금 100만 원 짜리인가 90만 원 짜리인가를 보지 않고 국회의원을 계속 하게 할 거냐, 말 거냐를 보니까. 사실 벌금 10만 원이 무슨 차이가 있겠어요. '이 정도 일로 국회의원을 못하게 하는 것은 가혹하다.' 이러면 90만 원 짜리 판결하는 거죠. 선출되지 않은 권력이 선출된 권력을 어느 정도 통제해야 하는가에 대한 문제의식을 가지고 있지 않으면 선출된 권력을 설득하기 어려워요.

김두식 선출되지 않은 권력이 자기 한계와 소임을 인식하는 것은 정말 중요한 문제라고 생각해요. 그 밖의 쟁점들을 살펴볼까요. 정당의 당원이 될 수 없는 사람은 후원금을 낼 수 없도록 돼 있는 것 때문에, 예전에 민주노동당에 후원금 낸 사람들이 다 드러난 적이 있었죠. 이 문제는 어떻게 생각하세요? 주로 공무원하고 교사들의 문제였지요. 경희대 김민전 교수는 이런 취지로 얘기하더군요. '정당에 당비 내는 것과 정치자금을 후원하는 것은 수준이 다르다. 당비는 당원이 되는 것이고 후원금은 그것보다 훨씬 낮은 수준의 정치활동인데, 이것을 지금같이 처벌하는 게 정당하다고 보기 어렵다. 공무원은 어렵다 하더라도 최소한 교사는 허용할 필요가 있다.' 저는 김민전 교수님의 주장에 동의해요.

김영란 그게 아까 말한 미국식 방식이지요. 이에 대해서도 사회적 공감대를 형성해볼 필요가 있겠네요.

김두식 교사가 강한 정치적 성향을 가지고 만날 학교에서 애들에게 이상한 교육시킬까 봐 정치활동을 금지한 건데, 그것은 후원금 못 내게 막는 것하고는 별개의 문제라는 거죠. 후원은 허용할 필요가 있는 것 같고요. 국고보조금의 공정한 배분 문제가 있죠. 총액의 50%를 교섭단체 구성정당에게 우선 배분하기 때문에 군소정당에 불리한 현실인데 정당투표득표수에 따라 배분하자는 주장도 있어요.

김영란 군소정당이라든지 소수자들의 정치참여를 보호해줘야 하는 측면은 있는 것 같아요.

김두식 근본적으로 우리가 다당제 쪽으로 갈 거냐 아니면 양당제를 강화할 거냐, 하는 문제하고도 관련 있는 것 같고요.

김영란 소수정당이 새로 나타나서 커질 수도 있는데, 자라는 싹을 잘라버리는 정책은 안 될 것 같아요. 예를 들어 지금 다문화 가정에서 태어나는 아이들이 많은데 그 아이들이 나중에 우리도 정치적 지분을 확보하겠

다고 할 때 기존 정당에 들어갈 수도 있지만 독립된 정당을 만들 수도 있
잖아요. 신생정당이 어느 정도 태어날 수 있는 토양은 지켜줘야 할 것 같
아요. 제가 정치는 잘 모르지만.

김두식 '선거공영제를 강화한다', 예컨대 '국가가 방송시간 같은 것을 매
입해서 각 후보에게 최소한의 방송광고를 보장하는 방식이 도입되면 돈
쓰는 게 훨씬 줄어들 수 있다'는 주장도 있습니다.

김영란 제가 남편에게 물어봤어요. 이번에 선거하면서 느낀 게 뭐냐고
요. 그러니까 지금처럼 쓸데없는 데 돈 쓰는 선거운동 방식들은 없애고
최소한 선거포스터 제작 등은 공영으로 한다든지, 정책을 전달할 수 있는
방식을 공영으로 해줘야 정책선거가 된다고 해요. 지금 제도로는 자기 돈
을 쓰고 다니지 않으면 국민에게 정책을 전달할 방법이 없다는 거예요.
홈페이지를 만들어놔도 들어와보지 않고 일반 민간언론기관에서 충분히
보도도 안 해주는데, 최소한의 정책을 알리는 활동은 공영으로 해줬으면
좋겠다는 거죠.

김두식 이게 언론문제와도 연결되는 건데요. 제가 지난 대선 때 광화문
유세에 나갔다가 너무 오랜 시간 추운 데 서 있어서 허리가 삐끗했거든
요. '내가 이 나이에 왜 광화문에 나가야 하는가?' 싶어서 화가 났어요.
뿌리를 찾아 올라가면 결국 TV토론이 제대로 안 됐기 때문이에요. 정책
을 들을 방법이 광화문에 가는 것밖에 없어서 이 나이에 나간 거잖아요.

거기 나간다고 정책 얘기를 제대로 듣는 것도 아니었지만요.

김영란 아직 젊은 나이셔요. (웃음)

김두식 이렇게 대중 동원하는 대규모 유세는 87년에나 하던 방식인데, 이걸 다시 쓰게 된 것은 뭔가 분명히 잘못된 거고, 토론을 강제할 수 있는 합리적인 규칙을 만들 필요가 있어요. 동시에 언론문제를 얘기하지 않을 수 없죠. 언론이 정책선거하자고 계속 얘기하면서도 지면 배분을 보면 정책 관련된 기사는 거의 없고 허구헌날 가십만 얘기하잖아요. 근본적으로 따져보면 국민이 정책 관련된 기사를 안 읽기 때문이기도 하죠. 정책 기사가 눈에 잘 안 들어오긴 하더라고요.

김영란 그러니까 선거관리위원회에서 국민에게 정책을 알릴 수 있는 여러 가지 방안을 만들어줘야 해요. 언론이 자발적으로 안 한다고 탓할 일만은 아니고, 선거관리위원회가 그런 쪽으로 눈을 돌려야죠. 돈 안 드는 선거를 계속 연구하는 것과 동시에 법정비용을 현실화해서 투명성을 강화하는 두 축이 같이 가야 돼요. 민간인 사찰 같은 게 악영향을 끼쳤는데 그에 대한 신뢰를 심어주고, 300만 원 이상 내면 어차피 공개하게 돼 있으니까 수입과 지출의 투명성을 강화하고. 그렇게 해서 투명성 관리만 되면 비용 문제는 어느 정도 잡을 수 있을 것 같아요.

김두식 투명한 공개가 중요하긴 해요. 제가 다니는 교회가 나름대로 꽁장히 개혁적인 교회인데도 매년 예산을 대충 넘어가다가 이번에 처음으로 구체적으로 항목공개를 했어요. 담임목사님 연봉 얼마, 부목사님 얼마 하는 식으로 공개를 했는데, 그 느낌이 완전히 다르더라고요. 기분 나쁜 게 아니라 '이분이 이 정도 받는구나' 생각도 할 수 있게 되고 '내가 헌금 내는 게 이렇게 쓰이는구나' 싶기도 하고요. 사실 예전에는 교회기관이나 시민단체가 돈을 어디다 쓰는지 감시가 전혀 안 됐잖아요. 얼마 전부터 저는 결산을 세부항목까지 공개하지 않는 곳에는 더 이상 기부하지 않겠다고 마음먹었어요. 정치자금 관련해서도 같은 원칙이 필요한 것 같습니다.

김영란 정치라는 게 원래 그런 시민활동하고 비슷한 데가 있는 거잖아요. 이런 걸 공개해도 되고, 해야 해요. 쫄 필요도 없고. 요즘 젊은 사람들은 안 쫄 것 같고요. 쫄게 만드는 정치인은 그다음에 표로 심판해야지요.

김두식 정치자금 개혁에 대해서는 쉽게 정답을 찾지 못할 것 같습니다. 다양한 개혁방안을 소개하고 앞으로 국민의 의견이 잘 수렴되기를 기대할 수밖에 없겠네요. 아쉽지만 오늘은 이렇게 정리하도록 하겠습니다.

검찰이 도둑을
제대로 잡으려면?

4장

공수처 혹은
상설특검

무조건 기소하거나,
아예 하지 않거나

김두식 앞에서 권력형 부패에 대해 살펴봤는데요. 권력형 부패를 적발하고 처벌하는 데는 검찰이 핵심 역할을 합니다. 그런데 어느새 국민은 검찰 또한 부패를 척결하는 조직이 아니라 부패의 한 축으로 생각하게 된 것 같습니다. 그런 의미에서 이제 본격적으로 검찰 문제를 얘기해볼까 하는데요. 건국 이후 60여 년간 부패를 수사하는 핵심 기관이었던 검찰의 지난 몇 년 행적을 돌아보면 위원장님도 하실 말씀이 많을 것 같습니다. 참여연대는 이명박 정권 검찰의 문제점을 세 가지로 정리했어요. 불필요한 기소가 난무했던 점, 마땅히 기소해야 할 사안을 제대로 기소하지 않았던 점, 끊이지 않았던 검찰의 내부 비리.*

먼저 불필요한 기소와 관련해선 대표적으로 PD수첩, 미네르바, 정연주, 한명숙 사건 등이 있는데요. 앞의 두 건처럼 표현의 자유와 관련된 사

---

* 참여연대 사법감시센터, 《조직의 수호자, 검찰 : 이명박 정부 4년 검찰 보고서》, 참여연대, 2012.

건들은 특정 정치 어젠다를 실현하기 위해서라면 불필요한 기소도 망설이지 않았던 검찰의 민낯을 보여줬고요, 뒤의 두 사건은 정치보복성 기소를 일삼는 검찰의 폭주를 어떻게 막을지 고민하게 만든 사건이었습니다. 위원장님은 '불필요한 기소'와 관련해 혹시 인상적인 사건이 있었습니까?

김영란 미네르바 사건도 문제였지만, 정연주 사건은 정말 말도 안 된다고 생각했어요. 법인세 관련한 소송에서 KBS와 국세청이 세금을 500억만 내기로 합의하고 KBS가 소송을 취하했다고 해서 정연주 사장을 업무상 배임 혐의(법인세 환급소송 졸속·부당처리에 따른 배임 혐의)로 기소했잖아요. 법원에서 합의했다고 업무상 배임죄가 성립하면 판사도 업무상 배임의 공범이라는 논리인가요. 대법원에서 무죄확정판결을 받았지만 다시 생각해봐도 참 이상한 사건이었어요. 적어도 고의는 없는 게 분명한데 그걸 기소했으니.

김두식 저는 2012년 연말 〈100분토론〉에 패널로 나온 김진 〈중앙일보〉 논설위원이 국가를 '정상화'해야 한다는 얘기를 계속하는 걸 보고 좀 놀랐어요. '이명박 정부도 내가 원한 만큼 정상화해주지 못했고, 박근혜도 내가 원하는 만큼 정상화해줄지는 모르겠지만, 그래도 정상화가 목표다.' 김대중, 김영삼 정부에서 법집행이 제대로 안 됐다고 생각한 사람들이 2007년 대선에서 승리하면서 자기들 기준의 질서를 세우겠다는 보이지 않는 광범위한 합의가 있었던 것 같아요. '표현의 자유에 기대어 말들을 너무 막 하는 것 아니냐, 우리가 손 좀 봐야겠다'는 합의. 대부분 무죄를 받은 걸 보면 법원은 비록 보수적이어도 민주주의에 대한 최소한의 이해는 갖고 있는 것으로 보이는데, 문제는 검찰이 왜 그런 기소를 했느냐는 거죠. 그런 이명박 정부의 기조가 박근혜 정부로 계속 이어질까 봐 걱정이기도 하고요.

김영란 불필요한 기소도 그렇지만 마땅히 기소해야 할 사건을 기소하지 않은 것도 문제인 것 같아요.

김두식 기소해야 할 사건을 제대로 기소하지 않는 것은 뒤에서 구체적으로 논의하게 될 공수처 같은 제3의 기구 문제와 직접적으로 관련된 문제예요. 이명박 대통령 일가의 '내곡동 사저 터 매입 의혹' 수사와 관련한 기사를 읽어보면 최교일 서울지검장이 이런 말을 했다고 나와요. "배임으로 본다면 (실무를 담당했던) 김태환 씨를 기소해야 하는데, 기소하면 배임에 따른 이익의 귀속자가 누구냐 하면 대통령 일가가 된다. 이걸 그렇게 하기가 (법리상 어렵다)…." 뒤이어 기자가 "대통령 일가를 배임의 귀속자로 규정하는 게 부담스러워서 기소를 안 한 걸로 보면 되나"라고 질문하자 최 지검장은 "그렇다"고 답했다고 하고요.* 굉장히 이상한 얘기잖아요. 사실 최 지검장의 이 말은 이명박 대통령 일가에 대한 배임 혐의 관련성을 인정한 거거든요. 참여연대는 이런 권력형 비리 사건들에 대해서 검찰이 '경호대' 역할을 자임했다고 지적했어요. 말하자면 검찰이 '오버'해서

* 지호일, "'MB 부담돼 내곡동 사저 실무자 무혐의 처분' … 최교일 서울중앙지검장 발언 논란", 〈국민일보〉, 2012. 10. 9.

청와대 눈치를 봤다는 거죠.

정권 말기에 불거진 의혹 사건을 성급하게 처리한 것도 문제였죠. 한상률 전 국세청장의 인사청탁 사건을 보면, 해외로 도피했던 한 청장이 돌연 귀국한 뒤 뇌물죄 등 주변 혐의만으로 불구속 기소하고 종결됐어요. 대통령 측근에 대한 로비 의혹은 그냥 덮어버린 채 말예요. BBK의 에리카 김을 귀국시킨 후 기소유예 및 공소권 없음 결정을 내린 것도 마찬가지입니다. 최시중, 천신일 등 이명박 대통령 측근들이 줄줄이 대법원 상고를 포기한 것도 정권 말 특사를 노린 것으로 이미 판명됐고요.

김영란 네, 결국 검찰의 문제는 과잉기소, 기소 안 하는 것, 내부 비리로 정리될 수 있는데, 또 이런 문제도 있어요. 재정신청* 후 법원이 기소하라고 해서 기소했는데, 그러면서도 무죄취지 구형하는 경우가 많았거든요. 재정신청이 검찰의 불기소 처분에 대한 법원의 통제장치라는 점을 생각하면 법원이 재정신청을 받아들여 기소가 이루어졌을 때 검찰도 유죄 취지의 구형을 하는 게 맞는데, 그렇게 하지를 않잖아요.

김두식 2009년 6월 쌍용자동차 평택공장에서 경찰이 근로자를 마구 체포하니까 민변 노동위원장이던 권영국 변호사가 항의하며 변호인접견을 요구하다가 공무집행방해 혐의로 체포된 일이 있었어요. 민변은 권 변호

---

* 재정신청 검사가 불기소 결정을 내린 사건에 대해 고소·고발인이 직접 피의자를 공판에 회부해달라고 고등법원에 신청하는 제도. 고등법원은 신청이 이유 있다고 인정되면 피의자를 곧바로 관할 지방법원의 재판에 회부한다.

사를 체포한 경찰관 6명을 고발했지만 검찰이 불기소 처분을 했죠. 그걸 바로잡으려고 법원에 재정신청을 하고 2011년 서울고등법원에서 이를 받아들이자, 검찰은 어쩔 수 없이 경찰관들을 기소는 하되 법정에서 무죄를 구형했어요. '긴박했던 상황에서 물리력을 동원해 노조원 체포를 막는 변호인의 행위를 중단시키기 위해 법을 집행한 것으로 보인다'는 이유였지요. 뒤이어 법원은 경찰관 한 명에 대해서 유죄판결을 내렸고요. 초록은 동색이라고 경찰을 무조건 보호하려다가 검찰이 망신을 당한 셈이에요. 재정신청 제도의 취지를 생각하면 검찰이 이러면 안 되는 거죠.

도둑 잡는 검찰이
도둑으로 몰리게 된 사연

김두식 작년에 '벤츠 여검사' 사건이 있었는데. 저는 사실 이 사건에 대해서 (여론과) 생각이 달라요. 검사가 모 변호사로부터 신용카드, 명품 핸드백, 벤츠 승용차 등을 받은 뒤 고소사건을 청탁받은 데 대해 법원이 무죄판결을 내렸잖아요.

김영란 형사사건으로는 무죄라고 생각하시는군요.

김두식 주고받은 물품이 아무리 규모가 커도 사랑의 정표라면 처벌이 불가능하죠. 미혼 남녀 사이의 연애냐 기혼 남녀 사이의 불륜이냐에 따라서 선물의 성격이 법적으로 달라지는 것도 아니고요. 김광준 검사 사건과는 성격이 다르다고 생각해요.

김영란 '사랑의 정표'라는 단어를 판사가 판결문에 썼나요? 단어를 조심해서 써야 하거든요. '청탁과 무관하다', 이렇게 써야지 사랑의 정표인지는 알 게 뭐예요? 옛날에 검사들이 시보들을 가르칠 때 '풀을 뜯어먹고 있는 소를 끌고 와서 훔친 것이다', 이렇게 공소장에 써놓으면 '풀을 뜯고 있던 소인지 그냥 소인지는 아무 상관이 없다. 들판에 있는 소를 끌고 와서 절취한 것이다, 라고만 쓰라'고 가르쳤어요. 이 사건 같은 경우엔, 결혼은 각자 했는데 부정한 관계다, 그리고 계속 선물을 받았다면 (형사사건이 아니라) 검찰의 행동강령 같은 걸로 문제 삼아야 하는 거죠. 제아무리 사랑의 정표라도 검사와 변호사의 관계면 직무관련성도 의심해봐야 하고요.

김두식 물론 직무관련성이 문제는 되겠지요. 그런데 검사이고 변호사이기 때문에 자동으로 직무관련성이 있다는 판단은 좀 가혹하지 않나요? 진짜 사랑에 빠졌을 수도 있잖아요.

김영란 사랑할 수도 있고, 사랑하면 고가의 다이아몬드 반지를 선물할 수도 있다? 사건과 무관한 거라면?

김두식 전 괜찮은 것 같은데요. 시기적으로 어쨌든 고소사건을 청탁받은 시점(2010년 9월)이 선물을 주고받은 시점(2008년 2월)보다 훨씬 이후니까요.

저는 진짜 사랑의 정표로 주고받은 거라면 용서받아야 한다고 생각했어요. 사람들이 뭐라고 하든 처음부터 말예요. 두 사람이 주고받은 문자가 신문에 공개돼서 나오는 게 너무 비정상적이더라고요. 이런 게 사실 애매해요. 남녀 사이에 환심을 얻기 위해 선물을 주고받을 수 있는데 나중에 사랑에 빠지고 청탁이 오갔다고 해서 처벌하기는 곤란하니까요. 국민 법감정 얘기들을 많이 하지만, 국민 법감정이 유죄의 근거로 활용될 수는 없죠. 경우에 따라 피고인에게 유리하게 적용되는 경우는 있을지 몰라도.

김영란 현행법으로는 무죄가 맞을지 모르겠지만 지금 추진 중인 부정청탁금지법으로는 이것까지는 면제될 수 없을 것 같은데. 정말 좀 어려운 문제가 있네요. 로스쿨 출신의 신임검사가 피의자와 성관계를 맺은 사건은 좀 더 밝혀져야겠지만 알려진 사실관계만으로 뇌물죄 성립은 쉽지 않겠죠.

김두식 저도요. 이것도 형사처벌 사안은 아니고요. 이런 건 아무래도 우리가 법률가들이라 법논리적으로만 판단하는 경향이 있는 것 같죠? 국민들은 둘 다 형사처벌해야 한다고 생각할 텐데, 막상 해당 구성요건들을 찾아보면 형사처벌이 쉽지는 않으니까요. 그런데 검사는 탄핵이나 금고 이상의 형을 선고받지 않으면 파면이 안 되더라고요.* 판사는 헌법상 신분이 보장된 기관이지만, 검사는 그렇지 않은데도 판사를 그대로 따라서

---

* **검찰청법 제37조(신분보장)** 검사는 탄핵이나 금고 이상의 형을 선고받은 경우를 제외하고는 파면되지 아니하며, 징계처분이나 적격심사에 의하지 아니하고는 해임·면직·정직·감봉·견책 또는 퇴직의 처분을 받지 아니한다.

규정해놓았어요.

김영란 검사는 준사법기관이라 해서 판사와 유사한 부분이 많아요.

김두식 아무래도 사법연수원에서 함께 교육받아 동급이라는 생각이 있기 때문일 겁니다. 사랑의 정표 얘기가 너무 길어지면 안 되겠죠? (웃음) 사실 검찰 내부의 비리에 대해 얘기하자면 이명박 정권 때만 해도 굵직한 사건들이 많았죠. 가장 대표적인 게 2010년 〈PD수첩〉이 보도한 '검사와 스폰서' 논란입니다. 지금은 많이 나아졌다 해도 이런 잘못된 관행이 오랜 세월 검찰 내부에 자리 잡고 있었던 것은 분명해요. 잘못된 관행 속에서 생활해온 검사들이 정부의 개혁의지만으로 한순간에 손을 씻기도 어렵지 않나 싶은데요. 밖에서 볼 때는 스폰서라 해도 당사자들 사이는 돈독한 '인간관계'일 수 있으니까요. 이런 분위기가 얼마나 많이 남아 있다고 생각하세요? 한두 개 썩은 사과의 문제인지, 아니면 사과박스 전체의 문제인지. 법관으로서 바라본 검찰의 모습은 어땠나요?

김영란 사과박스 전체의 문제라고 말하기는 그렇지만 적어도 의심스런 눈으로 보는 사람들이 많다는 것을 그 사건으로 깨닫게 되었겠죠. 판사 입장에서 보면 검사들이 자신들을 판사와 같이 늘 최종판단자라 생각하는 것이 의아했어요. 기본적으로 판사와 똑같은 과정을 거쳐 검사가 되었는데 다를 게 뭐냐는 것이지요. 가령 판사가 영장을 기각하면, '어떻게 수사기관의 현실도 모르고 어렵사리 잡아넣은 걸 다 풀어주느냐'고 반발하죠.

김두식　예전부터 늘 그랬지요. 1997년 영장실질심사제도[*]가 도입될 때 생각하면 정말 굉장했어요. 해외 유학 경험이 있는 검찰 쪽 '선수'들이 거의 모두 나서서 이상한 얘기를 하면서 반대했거든요. 그때 들었던 인상적인 얘기가 '영장실질심사를 받기 위해 울릉도에서 피의자를 포항으로 데리고 오다가 물에 빠져죽으면 누가 책임을 질 거냐'는 것이었어요. 이처럼 온갖 얘기들이 다 나왔는데, 실제 시행하고 나서는 아무 문제가 없었죠. 구속권한이 사실상 검찰에서 법원으로 넘어가게 되면서 구속 건수가 드라마틱하게 줄어들었고, 그러면서 자연히 브로커 등의 비리도 줄어들었어요. 과거 대부분의 법조비리가 구속사건에서 생겼잖아요. 일단 신병이 구속되면 피의자는 절박하니까 어떻게든 풀려날 방법을 찾게 되고, 힘 있는 변호사를 찾으려 하는데, 그때 도움을 주겠다면서 끼어드는 게 전현직 경찰, 검찰 직원을 비롯한 이른바 브로커들이었죠. 변호사들은 사건을 소개해주는 이런 브로커들에게 수임료의 30% 정도를 지급하곤 했고요. 구속 건수 자체가 줄어들면서 형사사건은 변호사 선임 건수가 줄었고, 국선변호 등이 활성화되면서 법조계가 많이 깨끗해졌죠.

김영란　영장실질심사제도 도입할 때는 검찰의 반발이 하도 커서 결국 검찰의 요구대로 법을 고쳤잖아요. 원래 판사가 기록을 보고 필요할 때 심

---

[*] **영장실질심사** 구속영장을 청구받은 판사가 지체없이 피의자를 직접 심문한 다음 영장을 발부하도록 한 제도. '구속전 피의자심문 제도'라고도 불린다. 과거에는 구속영장에 대해 서면심사만이 이루어져 검사가 영장을 청구하면 대부분 그대로 영장이 발부되었다. 그러나 영장실질심사제도의 도입 이후에는 판사가 피의자의 얼굴을 보고 직접 심문한 후 영장발부 여부를 판단하게 되어 구속 권한이 사실상 판사에게 넘어갔고, 검사의 권한은 과거에 비해 많이 축소되었다.

사하도록 했던 것을 피의자 또는 그 변호인, 법정대리인, 배우자, 직계친족, 형제자매, 호주, 가족이나 동거인 또는 고용주의 신청이 있는 경우에만 할 수 있도록 개정되었죠. 그렇게 검찰 뜻대로 바꾸려 할 때도 시끄러웠는데 결국은 검찰이 원하는 대로 되더라고요. 이런 과정을 떠올려보더라도 검찰에는 마치 군대 같달까, 그런 조직 우선의 논리가 작용하고 있는 것 같아요.

김두식 영장실질심사제도는 2007년에 다시 개정되어 결국 제자리를 찾았죠. 피의자 등의 신청 없이도 구속영장이 청구된 모든 사람에 대해서 판사의 심문이 이루어지도록 개정되었으니까요. 검찰의 반발을 이겨내고 제도가 자리를 잡는 데 10년이 걸린 셈이죠.

김영란 판사생활을 오래 한 입장에서, 저는 사법부와 검찰은 다르다는 기본적인 인식부터 분명히 해야 한다고 봐요. 옛날 얘기지만 어떤 지원장 얘기가, 자신이 그 지원 생긴 이래 몇 십 년 만에 영장을 한 번 기각했는데, 아주 난리가 났다고 하더라고요. 검찰 입장에서는 '내가 청구한 영장을 판사가 감히 기각하다니' 이런 식인 거죠. 영장기각률이 높으면 판사의 성향을 의심한다든지, 다른 경로를 통해 법원에 알게 모르게 압력을 가하는 겁니다. 정작 자신들은 아니라고 펄쩍 뛸 테지만, 어쨌든 검사들은 판사가 자신들과 대등한 파트너라고, 자신들도 사법부의 일환이라고 생각하는 것 같아요.

김두식 아니라고 펄쩍 뛰지도 않을걸요. 예전에 검사가 판사보다 힘이 셌던 시절이 있었잖아요. 그것도 아주 오래. 검사가 기소하면 판사가 거의 그대로 처리해주던 오랜 역사가 있었기 때문에 아직도 그 흔적이 남아 있는 것 같습니다. 지금도 부장판사인 친구들과 만날 때 보면, 사법연수원 동기인 부장검사들에게서 전화가 걸려오는 일이 있더라고요. 며칠 전에 영장 기각당한 것에 대해 설명하고 재청구하겠다는 전화인데, 판사들이 영향을 받지 않으려고 노력하지만, 막상 형 동생 하고 지내던 사이에서 쉽게 내치기 어려운 것 같더라고요. 판검사를 함께 교육하는 사법연수원 시스템의 문제일 수도 있고요. 이런 부분은 어떻게 생각하세요?

김영란 물론 판사들은 영향이 없다고 주장하지만 저는 좀 걱정이에요. 판사들이 검사들로부터 압력을 많이 느끼거든요. 동기 변호사들이 입김 넣는 것처럼 검사들도 똑같지 않나 생각해요. 판사들이 검사들에게 '너희는 하나의 당사자일 뿐이지 않느냐?'라고 하면 검사들은 '우리는 국가기관이고 준사법기관인데 어떻게 일개 변호사와 일개 피고인을 (우리와) 동급으로 취급한단 말이냐?'라고 항의하는 분위기죠. 법원에서 무죄를 판결하면, '이런 사건이 무죄라면 우리가 어떻게 범죄를 척결하고, 어떻게 나라의 기강이 바로 서겠냐'며 비분강개하기도 해요.

김두식 검찰청 대변인이 공식적으로 그런 얘기를 할 때도 있지요.

김영란 저는 경험해본 적이 없지만 신문보도 같은 데 보면 판사에게 전화 걸어서 항의하기도 한다잖아요. 그래서 판사와 검사가 같은 연수원에서 똑같이 교육받고 똑같이 출발하는 문제를 고쳐보려고 예비판사제도도 도입해보고 법조경력을 일정기간 갖춘 사람들을 판사로 임용하는 제도를 도입하기도 했지만 근원적으로 안 고쳐졌어요. 저는 이게 로스쿨 제도를 도입하게 된 매우 중요한 배경 중 하나라고 생각해요. 똑같은 연수원에서 출발하지 않고 여러 개의 로스쿨에서 출발한다면 좀 낫지 않을까.

김두식 미국을 보면 검사와 판사의 위상이 하늘과 땅 차이잖아요. 미국 가서 저도 좀 억울하더라고요. 한국에서 검사 했다고 하면 미국 사람들은 그래서 뭐 어쨌다는 거냐는 반응을 보여요. 그런데 판사 하다 왔다고 하면 다들 깜짝 놀라거든요. 대접도 완전히 다르죠. 물론 미국은 법률가로서 최고 경력에 이르렀을 때 판사를 하니까 우리와 다를 수밖에 없지만요.

김영란 미국에서 연방판사는 대통령이 임명하지만, 주(州)의 판사나 검찰총장, 검사는 선거로 뽑는 경우가 많잖아요. 판사를 하다가도 선거에서 떨어지면 바로 변호사를 하더라고요. 그런데도 전관예우 같은 문제가 안 생겨요. 선거에서 대립해서 떨어진 사람이니까, 오히려 '전관박대'를 받는다고 해야 맞을 거예요. 미국에서 만약 우리처럼 (퇴직 판검사의 최종 근무지에서) '1년간 개업금지' 같은 규제를 하면 직업선택의 자유가 침해된다는 논란이 일 거예요. 미국은 1년간 모든 걸 못하게 하는 게 아니라 자기 업무에만 한정해서 규제를 받는 식이에요. 근무했던 부서에는 전화도 못 걸고, 만날 수도 없게. 알고 보면 미국의 상황은 우리와 달라서 차이가 날 수밖에 없는 건데요, 우리는 미국보다 연줄 관계가 훨씬 직선적이고 단순하거든요. 그렇기 때문에 일단은 광범위하고 엄격하게 규제하는 데서 시작할 수밖에 없어요.

김두식 똑같이 사법시험 합격하고 사법연수원을 나온 사람들이 법원과 검찰을 거치면서 그렇게 달라지는 이유는 과연 뭘까요? 사람이 달라지는 건지.

김영란 무슨 일을 하느냐에 따라서 사람이 정말로 달라지더라고요. 법원은 양쪽 얘기를 듣고 판단하는 업무를 하고, 검찰은 기소할 거냐 불기소할 거냐를 결정하는 것이 우선인 기관이잖아요. 그러니까 검찰 쪽 권한의 폭이 훨씬 더 큰 것 아닐까요? 검사들은 그렇지 않다고 하겠지만. 자기들은 결재 시스템에 따라 움직이기 때문에 권한이 작다고들 하죠. 제가 검찰에서 사법연수생으로 수습할 때는 차장검사나 부장검사하고 싸우는 게 검찰 시보로서 굉장히 멋진 것으로 평가받았어요. 전설 같은 얘기도 많죠. 주로 위에서 구속기소하라는 것을 시보가 약식기소하거나 기소유예하겠다고 싸운 얘기들이에요. 예를 들어 소매치기 전과가 많은 애들을 기소하라고 하면 차장검사실에 쫓아올라가서 막 싸우는 시보들이 있었어요. 유명한 어떤 변호사가 시보 시절 그랬던 걸로 기억해요. 소매치기인데 집 없는 애를 검사 시보가 한 번 더 기소유예하겠다고 하니까 지도 검사는 전과가 많으니 일단 구속기소를 시키라고 했죠. 구속기소를 하더라도 법원에 가서 소년부 송치를 받을 수도 있으니까요. 그런데 그 시보가 끝까지 기소유예하겠다고 해서 (검사가) 못하게 했더니 차장검사실까지 들고 올라가서 막 싸웠나 보더라고요. 그래서 그때 '그 시보가 검찰에 오면 절대 받아주지 말라'는 지시가 내려졌다고도 하고.

김두식 그 변호사님은 결국 법원에 가서 판사생활을 오래 하고 퇴직하셨죠.

김영란 고집이 있는 분이었어요.

김두식 언론과 검찰의 관계도 생각해볼 필요가 있어요. 사실 판사들은 자기 이름이 언론에 보도되거나 말거나 크게 신경 쓰지 않잖아요. 그런데 검사는 경찰과 마찬가지로 수사하는 조직이기 때문에 언론에 많이 노출될수록 훌륭한(?) 검사가 된다고 생각하는 것 같아요. 그러다 보면 사건을 '엮는다'는 표현처럼, 잘 안 꿰지는 걸 꿰어 맞추거나 약간씩 튀기는 경향이 있어요. 예를 들어 검찰이 음란 CD 몇 만 장을 압수했는데 그게 만약 홍콩에서 찍은 거라면 발표 마지막에 이런 이야기가 나와요. '홍콩의 삼합회를 비롯한 폭력조직과 연계된 것으로 보고 계속 수사 중이다.' 그런 보도가 나왔으면 며칠 있다가 삼합회 관련한 발표가 있어야 하잖아요. 그런데 없어요. 입증도 안 될 내용으로 포장만 잔뜩 하고 끝내는 거죠. 실제로 계속 수사하지도 않아요. 허풍을 치는 건데, 언론이 그런 걸 끝까지 추적하는 경우도 없으니까요.

김영란 수사를 위해 필요한 걸지도 몰라요. 자백을 받아내야 하는데 고문을 할 수는 없으니까 큰 그림을 그려 사람을 조여가는 방식이랄까. 어쨌든 사건을 만드는 입장이니까 재량도 큰 것 같고요. 이에 반해 법원은 가져온 사건만 판단하기 때문에 좀 달라요. 그래서 판사 스타일이 굉장히 강한 사람이 검찰에 가서 10년이 지나면 완전히 검사가 돼 있고, 간혹 판사 중에 검사였다면 더 잘했을 것 같아 보이던 사람도 오래 하다 보면 판사 스타일로 굳어지기도 합니다.

수사지휘권은
누구를 위해 존재하는가?

김두식 그렇다면 이제 전반적으로 검찰에 집중된 권력의 문제로 넘어가 보면 어떨까 싶습니다. 먼저 기소독점주의,* 기소편의주의의 문제점이 거론되어야 할 것 같네요.

김영란 여의도연구소가 2010년 5월 6일에 고위공직자비리수사처 설치를 중심으로 자료를 정리하면서 검찰권한을 비교한 게 있어요. 당시 새누리당 진수희 의원이 주관한 토론회의 개회사에서 발표한 자료예요. 교수님도 형사소송법 강의하셔서 잘 아시겠지만, 일본은 검찰심사회에서 불기소 처분이 타당한지 심사를 하고 있고, 독일, 프랑스도 사인기소주의가 남아 있는데, 우리나라는 검사가 수사권과 공소권을 모두 가지고 있죠.

* **기소독점주의** 원칙적으로 국가기관인 검사만이 공소를 제기할 수 있다는 것.

한국 검찰의 권한이 과다한 건 이제 누구도 부인하지 못하는 것 같아요.

김두식 그렇죠. 합의가 된 셈이지요. 영미 또한 공소권이나 수사권이 분산되어 있잖아요. 우리나라만큼 검찰 권한이 센 경우는 흔치 않죠.

김영란 우리나라에서 검찰이 경찰을 수사지휘하는 가장 큰 논거는 '피의자 인권보호'예요. 형사소송법에 적혀 있는 유치장 감찰도 그래서 하는 것이고요. 그런데 검찰에 너무 큰 권한을 주니까 인권보호 역할을 소홀히 하게 된 것 아닌가 생각해요. 지나치게 집중된 검찰의 권력을 감시하고, 견제와 균형의 원리를 도입하는 다른 방법이 필요하게 된 거죠.

김두식 재미있네요. 인권보호를 위해 검찰이 수사지휘권을 가지고 있는 건데, 유치장 감찰이나 인권 측면에서 경찰을 감시하고 견제하는 역할은 말만 하고 있지, 실제로는 검찰이 거의 신경을 안 쓰고 있다는 말씀이지요.

김영란 검찰과 경찰의 수사권 조정 논쟁에서 검찰 측이 항상 논거로 제시하는 게 시기상조론이잖아요. 경찰은 아직 인권침해 가능성이 있어서 독자적인 수사권을 가질 수 없다는 거죠. 그렇다면 검찰이 경찰의 인권침해를 감시하는 본연의 역할을 해야 하거든요. 그동안은 권위주의 정권 시대에 군인, 경찰, 정보기관의 권한이 셌기 때문에 상대적으로 검찰이 인권보호 역할을 할 수 있겠다는 기대감도 있었어요. 그런데 지금은 오히려 그런 기관들이 약화되면서 검찰의 권한이 너무 세졌어요. 그래서 지금 검찰의 권

우리나라에서 검찰이 경찰을 수사지휘하는
가장 큰 논거는 '피의자 인권보호'예요.
그런데 검찰에 너무 큰 권한을 주니까 인권보호 역할을
소홀히 하게 된 것 아닌가 생각해요. 지나치게 집중된
검찰의 권력을 감시하고, 견제와 균형의 원리를 도입하는
다른 방법이 필요하게 된 거죠.

한을 분산시키자는 말이 나오고 있어요. 기소독점주의와 기소편의주의로 검찰에 권한이 너무 집중돼 있는 것도 사실이고요. 미국식 대배심제도,* 검사장 선거 얘기도 나오고 있죠. 어느 의원이 저한테 비공식적으로 선거제도 도입에 대해서 묻길래 '저도 이것은 잘 모르겠다. 생각을 해봐야겠다' 그렇게 답했어요. 그런데 미국의 대배심도 상당히 제한적이지 않나요?

김두식 네, 연방에서만 일부 하고 있고요. 절반 가까운 주에 제도가 남아 있기는 하지만 과거처럼 중요한 의미를 지니지는 않습니다. 역사적 소임을 다했다는 평가도 많고요. 제가 미국에 머물던 1990년대 후반에는 클린턴 대통령의 스캔들 때문에 그의 기소 여부를 결정할 대배심 얘기가 늘 뉴스에 나오곤 했는데 그건 대통령의 범죄를 다루는 연방사건이었기 때문이죠. 검찰에 지나치게 집중된 권력을 분산할 필요가 있다는 원칙에는 어느 정도 사람들이 동의하는 것 같은데, 대배심이 대안인지는 잘 모르겠어요. 검사들이 멋지게 프레젠테이션하면 법을 모르는 일반인들이 검찰 의견에 거슬러 불기소 쪽으로 결론을 내리기 어렵다는 이유로 미국도 비용 대비 실효성이 떨어진다고 줄여가는 추세거든요.

김영란 한동대 이국운 교수님은 검사장 선거를 주장하고 있죠? 그런데 유권자들이 교육감 후보가 누구인지 잘 모르고 투표하는 것처럼, 검사장 선거도 비슷한 문제가 있을 것 같은데요.

---

* **대배심제도**(grand jury) 일반 시민이 기소 여부를 결정하는 배심제의 한 종류.

김두식 이국운 교수님이 검사장 직선제 카드를 꺼내든 것은 큰 의미가 있어요. 사법 시스템의 민주화를 위해서는 그만큼 과감한 조치가 필요하다는 거죠. 그런데 저는 좀 회의적이에요. 예를 들어 대구 지역은 타 지역과 다른 특성이 있거든요. 성적이 좋은 판사들도 서울로 가지 않고 대구에 향판(鄕判) 지원한 친구들이 많이 있어요. 평생 대구를 떠나지 않는 법률가들이 많은 거죠. 자연히 폐쇄성이 강하고요. 그런데 만약 대구에서 검사장 선거가 치러진다면? 지금이야 검사장은 전라도 사람도 올 수 있고 서울 사람도 올 수 있어서 토호들과 한편이 되지 않고 나름대로 수사기관장 역할을 할 수 있는데, 만약 검사장 선거가 치러진다면 당연히 새누리당에서 점찍은 사람이 될 것 아니에요? 그러면 이 지역 검사장은 늘 굉장히 보수적인 사람만 될 것이고, 이 지역에서 계속 검사장을 하려면 새누리당하고 잘 지내야 하고, 저는 그런 점이 많이 우려돼요. 광주도 다르지 않을 거고요.

김영란 불필요한 기소 또는 필요한 기소를 하지 않는 문제는 선거제도가 도입되면 개선될 수도 있겠어요. 그러나 선거를 하게 되면 아무래도 뽑아준 사람들의 성향이나 견해에 자기도 모르게 경도될 수밖에 없겠지요. 그게 적절한가 하는 생각이 들어요. 저도 지방 근무를 부산에 가서 했는데, 제가 부산 최초의 여자 판사였습니다. 부산도 특유의 분위기가 있더라고요. 이렇게 말하면 어떨지 모르겠지만, 서울은 이방인들이 많이 모여서 날선 경쟁을 하는 곳이지만 지방은 약간 느슨한 분위기랄까. 그래서인지 제가 처음 부임했을 때 부산 분들이 제가 너무 빡빡하게 일한다고 생각했던 것 같아요. 그런데 저는 부산 변호사님들하고 아무 인연이 없잖아요. 다들 처음 보는 분들이니까 부장판사를 지냈던 선배 변호사님에게도 똑같이 했거든요. 그랬더니 나중에는 으레 그러려니 하고 받아들이시더라고요. 서울에서는 배석판사만 하다가 첫 번째 단독재판을 부산에서 했는데, (요즘처럼 집중심리를 하지 않을 때라서) 변호사들이 '전부 부인합니다'라고만 답변서를 써내는 거예요. 그러고는 법정에서 증인신청을 해요. 그러면 저는 무엇을 입증하겠다는 것인지(입증취지)를 꼭 확인했어요. 전부 부인한다는데 증인으로 뭘 입증하겠어요? 증인에게 뭘 물을 건지 알아야 채택을 해줄 것 아니에요? 변호사님이 구두로 '다 갚았다는 증인입니다', 이렇게 얘기를 하면 그 취지를 조서에 쓰게 한 다음에 증인을 채택해줬어요. 무조건 채택해주지 않으니까 저를 좀 깐깐한 사람으로 보시더라고요. 그런 분위기가 있었어요.

그때까지 부산은 증인한테 선서를 안 시키고 선서서를 미리 나눠주고 사인만 하게 했나 봐요. 그런데 저는 직접 한 번 읽게 하는 것이 중요하다고 생각했어요. 그래서 꼭 선서서를 소리내서 읽도록 시키기도 했어요.

김두식 여자 판사가 뭘 잘 모른다고 생각할 수도 있었겠어요. 어차피 형식적으로 사인만 하고 끝내던 증인 선서를 진짜 시키는 것도 이상하다고 생각했을 거고요. 도대체 여자 판사를 구경해본 적이 없어서 어떻게 해야 하는지 몰랐을 수 있어요. 위원장님께서 당시 지역의 관행과는 다르게 증인들에게 선서서를 소리 내어 읽도록 시킨 것도 흥미롭습니다. 이것 역시 《거짓말하는 착한 사람들》에 나오는 선언 효과와 일맥상통하는 경험이네요. 미국 대학들이 학생들에게 아너 코드(honor code)를 지키겠다는 서약을 하도록 하고 나서 학생들의 부정행위가 거의 사라졌다는 사례를 보고하고 있잖아요. 위원장님은 그때 이미 도덕성 각성장치의 중요성을 생각하셨던 거네요. 부산 변호사들은 많이 놀랐겠습니다.

김영란 부산의 모든 변호사들은 제가 너무 신기했을 거예요. 주시해서 본 거죠. 부산에서 여자 단독판사는 제가 최초였고 당시에는 저밖에 없었거든요. 나중에 부산을 떠날 때 변호사들이 많이 찾아오셔서 이런저런 얘기들을 나누었는데 어떤 분은 결점도 지적해주셨어요. 목소리가 너무 작으니까 마이크를 쓰라고, 알아들을 수가 없다고…. (웃음) 여러 분들이 지적하시더라고요. 말씀해주신 변호사님은 법정에서 아주 강하게 어필한다고 소문난 분이었는데 저하고는 아무 문제가 없었거든요. 찾아오셔서 진지하게 그렇게 얘기하시더라고요. 그래서 제가 감사했어요.

김두식 재미있네요. 위원장님처럼 원칙대로 밀고 나가는 게 그 당시 지역에서는 흔치 않았을 것 같습니다.

김영란 지역에 연고가 없는 사람이 와서 새로운 방식의 재판을 한번 해봄으로써 그 지역의 고정된 틀을 바꿔볼 수 있어요. 판사님들이 종종 이런 얘기를 하세요. 외국은 판사가 이웃사람을 재판하고 '마이클, 어제는 어땠어?' 하면서 '이 사건은 이러저러하니까 우리 이렇게 하지', 이런 식으로 이웃 간에 훌륭한 조정자 역할을 한대요. 우리도 이런 게 필요해요.

사실 시·군 법원 판사들이 그런 역할을 할 수도 있겠지요. 판사가 말하자면 동네 어르신 역할을 하는 셈이지요.

하지만 분명히 해야 할 것은 우리 사회가 연고 관계의 틀을 극복할 때, 즉 존스턴의 책에 나오는 것처럼 엘리트 카르텔을 뛰어넘는 단계로 나아갔을 때에만 그런 게 가능해지지 않을까 싶어요. 만약 전부 향판으로 하면 판사들이 서울과 지방을 왔다갔다하는 문제라든지 인사권이 중앙집권적으로 행사되는 문제를 많이 개선할 수 있겠죠. 하지만 아직은 전면 도입이 어려워요. 궁극적으로는 저도 괜찮다고 생각하지만. 아직 우리나라는 엘리트 카르텔 사회이니까요. 그게 교수님이 《불멸의 신성가족》에서 말씀하신 것이기도 하고요.

또 교육감 선거도 그렇지만, 검사장도 선거하기로 한다면 누가 누구인지, 이 사람이 정말 그런 사람인지 어떻게 아냐고요. 독일 등에서 헌법재판관을 뽑는 것도 결국 다 명망가가 뽑힌다고 해요. 지금 작은 지방자치단체장까지 다 선거를 하는 것에 대해 여전히 비판적인 시각이 있는데, 검사장도 결국은 그 지방의 명망가 중심이 될 거예요. 정말 원하는 사람을 뽑는 건 아니라는 거죠. 그래서 아직은 저도 회의적이에요.

김두식 한국사회의 뿌리 깊은 보수성도 생각해볼 필요가 있습니다. 처벌 위주의 보수적인 분위기에서 예컨대 성폭력 범죄의 형량만 계속 올라가잖아요. 국회의원들도 모두가 찬성하는 데다 그 누구도 반대하지 않으니까 만만한 거리 범죄(street crime)의 처벌만 강화되는 거죠. 여기에다 검사장 선거까지 들어오면 미국이 그렇듯이 선거 있을 때마다 법집행 의지를 과도하게 보여주고자 하는 현상이 일어날 수 있어요. 재선을 노리는 주지사나 주 법무장관이 마구 사형집행을 하는 것처럼 말이죠. 자칫하면 보수일변도, 처벌일변도에다 초강경 입장을 가진 사람들만 계속 당선돼 우리 사법 시스템 전체가 더욱 경직될 수도 있어요. 아까 말씀드린 것처럼 자기 사건을 과대포장하고 잘 엮으려는 의지가 더더욱 강해지는 거죠.

김영란 소수의 입장이 반영되는 통로를 열어놓지 않는 다수결은 항상 문제가 있어요. 불필요한 기소분은 결국 법원이 과감하게 걸러주는 수밖에 없는 거겠지요. 검찰이 마땅히 기소할 사안을 제대로 기소하지 않았다는 문제는 기소편의주의와 연결되고, 결국엔 부패에 대한 더욱 강력한 견제 기관이 필요하다는 결론으로 가겠죠. 이를테면 공수처 같은….

중수부 폐지하면
'라인'이 사라질까?

김두식 검찰의 내부 비리를 척결하기 위해서도 견제기관이 필요하겠죠. 자연스럽게 제3의 기구 얘기로 넘어가면 될 것 같습니다.

고위공직자비리수사처, 즉 공수처 같은 제3의 기구 설치에 관한 논의를 하려면 대검 중수부* 폐지를 둘러싼 찬반 구도를 함께 살펴볼 필요가 있어요. 지금까지 검찰이 정치권력의 눈치를 살피느라 권력형 비리를 제대로 수사하지 못한 게 사실이고, 아마 대다수의 시민들도 답답함을 느꼈을 거예요. 부패방지와 관련해 대표적인 검찰개혁 방안으로 대검 중수부 폐지, 고위공직자비리수사처, 특별감찰관제와 연계된 상설 특별검사제 신설 등이 대선 당시 각 후보의 공약으로 제시된 바 있고요. 중수부 폐지는 정권이 바뀌면서 기정사실화되는 분위기인데요. 공수처와 중수부 폐지는 서로 다른 문제이긴 한데 부패방지 기관의 역할과 관련해 함께 묶어 이야기를 나눠볼 수 있을 것 같습니다.

김영란 검찰 출신들은 대검 중수부 폐지를 반대하더라고요. 대검 중수부가 갖는 효율성이 있거든요. 검찰 출신들은 대략 '현재 있는 기관을 명실상부하게 개혁하는 노력이 필요하다'는 기조죠. 감사원장 하셨던 한승헌 변호사도 중수부 폐지 자체가 중요한 건 아니라고 말씀하셨어요. 검찰을 개혁하려는 지도자가 정권을 잡는 게 중요하지 무슨 새로운 조직이 필요한 것은 아니라고 생각하시는 것 같아요. 진보적인 인사라고 하는 분들도 검찰 출신은 대개 '중수부 폐지가 중요한 것은 아니다. 중수부가 일도 많이 했다'고 말씀하시는 경우가 많아요. '검사가 굉장한 사회 엘리트이고 마음만 먹으면 권력의 거악(巨惡)을 뿌리 뽑을 수 있다'고 생각하시죠. 외부의 압력에 굴하지 않고 정말 사건에 매진해서 문제를 해결할 수 있는 조직이라는 생각으로 말씀하시는 건데요. 지금은 검찰 권한이 비대해져서 권력의 단맛에 빠져버렸어요. 어떤 권한도 지나치게 비대하면 부패한다는

---

* 대검 중수부 검찰총장의 직할 수사조직이며, 검찰총장의 하명(下命) 사건 수사를 담당한다. 막강한 권한에 비해 견제장치가 없어 무소불위의 권력기관이라는 비판이 끊임없이 제기돼왔다.

불변의 법칙이 검찰에도 적용되는 단계에 들어온 거죠. '검사가 마음만 먹으면 잘할 수 있으니 기존 틀을 유지하자'고 할 단계는 이미 지나갔다는 생각이 들어요.

김두식 위원장님은 공수처든 어떤 형태로든 검찰을 견제할 기관이 필요하다고 생각하시는군요?

김영란 네. 예컨대 김광준 검사 사건은 경찰이 먼저 범죄 징후를 포착해서 열심히 수사하고 있었어요. 그런데 경찰은 검찰의 수사지휘를 받아야 하잖아요. 결국 수사 사실이 알려지니까 검찰에서 가로채 특임검사를 임명하고 수사를 해버렸어요. 이론상으로는 경찰이 지휘를 받으면서 할 수도 있겠지만, 검찰이 지휘도 안 하고 자기네가 직접 해버렸으니까 경찰이 수사할 수 없게 되어버린 거죠. 경찰이 99%의 증거를 확보했다 해도 늘 수사지휘권에서 걸려서 검찰이 다 가져가니까, 검찰의 비리를 경찰이 수사할 수 있도록 하자는 얘기가 나오는 거예요. 문재인 후보도 이런 취지의 공약을 했던 걸로 기억해요. 경찰에게 독자적인 수사권을 주고 기소는 검사가 하도록 하면 경찰이 검사를 수사할 수 있게 되죠.

김두식 사실 지금도 법적으로는 경찰이 검찰을 수사할 길이 막혀 있는 건 아니죠.

김영란 하지만 수사지휘를 받아야 하니까 사실상 불가능해요. 예컨대 헌법에 규정된 권한이긴 하지만 경찰이 계좌를 추적하기 위해 또는 압수수색을 하기 위해 영장을 발부받아야 하는데 검찰에서 영장신청을 안 해주면 어떡하죠? 김광준 사건 때도 그랬잖아요. 경찰이 김광준 검사의 실명계좌를 확인하려고 계좌추적영장을 신청했는데 검찰이 기각했잖아요. 이처럼 경찰은 사실상 검사에 대한 수사를 제대로 할 수 없는 구조거든요. 지금 경찰에 검사를 수사할 권한을 준다고 하는 게 검사의 비리에 한해서 수사지휘를 받지 않도록 하겠다는 건지는 확실치가 않아요.

중수부 폐지와 관련해서는 2012년 7월 민주당의 검찰개혁안을 발표하면서 박영선 법사위원장이 이렇게 얘기했어요. "중수부는 검찰총장의 하명을 직접 받는 부서로서 특정 정파의 이익을 옹호하고 대변할 수 있다."[*] 그러니까 일본처럼 각 지검 단위의 특수부에서 초대형 사건을 처리하면 되지, 굳이 검찰총장 직속부서를 둘 필요가 없다는 게 논리예요. 그럴 수도 있죠. 하지만 문제의 본질은 아니에요. 대검 중수부를 폐지하고 공수처를 만든다고 하는데, 중수부에서도 수사하고 공수처에서도 하면 되지 중수부를 꼭 폐지할 필요가 있나 싶고요.

김두식 위원장님은 중수부는 그대로 놔두고, 공수처가 따로 있을 수도 있다는 입장이시군요. 두 기관의 공존이 가능하다는.

김영란 네. 예전에 국회 정무위원회 소속 민주당 신건 전 의원한테 '왜

[*] 차지윤, "민주당, 검찰개혁 7대 법안 국회 제출", 〈법률신문〉, 2012. 7. 23.

중수부를 폐지해야 하냐'고 제가 물어봤어요. 그랬더니 그분도 '중수부는 검찰청장의 직접적인 지휘를 받아서 권력에 너무 노출돼 있다. 지검 특수부에서 그 일을 하면 된다'고 하더라고요. 그런데 공수처도 똑같은 문제가 생길 수 있거든요. 그러니까 공수처나 대검 중수부 폐지는 문제의 본질이 아닌 것 같아요. 한상대 검사장이 제시했던 중수부 폐지안도, 사실 검찰이 적당한 선에서 개혁요구를 무마하려 한다는 의심을 받았잖아요? 중수부만 폐지하고 '검찰개혁이 끝났다'고 말하려는 건데, 그러다 결국 최재경 중수부장과의 갈등만 폭발했죠.

김두식 김광준 검사에게 최재경 중수부장이 코치를 한 것도 영향을 주었죠.[*] 검찰 내부 권력투쟁 와중에서 대검 중수부 폐지 얘기도 나왔던 것 같고요. 순수한 검찰개혁 논의와는 거리가 있었던 얘기라고 생각해요. 그래서 이후에 아무 진전도 없고요.

김영란 검사들은 왜 경찰에 수사권 주는 것을 두려워하는가, 왜 경찰이 검사를 수사하는 것을 두려워하고, 고위공직자를 검찰의 수사지휘 없이 수사하는 것을 두려워하는가. 그건 경찰이 가진 정보가 너무나 막강하기 때문이에요. 정보력이 막강한데 여기다 독자적인 수사권까지 주면 경찰을 어떻게 통제할 것인가 하는 고민이 있는 거죠. 검찰은 작은 조직이지만

---

[*] 김광준 검사의 비리사건이 드러나자 김 검사는 최재경 중수부장에게 언론대응 방법을 상의했고, 이에 최 부장이 "위축되지 말고 욱하는 심정을 표출하라"는 등의 조언을 문자메시지로 전해 파문이 일었다.

지휘권이 있어서 겨우 경찰을 통제하고 있는데, 그조차 없어지면 경찰국가가 될 위험성마저 있어요. 경찰의 조직력이 엄청나니까. 그래서 경찰국가화의 위험을 막겠다는 것이 검찰의 중요한 논리예요.

김두식 사실 그런 측면이 있죠. 경찰은 워낙 정보력이 강한 조직이고, 검찰은 조직의 규모나 인력 면에서 경찰을 따라갈 수 없잖아요. 위원장님은 경찰국가화를 막는 게 검찰의 목적이라면 차라리 공수처 같은 제3의 기구 설치 방안을 받아들이는 게 낫다는 생각을 하시는 거죠?

김영란 그렇죠. 오히려 그런 기구를 만드는 게 검찰 입장에서는 낫다는 생각이에요. 고위공직자 수사에 검찰과 경찰을 경쟁시키는 것도 하나의 대안이지만, 그렇게 할 경우 경찰의 방대한 조직력과 정보력을 누가 통제할 거냐는 문제가 그대로 남게 돼요. 그렇다면 검찰 입장에서도 차라리 공수처 같은 제3의 기구를 설치하는 게 나은 거죠. 검찰의 권한은 이미너무 크고, 경찰의 권한도 늘어나는 게 위험하다면, 검찰도 경찰도 아닌제3의 기구를 따로 설치하면 되잖아요. 경찰의 권한이 커진다는 위험성이 줄어드니 검찰도 반대할 명분이 없어지는 것이죠.

김두식 위원장님 생각은 이렇게 정리해볼 수 있을 것 같아요. 지금까지수사권 조정 또는 수사권 독립 문제는 검찰과 경찰 사이에 어떻게 수사권을 나눌 것인가 하는 관점에서만 논의되어왔잖아요. 그런데 따지고 보면검찰이든 경찰이든 양쪽 다 엄청난 권력기관이고요. 수사지휘권을 검찰이 가지고 있다고 해서 경찰이 지금까지 수사를 못하는 일도 없었고 이미 경찰도 충분히 강력한 권력기관이었죠. 이쪽에다 주면 이쪽이 비대해지고 저쪽에 주면 저쪽이 비대해지는 상황이라면, 중요한 힘을 둘 중 어느 쪽에 줄 것인가를 논의하기보다는 기존 틀을 유지하는 가운데 과도하게 독점된 권한을 분산하는 방법으로서 공수처가 일종의 제3의 대안 역할을 할 수 있다는 말씀이군요.

김영란 수사권 조정, 수사권 독립 문제는 조금 더 논의가 필요한 부분이고요, 제3의 대안에 한정해서 말한다면 그렇다는 것이지요. 그리고 덧붙일 것은 중수부를 폐지하는 이유가 검찰총장과 정치권에 직통라인이 형성되기 때문이라면 제3의 기구를 만들어도 똑같은 문제가 생겨요. 그러니까 지금 단계에서 중수부를 무조건 폐지하자는 논의보다는, 대통령을 포함한 정치권과 검찰총장의 그런 직통라인 형성을 어떻게 막느냐는 게 더 본질적인 논의겠죠.

제3의 기구가
멋진 대안이 되려면

김두식 위원장님 말씀은 제3의 기구 설치에 관한 중요한 논거가 될 수 있을 것 같아요. 그럼 '누가 이 조직을 움직일 것인가' 하는 문제는 어떻게 생각하세요? 만약 공수처 같은 기구가 설치된다 하더라도 검찰 경력

이쪽에다 주면 이쪽이 비대해지고 저쪽에 주면
저쪽이 비대해지는 상황이라면, 중요한 힘을 둘 중 어느 쪽에
줄 것인가를 논의하기보다는 기존 틀을 유지하는 가운데
과도하게 독점된 권한을 분산하는 방법으로서 공수처가
일종의 제3의 대안 역할을 할 수 있겠네요.

있는 사람들이 조직의 중심이 될 수밖에 없을 텐데, 과연 검찰로부터 진정한 독립이 가능할까요? 공수처 사람들 역시 퇴직 후에는 변호사 개업을 할 텐데, 현재 검찰이 가진 문제를 고스란히 떠안게 되지는 않을지, 그들이 자칫하면 공수처 전문 변호사로 성장할 가능성도 있지 않은지.

김영란 물론 공수처 같은 제3의 기구를 만들면 검찰 출신 중에서 리쿠르트를 엄청 해야겠죠. 이에 대한 여러 가지 안 중에는 검사가 파견 나갔다가 다시 못 돌아오게 해야 한다는 것도 있어요. 홍콩의 염정공서(廉政公署, ICAC : Independent Commission Against Corruption)＊는 전부 계약직이에요. 그런 다음 특별한 이유가 없으면 계약을 계속 연장해주는 거죠. 어쨌든 (검찰로) 아예 못 돌아가게 해야죠. 비위사실이 있어서 그만두지 않는 한 공수처에 뼈를 묻으면 될 것 아니에요. 왜 돌아갈 생각을 하죠. 저는 이런 제3의 기구를 100% 검사 출신으로 채워도 된다고 생각했어요. 이론적으로 '똑같은 검찰조직을 뭐 하러 따로 만들어?'라고 하겠지만, 경쟁적인 기관은 꼭 필요해요. 법무부 산하에라도 두면 대검하고 경쟁이 되니까 서로 의식해서 대충 수사를 덮지는 못할 거예요. 다만 검찰총장하고 법무부장관이 협의해서 똑같이 해버리면 소용이 없으니 법무부에 두는 건 좀 위험하겠죠. 우리나라의 법무부장관과 검찰총장의 관계를 볼 때 법무부에 둬서는 성과를 거둘 수 없어요. 그래도 없는 것보단 낫다는 얘기죠.

＊ 염정공서 홍콩 특별 행정구 장관이 직접 지휘하는 독립적인 기구이자 독자적인 수사권을 갖춘 부패방지 수사기구.

대법원과 헌재가 좋은 예라고 생각해요. 헌법재판소는 사법절차 내에서 부분적인 기능을 수행하지만 헌법에 관한 문제를 다룸으로써 모든 헌법 관련 사건에서는 법원이 헌법재판소를 철저하게 의식하게 되거든요. 그럼으로써 법원도 헌법과 관련된 여러 측면에서 훨씬 더 성과를 낼 수 있어요. 사실 이론적으로 보면 다 통일하지 뭣 하러 분리하냐고 따질 수 있겠지만, 서로가 서로를 견제하고 의식하게 함으로써 더 좋은 결과를 만들어낼 수 있는 것이죠. 법원 출신들이 헌법재판소에 많이 가도 헌법재판소가 독립성을 유지하는 것은 이미 정착됐잖아요. 물론 법원에서 오래 근무한 데서 오는 본질적인 특성은 벗어버리기 어려울 수도 있어요. 대법원장이 헌법재판관들을 추천하는데, 가끔 '미리 각서를 받았어야 했는데'라고 농담을 하세요. 법원 출신이라 하더라도 헌법재판관이 되면 다 다른 말을 하거든요. 법원 편을 안 들고 헌법재판소 편을 드는 거예요. (웃음)

김두식 좋은 논거네요. 대법원과 분리된 헌법재판소의 설치는 우리나라에서 굉장히 성공한 모델이니까요. 헌법재판관 갈 때 각서를 받아야 한다는 얘기도 재미있어요.

김영란 판사 출신을 헌법재판관으로 내보내면 다 딴소리하고, 하고 싶은 대로 하거든요. 그분들도 다 30~40년씩 법률한 사람들이니 자기 생각들이 있고, 가보면 또 헌법논리가 있으니까 그걸 따라가는 거죠. 기존 대법원 판례도 따르지 않아요. 그건 어찌 보면 당연한 얘기죠. 기관마다 조직논리가 있으니 갈라놓기만 해도 경쟁구도는 자연적으로 생겨날 거예요. 그래서 저는 공수처가 검찰 출신으로 꽉 차도 아무 문제가 없다고 생각해요.

결국 가장 중요한 논의는 '어떻게 독립성을 가지게 할 것인가?'가 돼야 하고, 그 얘기만 하면 되는 거예요. 사람들은 공수처가 수사할 범죄의 범위를 어디까지로 할지, 대통령 친인척을 규정하는 범위가 어떻게 되는지를 논의하려고 하는데 그런 건 본질은 아니라고 생각해요. 검찰은 이렇게 설명하기도 해요.

'고위공직자비리수사처라는 것은 원래 영미법 국가에서 나온 것이다. 홍콩, 말레이시아, 싱가포르, 호주 전부 영미법 국가다. 이런 국가들은 검찰에 수사권이 없고 경찰이 갖고 있기 때문에 경찰의 수사권을 통제하기 위한 기구가 필요했던 것이다. 그러므로 대륙법계 국가에 속하는 우리나라는 (공수처가) 필요 없다.' 이게 검찰의 중요 논거죠.* 물론 홍콩의 염정공서나 싱가포르의 탐오조사국(貪汚調查局, CPIB : Corrupt Practices Investigation Bureau)**에는 공소권이 없어요. 검찰이 공소권을 가지고 있죠. 그런데 대륙법계에 해당하는 스웨덴 같은 나라도 부패문제가 생기면 옴부즈만이 특별검사로 활동하게 돼 있어요. 공소권도 있고요. 박찬운 교수가 쓴 칼럼에 의하면 옴부즈만이 사정감시를 한 결과 위법한 행위가 적발되면 대개는 징계로 끝나지만 그 행위가 중대한 법률위반에 해당하는 경우에는 수사와 기소권을 가진 특별검사로 돌변한다고 하는군요. 대륙법계 국가에

---

* **영미법과 대륙법** 영미법은 영국 법률 및 그것을 계승한 미국 법률을 아울러 이르는 말로, 판례법과 관습법을 주로 하며 불문법이 중심이 된다. 판결이 바로 법이라고 생각하여 그 후에 일어난 사건은 전의 판결을 선례로 하여 재판했다. 반면 대륙법은 유럽대륙의 법을 말한다. 법의 각 부문에 관한 법전(성문법)을 가지고 있으며 영미법과는 달리 처음부터 추상적인 법을 만들어놓고, 이것을 구체적 사건에 적용하기 위하여 제정한다.
** **탐오수사국** 싱가포르 총리 직속 부패방지기구로 검찰과 경찰은 CPIB의 활동을 보조하는 정도에 그친다.

서는 시민단체들의 사인소추*도 많이 있고요.

김두식　사인소추는 영국이 대표적이라 할 수 있죠. 영국은 1985년까지 검찰제도 자체가 없었잖아요. 그 전까진 경찰이 변호사를 고용해서 기소 업무를 맡기는 독특한 형태를 유지했죠. 민사소송과 똑같은 형사소송 구조를 유지해오다가 1986년에야 검찰청 격인 CPS(Crown Prosecution Service, 왕립소추기관)가 본격적인 활동을 시작해요. 전 세계 모든 나라가 우리와 똑같은 검찰 제도를 가지고 있다고 생각하기 쉽지만 전혀 그렇지 않고 다양해요. 우리 형사소송법 자체도 대륙법과 영미법 양쪽의 영향을 많이 받았잖아요. 증거법 부분은 특히 미국법의 원칙들이 상당 부분 받아들여졌고요. 나라마다 역사와 전통이 모두 다른 것은 사실이지만, 대륙법이냐 영미법이냐를 따지는 게 핵심은 아니에요. 지금 우리나라에서 그 조직이 필요하냐 아니냐는 논의를 해야 하는 거죠.

김영란　검찰의 논리는 '우리는 검찰에 수사권이 있고 경찰을 충분히 견제할 수 있기 때문에 공수처가 필요 없다'는 거예요. 그럼 이와 똑같은 논리로 반론을 제기할 수 있겠죠. 영미법계냐 대륙법계냐를 떠나서 '그렇다면 검찰의 수사권은 누가 견제하는가? 경찰에 그 권한을 줘서 서로 견제하게 만들 것인가? 아니면 염정공서처럼 검찰과 경찰을 모두 견제할 수 있는 독립된 제3의 기구를 만들 것인가?' 이렇게 얘기하면 경찰의 강력한

---

* 사인소추 개인이 형사 소송을 제기하는 일. 우리나라에서는 현재 이를 인정하지 않고 국가 소추주의를 따르고 있다.

조직에 견제 권한을 하나 더 얹어주느니 차라리 제3의 기구를 설치하는 게 낫다는 쪽으로 검찰을 설득할 수 있어요. 결국 본질은 '독립성을 어떻게 확보할 것인가? 기관장을 어떤 사람으로 임명할 것인가?'예요. 이에 대한 명백한 제도적 장치가 없으면 중수부와 똑같은 문제가 생긴다는 거예요. 이게 정말 중요한 가닥인 것 같아요.

김두식 수장(首長)을 어떻게 임명하는가? 독립성을 어떻게 확보할 것인가? 이것이 중요하다는 생각이신 거죠?

김영란 그렇죠. 단순화해서 얘기하자면, 현재는 판사든 국회의원이든 대통령 친인척이든 모두 검찰에서 수사가 가능하잖아요. 그런데 그 수사를 하는 검찰은 정작 아무도 제대로 수사를 못 하고 있어요. 그래서 18대 국회에서는 판검사 비리를 수사하는 특별수사청을 만들겠다는 방안이 제시되기도 했죠. 판사나 검사 모두 같은 법조계 내에서 자기들끼리 해먹으니까 이것을 견제하는 뭔가를 만들면 된다는 얘기 같은데, 제가 판사 출신이라 그런지, 이게 과연 맞는 건지 의문이 들기도 했어요.

김두식 판검사 비리가 문제이기는 하지만, 새로운 기구 하나를 먹여 살릴 정도로 판검사 비리가 많은지도 의문이에요.

김영란 그렇기 때문에 정치인이나 대통령 친인척 등 권력형 부패 전반을 조사하고 기소할 수 있는 제3의 기관을 만드는 편이 가장 효율적인 방법이고, 그 틀은 말레이시아나 싱가포르나 홍콩 같은 형태를 취하는 편이 좋겠다고 생각해요. 이 논의는 1996년부터 참여연대에서 시작했어요.

김두식 제3의 기구가 설치된다 해도 검찰 역시 기존에 하던 친인척 비리나 고위공직자 비리에 대한 수사는 계속하는 거죠?

김영란 저는 그래야 한다고 생각해요. 그런 사건들을 맡지 못하게 제한할 필요는 없지요. 검찰이 내세우고 있는 또 하나의 중요한 반대 논리는, 이런 비리라는 게 처음부터 적발되는 게 아니라 기업 관련 사찰 같은 걸 하는 도중에 드러나면 본격적으로 수사가 시작되는데, 공수처를 설치한다 한들 그게 단번에 적발되지 않는다는 거예요. 현행 상시감찰기구로 청와대 민정수석실, 대검찰청, 경찰청 특수수사과, 거기다 국정원까지 있는데 뭐 하러 또 만드느냐, 결국 상설수사기관 하나 더 만드는 것밖에 안 된다고 주장하기도 합니다.

김두식 그것도 일리는 있죠.

김영란 공수처 같은 제3의 기구가 만들어지면 어떤 사건을 수사하게 될 거냐? 이런저런 첩보나 신고 또는 내부고발자의 고발을 통해 수사를 시작할 수밖에 없고, 검찰 역시 중수부를 두든 폐지하든 계속 그런 수사를 할 거란 말이죠. 그러면 결국 서로 상대편을 의식할 수밖에 없게 되고, 결과적으로 수사를 철저하게 할 수밖에 없어요. 그러니까 어느 한쪽으로 몰아주면 안 돼요. 공수처에 몰아주면 중수부만 있는 것과 똑같거든요. 앞서도 말씀드렸듯이 중수부 폐지가 본질이 아니라 상대방을 의식할 수밖에 없는 시스템을 만들어야 한다는 게 제 생각이에요. 견제와 균형의 원리에 충실하자는 것이지요. '공직자비리수사 다 모아서 한 군데서만 하자', 깔끔해 보이죠? 하지만 세상일은 그렇게 돌아가지 않는다는 거예요. 상호감시가 필요한 거죠.

이와 관련해서 강성남 교수의 주장을 음미할 필요가 있어요. "부패 다층성에 따른 전략이 마련돼야 한다." 다소 압축적인 표현인데, 무슨 얘기냐면 공수처 얘기할 때 경쟁원리에 입각한 견제와 균형의 원칙을 늘 얘기하잖아요. 그 얘기를 하면서 이런 용어를 썼더라고요. "기존의 부패통제기구의 독점체제를 해체하고 가외성(加外性, redundancy)을 높인다." 장치나 회로의 중복성을 말하는 용어예요.

김두식   중복감시를 얘기하는 거지요. 그런 의미에서 대검 중수부도 남아 있을 이유가 충분히 있는 것이고요.

김영란   중수부를 없애는 건 본질이 아니에요.

김두식   하지만 헌재와 대법원이 초기 권한쟁의 때문에 문제가 되었던 것처럼 공수처와 중수부도 양 기관의 조정 문제는 생기겠죠. 양쪽에서 수사를 하면 같은 사람이 양쪽에 불려 다니거나 하는 문제를 어떻게 막을 것인가 등의 문제 말이죠.

중수부 폐지가 본질이 아니라
상대방을 의식할 수밖에 없는 시스템을 만들어야 한다는 게
제 생각이에요. 견제와 균형의 원리에 충실하자는 것이지요.
'공직자비리수사 다 모아서 한 군데서만 하자',
깔끔해 보이죠?
하지만 세상일은 그렇게 돌아가지 않아요.
상호감시가 필요한 거죠.

김영란 앞서 나와 있던 안들을 살펴보면, 먼저 수사한 기관 우선이라든가 주요 피의자 수사기관 우선이라든가 상설협의회를 둔다거나 하는 식으로 해결책을 제시하고 있지만, 이것 역시 본질은 아니에요. 모든 국가기관의 역할은 어느 정도 겹치는 부분을 갖고 있어요. 딱 선을 그을 수 없는 게 지극히 정상적이거든요. 그럼 경계선에 있는 사건을 누가 해결하나요? 예를 들어 한강에 시신이 떠내려갔다고 해봐요. 만약 양천구를 통과했으면 그다음부터는 강서경찰서가 하면 돼요. 그런데 시신이 딱 중간에 걸려 있으면 어떻게 하죠? 양쪽이 다 하는 수밖에 없어요. 그런 식으로 사람이 하는 일은 행정행위든 무엇이든 간에 교집합 부분이 있는 것이고, 또 당연히 있다고 생각해요. 그러니 권한이 겹치는 문제 때문에 제3의 기구를 못 만든다는 건 논거가 될 수 없어요.

새누리당의 검찰개혁안을 보면 공수처 설치를 반대하는 대신 특별감찰관제와 상설특검제를 도입하겠다고 나와 있어요. 국회에서 추천한 상설특별감찰관이 감찰해서 비리가 드러나면 그것을 상설특검에 보내 사건을 처리하게 한다는 거예요. 말하자면 상설감시·수사와 기소를 분리하자는 거지요. 쪼개서 견제하고 균형을 이루자는 거예요. 공수처 안은 이 두 개를 합하는 것이고요. 새누리당은 검찰이나 경찰같이 거대한 수사기구에 기소권까지 가진 또 다른 기구를 원치 않는 것 같은데 실질적 기능은 결국 같다고 보여요. 분리하는 게 무슨 의미가 있나 싶어요. 두 조직을 합치면 (공수처와) 똑같은 건데. 굳이 이유를 댄다면 검찰 입장에서 자기들의 경쟁자가 나오는 걸 원치 않는다는 것, 결국 합쳐진 권력을 가진 큰 기구가 생기는 것을 원치 않는 것 정도겠지요.

김두식 새누리당 안을 취한다고 해서 공수처가 설치됐을 경우 생기는 한계나 문제점이 사라지는 것도 아니고요.

김영란 의미가 있다면 특별감찰관을 국회에서 추천한다는 것인데요. 특별감찰관 소속을 행정부로 하더라도 그 수장을 국회추천인사로 한다면 일견 독립성을 보장해주려는 것으로 볼 수는 있겠어요.

김두식 공수처 설치를 반대하는 또 다른 논거가 있나요?

김영란 권력분립의 원칙, 즉 입법·행정·사법으로 분류한 헌법 원리에 어긋난다는 이유로도 엄청나게 반대를 했어요. '헌법상 행정권력은 원칙적으로 의회에 대해 책임을 지는 각부 장관 산하에 소속돼야 한다는 의회통제와 정부구성의 원칙에 어긋난다.' '의회에 대해 책임을 지지 않고 어디에도 소속되지 않는 독립적 기구라는 건 위헌이다.' 이런 논지죠. 솔직히 전 이 문제제기 자체를 이해할 수가 없더라고요.

김두식 입법·행정·사법 바깥에 있는 어떤 기구가 생기는 건 곤란하다는 반대 의견이네요. 국가인권위원회를 만들 때 법무부가 주장했던 것과 같은 논리군요.

김영란 네. 저는 이것이 정말 헌법 원리에 반하는 것인가라는 의문이 들었어요. 헌법 해석상으로도 충분히 가능한 것 아닌가. 대통령제 국가에서의 의회통제가 각부 장관 소속 기관의 형태라야만 되는지도 모르겠고 어떤 방식으로든 의회통제를 받게 하면 되는 것 아닌가.

김두식 헌법학자들의 의견을 들어보면 삼권분립이 꼭 3개 이내로 제한되어야 한다는 원칙은 아니거든요. 핵심은 견제와 균형이기 때문에 3개든 4개든 그게 중요한 문제는 아니에요. 사회가 다원화되다 보면 삼권분립만으로는 해결될 수 없는 문제가 생길 테고, 그러면 4개가 될 수도 있는 거죠.

김영란 사실 이 문제는 성문법 국가와 불문법 국가의 차이점이기도 해요. 미국은 기본적으로 불문법 국가인 데다 코먼로(common law, 보통법) 정신에 따라 명시적인 조문 없이, 혹은 있는 경우라도 시대에 따라 달리 해석하는 경우가 허다한데, 우리는 성문법 국가니까 '(헌법에) 쓰여 있지 않은 것은 없는 것이다'라고 생각하는 경향이 있어요. 하지만 이제는 코먼로 정신을 끌어와 해석하는 경우도 많이 있거든요. 거기에 숨어 있는 '정신'이 무엇인지를 살피는 것이 훨씬 중요한 거죠. 그래서 저는 이것이 위헌이냐 아니냐는 중요한 논쟁이 아니라고 봐요. 대통령 산하에 둘 것인지, 인권위원회처럼 독립된 기구로 둘 것인지, 이런 논쟁을 오히려 더 많이 해야죠. 쓸데없는 헌법논쟁은 불필요한 것 같아요. 헌법정신이란 것이 헌법 문장의 문자적 해석이라고 생각해서는 안 된다고 생각해요.

김두식 일부 법률가들은 헌법과 법률에 보장된 권리들이 기본권 보장의 최소한이라는 생각을 하지 못하는 것 같아요. 삼권분립도 기본권을 보장하고 국가를 통제하기 위한 수단이지, 그 자체가 절대적인 목적은 아니잖아요.

김영란 그게 성문법 하에서 해석법학을 한 법률가들의 필연적인 귀결인지, 아니면 그냥 자기에게 유리하게 해석하기 위해서 그러는 건지는 모르겠어요. 대법원에 전해 내려오는 우스운 얘기가 하나 있어요. 지금은 은퇴하신 지 꽤 되었는데, 자구(字句)에 철저하셔서 자구에 맞지 않는 것은 절대로 못 받아들이는 대법관님이 계셨어요. 그래서 이분하고 합의를 하려면 다른 대법관들이 힘들어하셨어요. 자구를 유연하게 해석하면 훨씬 더 좋은 결론이 나올 수 있는데 토씨 하나까지 다 따졌거든요. 어느 날인가 대법관들끼리 등산을 가셨대요. 그런데 이 대법관님이 산에서 내려오는 길에 절에 들렀다가 '세수(洗手)'라고 쓰인 곳에서 세면을 하시더라는 거예요. 그래서 다른 대법관 한 분이 '아니, 거기 세수라고 쓰여 있는데 손만 씻어야지 왜 얼굴을 씻으시냐'며 놀리셨다고 해요. (웃음) 이 문제에 헌법 해석상의 문제를 들이대는 것은 마치 산에서 흘러내려오는 물에 '세수'라고 쓰여 있으면 얼굴은 씻을 수 없다고 해석하는 것 같은 논리가 아닐까요? 그런 식의 헌법 해석은 곤란하다고 생각해요. 정부의 의사통일성이나 의회통제를 벗어난다든지 하는 문제는 지엽말단적이라고 생각하고요, 가장 중요한 것은 독립성을 어떻게 확보할 것인가 하는 문제죠. 중수부 폐지를 불러왔던 것과 똑같은 문제가 있다는 점이 핵심이에요. 또 어떻게 수장을 임명할 것인지, 누가 임명할 것인지, 어디 산하에 둘 것인지, 이런 절차상의 문제를 논의하는 게 훨씬 더 생산적이라고 생각해요. 그동안 제안된 공수처장의 자격, 임기, 조직구성, 추천방안을 권익위에서 비교한 자료가 있어요. 그중에서도 지금 가장 중요한 게 어디 소속으로 할 것인가의 문제예요. 인권위원회처럼 독립된 기관으로 할지, 아예 국회 소속으로 할지, 아니면 대통령 소속으로 할지의 문제가 있고요. 그다음에는 처장을 어떻게 임명해야 독립적일지, 처장 임기는 대통령과 엇갈리게 할 것인지…. 이 모든 것의 목적은 정치권의 영향을 받지 않는 독립된 기구를 만드는 거예요. 그걸 잊지 않으면 돼요. 그렇지 않으면 또 하나의 중수부가 되어버리니까요.

김두식 설령 또 하나의 중수부가 된다 하더라도 최악은 아닌 거지요. 어쨌든 기존의 중수부와 서로 견제하는 관계에 있게 될 테니까요.

김영란 헌재와 법원의 관계처럼 견제 구도를 잘 담아낼 수 있는 게 중요한 것 같아요. 그런 '정신', 그러니까 공수처가 왜 필요하며 어떤 성격의 기관이 되어야 하는가만 합의된다면 나머지는 그 목적에 부합하도록 만들어가는 것이죠. 말처럼 쉬운 일은 아니겠지만 말이죠.

국민에게도, 검찰에도 유리한 게임

김두식 검사들은 왜 반대하는 거죠? 위원장님도 반대를 몸으로 느끼셨나요?

18대 대선 주요후보의 검찰개혁안(일부)

		새누리당 박근혜 후보	민주통합당 문재인 후보
검찰권력 통제방안	대검찰청 중앙수사부	• 대검 중수부 폐지, 서울중앙지검 등 일선 검찰청 특별수사부서가 기능 대체 • 예외적으로 관할이 전국에 걸쳐 있거나 일선지검에서 수사하기 부적당한 사건은 고등검찰청에 TF 성격 한시적 수사팀 만들어 수사	• 대검 중수부 폐지해 '정치검찰' 양산 방지 • 중요사건 수사는 지방검찰청 특수부로 이관
	고위공직자비리 수사처	• 공수처 설치 반대: 검찰을 없애고 새로운 검찰을 만드는 것이라고 비판	• 공수처 설치 : 장·차관, 판·검사, 국회의원, 청와대 고위직 등 고위공직자, 대통령 친인척 비리 수사, 기소 청장은 독립된 인사추천위원회에서 추천, 국회 인사청문회 실시 • 대장 임기 대통령 임기와 일치하지 않게 함
	상설특검제·특별감찰관제	• 상설특검·특별감찰관제 도입 : 검찰은 특검이 올 경우 열심히 할 수밖에 없으므로 검찰을 규제할 수 있는 실질적인 이어리고 주장	• 상설특검제, 특별감찰관제에 반대 : 상설특검제는 검찰개혁 막기 위해 검찰이 제시한 차선책, 특별감찰관제는 이미 청와대 민정수석실이 기능 수행
	검·경 수사권 조정	• 검찰 직접 수사기능 축소, 현장수사 등 상당부분 수사는 검찰 직접수사를 원칙적 배제 • 수사와 기소 분리를 목표로, 우선 경찰수사 독립성 인정하는 방식의 '수사권 분점'을 통한 합리적 배분 추진	• 경찰의 수사, 검찰은 기소 담당 원칙 확립 • 검찰 수사권은 기소나 공소유지에 필요한 증거수집 등 보충적 수사권, 일부 특별범죄 수사만 제한적 부여 • 검찰은 영장청구 절차, 기소여부 결정에 통제 통해 경찰 수사업무 필요한 범위에서만 통제
	검찰 기소 재량권	• 검찰시민위원회를 강화해 중요 사건의 구속영장 청구를 비롯한 기소 여부에 대해 검찰시민위원회 심의 실시 • 검찰시민위원회는 외국 배심제와 참심제의 방식을 준하도록 구성	• 검사 불기소 처분의 통제 강화를 위해 고소·고발인의 법원에 대한 재정신청 전면 허용, 공소 유지 변호사 제도 도입 • 중대범죄사건 제외하고 검찰 항소권 제한
검찰비리 대책	검사 비리	• 검사의 '적격심사제도' 강화해 검사의 적격심사 기간을 현재 7년에서 4년으로 단축 • 검사 비리 저질러 옷 벗은 경우 일정기간 변호사 개업 금지	• 현재 변호사 개업 금지 사유가 제한적인데 개업 금지 기간을 연장하는 등 제한 사유 확대
	감찰 기능	• 검사에 대한 검찰 감찰 강화. 검찰부 외 인적 증원, 감찰 담당자는 전원 검사가 아닌 사람으로 임명 • 징계 사유를 향응, 금품수수 등으로 명확화하고 차별수위를 강화하고 절차 간소화 • 부적절한 접대 등은 지위고하 막론하고 엄중조치	• 법무부 내 상설·독립 감찰기구 설치 • 감찰관 외부인사로 임용하고 임기 보장

김영란 검찰이 공수처에 관해 어느 정도 예민했냐면, 민주당의 김영환 의원이 국회 정무위에서 저한테 이렇게 질문했어요. 제가 나중에 국회 속기록을 다시 확인했는데, 이런 내용이었어요. '독립적인 반부패국가기관의 설치가 필요하다, 또 하나는 고위공직자비리수사처를 설치해서 독립적인 반부패기구의 산하에 둬야 한다. 이런 주장이 있는데 어떤 입장인지?' 그래서 제가 우선 '우리 위원회(권익위) 자체는 지금 독립적으로 운영되고 있다. 독립적인 반부패기구의 역할을 하고 있다'고 답했죠. 그런 다음 '고위공직자비리수사처에 대해서는, 국민의 여론이 거의 이것을 해야 한다는 것 같다. 명칭이나 기능 등을 더 정교하게 논의할 시점이라고 생각하고 있다'고 답했어요. 새누리당과 민주당의 세부안이 다르니까 이렇게 답한 것이죠. 그런데 그 자리에 없었던 검사 출신 박민석 의원이 얘기를 전해 들었나 봐요. 누구에게서 들었는지는 모르겠는데, 회의장에 들어와서 의사진행발언을 했어요. 그 속기록을 죽 읽은 다음 '아까 이런 발언을 했습니까?' 제가 그렇다고 했더니 '제 순서가 왔을 때 이런 말을 한 근거에 대해 물을 테니 준비하고 계십시오'라고 했어요. 그런데 잠시 정회된 사이 권익위에 파견 나온 검사 한 분이 금방 국회로 와서 '공수처 얘기가 나왔다고 해서 왔습니다' 그러더라고요. 공수처 얘기가 나온 걸 어디서 들었겠어요. 그게 그 정도까지 예민한 문제인지 모르겠는데. 그래서 '내게 논거를 묻겠다고 해서 네 가지 논거를 준비하고 있다'고 말했거든요. 그런데 박 의원이 실제로 질문하진 않았어요. 이유는 모르겠어요.

김두식 검찰이 공수처 문제에 대해서 그만큼 민감한 거죠. 위원장님이 국회에서 지나가는 이야기로 공수처 설치에 공감하는 발언을 하자마자 당장 검사가 국회로 달려온 거잖아요. 위원장님이 생각한 공수처 설치의 네 가지 논거는 무엇이었나요?

김영란 첫째, 유력 대선주자 3인 모두 유사한 제도 신설을 공약했다. 구체적 내용의 차이가 있을 뿐이다. 그래서 더 정교한 논의가 필요하다고 했다. 둘째, 리얼미터 2010년 여론조사에서 국민의 73.7%가 찬성했다. 셋째, 이명박 대통령이 2010년 5월 당시 한나라당 원내대표 등과의 조찬 모임에서 국민 여론을 고려할 때 여당이 주도해서 설치하는 게 바람직하다고 발언한 적이 있다. 넷째, 여당 싱크탱크인 여의도연구소가 신설 필요성을 제기하고 토론회도 열었으며 자체 여론조사 결과 64% 찬성으로 나타났다. 이렇게 네 가지 논거를 준비해놓고, 옛날 자료이긴 하지만 여차하면 얘기하려고 2004년 11월 9일 정부법률안이 국회에 제출될 때 법무부도 동의했다는 내용을 준비했어요. 그런데 제가 논거를 가지고 있다는 얘기가 전달돼서였는지, 의사진행발언을 속기록에 남기는 게 원래 목적이었는지, 시간이 없어서였는지 어쨌든 오후에 질문이 나오지는 않았어요. 이유는 제가 알 수 없죠. 그 정도로 검찰이 예민하게 반응했고요.

사실 저도 판사로 있을 때는 '고위공직자비리수사처를 만들면 판검사들이 다 대상이다'라는 이야기를 듣고 심정적으로 '우리가 다른 공무원들에 비해 뭐가 그렇게 부패한데? 비리 수사를 다른 데서 독립적으로 해야 할 정도인가?'라는 생각이 들기는 했거든요. 그런데 밖에 나와서 보니까 일반인 입장에서는 판사든 검사든 법률가 집단이 자기네 비리는 안에서 그냥 적당히 덮어버린다는 인식이 있더라고요. 고위공직자들과 함께 판검사들이 대상이 된 것이라면 받는 것이 옳겠다고 생각하게 됐어요.

김두식 그렇죠. 판검사만 하자는 게 아니니까요. 판검사만을 대상으로 한다면 할 일이 그렇게 많지는 않겠죠.

김영란 논리적으로만 따진다면 검찰이 자기 머리를 깎을 수 없으니 판검사만 수사하는 작은 기구를 만들겠다는 주장도 충분히 가능한 마당이에요. 그런데 다른 고위공직자에 포함시켜 수사하겠다는 것조차 받아들이지 못한다면 조직 논리에 너무 빠져서 객관적인 시각을 확보하지 못하는 거죠. 저도 그랬으니 검찰도 마찬가지 아닐까, 그렇게 이해는 합니다. 하지만 저는 법률가로서 오히려 공수처 안을 받는 편이 훨씬 더 당당하고 떳떳하고 미래지향적인 태도라고 생각해요.

검찰 입장에서는 중수부가 폐지되고 공수처가 설치되면 자기들은 잡범만 다루게 된다는 피해의식이 컸던 것 같아요. 당당하게 권력형 비리를 척결하는 검사의 모습이 사라지는 거잖아요. 하지만 이런 건 권한을 몰아주기로 할 경우에 생기는 문제거든요. 예를 들어 홍콩의 염정공서는 자신들의 비리에 대한 수사는 경찰이 하고, 나머지 일정급 이상의 비리는 전부 염정공서에서 해요. 그런데 수사권을 쪼개는 게 산수문제도 아니고, 중수부나 공수처 어느 한쪽으로 권한을 몰아주는 건 의미가 없다고 생각해요. 그러면 지금의 중수부와 별 차이가 없겠죠. 모든 비리가 다 드러났을 때 수사가 시작되는 건 아니거든요. 그렇게 생각하면 몰아줄 필요는 없겠다는 생각이 들어요. 오히려 경쟁하게 하면 상대방 기관을 의식해서 사건을 덮을 수 없게 되는 거죠.

이것은 기소편의주의에 대해서도 커다란 견제 역할을 할 수 있다고 생각해요. 수사권을 경찰에 줄지 공수처에 줄지 선택하라고 했을 때 검찰이 지금처럼 우리가 다 가지겠다고 할 수 없다면, 공수처 같은 제3의 기구 쪽으로 무게중심을 두는 게 제도적으로도 간명하고 여러 가지로 장점도 많다는 생각이 들어요.

김두식 그럼 형사소송법도 개정해야 하나요? 아니면 특별법으로도 충분할까요?

김영란 특별법으로도 충분하지요. 공수처 소속의 검사를 두면 되니까요.

김두식 검사는 검찰청에 소속된 것으로 보는 검찰청법의 내적 논리에 반한다는 얘기가 나올 수도 있겠는데요.

김영란 소속 검사의 직무권한과 범위를 규정한 것이 검찰청법이고, 검사가 개인기관으로 하는 게 아니라 '검찰청에 소속된 검사로서 독립기관'이라는 게 반대 논리더라고요. 검사동일체의 원칙* 얘기도 나오고요. 그런데 이게 헌법에 있는 것도 아니고…. 지금 하는 특별검사처럼 생각해도 다르지 않아요.

김두식 하긴, 특별검사나 마찬가지라고 생각하면 되겠네요. 만약 필요하다면 법 규정을 손보면 되겠고요.

김영란 네, 지금 배심원제를 전면적으로 도입하지 못하는 건 헌법에 "재판은 판사가 한다"고 되어 있어서잖아요. 그런데 법률상 수사나 기소를 검사가 한다고 돼 있더라도 공수처에 검사 지위를 부여하면 되는 문제거든요. 헌법에 기소는 '검찰청의 검사가 한다'고 돼 있지 않기 때문에. 검찰청법과 같은 다른 법을 만들면 되지요.

김두식 검찰청법의 내적 논리가 절대적인 기준은 될 수 없다는 것이군요. 앞에서 잡범 얘기를 하셨는데, 홍준표 검사를 모델로 했다는 드라마 〈모래시계〉를 보면 검사장이 박상원에게 이런 조언을 해요. '훌륭한 검사가 되고 싶으면 만날 잡범들만 다뤄서는 안 된다. 경찰 송치사건은 보름 안에 다 처리하고 나머지는 네 사건을 해봐라.' 실제로 홍준표 검사도 그렇게 했을 거예요. 특수부 검사를 꿈꾸는 사람들은 초임 시절부터 그렇게 이름을 날릴 필요가 있죠. 그런데 저는 그게 어떻게 가능한지 이해가 안 되더라고요. 송치사건을 보름에 끝낸다는 건 사실 날림으로 했다는 얘기거든요. 그렇게 처리한 다음 나머지 시간을 거악과 싸웠다는 거잖아요.

* **검사동일체의 원칙** 모든 검사들은 검찰총장을 정점으로 피라미드형의 계층적 조직체를 구성하고 일체불가분의 유기적 통일체로 활동한다는 원칙. 검찰청법 제7조는 "검사는 검찰사무에 관하여 소속 상급자의 지휘·감독에 따른다. 검사는 구체적 사건과 관련된 지휘·감독의 적법성 또는 정당성에 대하여 이견이 있을 때에는 이의를 제기할 수 있다"고 규정하고 있다.

검찰은 거의 90% 이상의 일반형사사건에서
마음이 떠나 있고, 나머지 2~3% 정도 사건에만 마음이
다 쏠려 있으니까요. 실제로 검찰 이미지를 다 망친 건
그 2~3% 사건들이었고요. 그런 점에서 공수처가
생기는 게 검찰조직 자체를 위해서도
좋을 수 있다는 생각이 드네요.

지금 검찰이 가진 공수처에 대한 저항도 잘 보면 이른바 '잡범' 수사를 중요하게 생각하지 않기 때문인 것 같아요. 훌륭한 검사, 큰 검사가 되려면 고위공직자비리 사건 같은 것을 맡아 특수수사를 하면서 언론에 이름이 나와야 한다고 생각하는 거죠. 잡범 수사로 될 일이 아니라고 생각하다 보니까 일반 형사사건은 우선순위에서 밀리고….

이건 굉장히 근본적인 문제거든요. 이른바 잡범 사건이라도 당사자들 입장에서 보면 인생이 걸린 건데, 검찰은 거의 90% 이상의 일반형사사건에서 마음이 떠나 있고, 나머지 2~3% 정도 사건에만 마음이 다 쏠려 있으니까요. 실제로 검찰 이미지를 다 망친 건 그 2~3% 사건들이었고요. 그런 점에서 공수처가 생기는 게 검찰조직 자체를 위해서도 좋을 수 있다는 생각이 드네요.

김영란 비공식적으로 제가 검사들에게 들은 바에 의하면 '우리가 일한 것에 비해서 검찰에 대한 평가가 더 나쁜 편이므로 정치적인 사건을 공수처 같은 제3의 기구에 넘길 수 있다면 오히려 우리는 더 열심히 일할 수 있다. 그래서 찬성하는 내부 의견도 꽤 있다'고 해요.

김두식 검사들이 억울하다고 생각하는 부분도 있을 거예요. 특수수사가 주는 부담이 있거든요. 모든 사건에는 증거가 중요한데 고위공직자 비리의 경우 현금이 오가면 입증이 어려울 때도 많잖아요. 그래도 입증이 제대로 되지 않으면 검찰이 사건을 덮었다고 욕을 먹으니까요. 사실 제3의 기구에서도 앞으로 그런 문제가 충분히 발생할 수 있어요. 법리상 검토해

보면 쉽게 해결되지 않는 문제가 많기 때문에 공수처 같은 기구가 설치되면 경쟁도 되고 검찰도 부담을 덜 수 있다고 생각해요. 장기적으로 봤을 때 검찰도 손해 볼 게 없는 셈이죠.

김영란 이 문제는 참여연대가 부패방지법 제정 운동을 벌이기 시작한 1996년부터 제기돼왔지만, 저는 지금까지 검찰이 무조건 조직이기주의 때문에 반대했다기보다는 시기적으로 성숙하지 않았던 탓이 아닐까 생각하기도 해요. 저를 포함해서 법률가들 대부분이 권위주의 정권 시대에 법률교육을 받았잖아요. 그러다 보니 어떤 형태로든 개인의 인권을 침해할 가능성이 있는 규제기관의 신설에 대해서는 일단 저항하는 마음이 생기는 것 같아요. 공수처를 반대하는 분들은 대부분 법률가들이거든요. 일반 시민은 대부분 찬성하는 입장이고요.

저는 진보정권 10년, 그 이후 이명박 정권을 거치면서 의식이 훨씬 성숙했고, 이제는 권위주의 시대의 억압이나 새로운 인권침해를 막을 수 있는 충분한 여건이 조성되었다고 생각해요. 공수처 같은 제3의 기구를 만들어도 될 만큼 시기적으로 성숙한 거죠. 이번에 한 단계 더 넘어서지 않는다면 정말 엘리트 카르텔을 끊을 수가 없어요. 새로운 기구가 새로운 규제를 만든다기보다는 다른 규제를 좀 더 견제하고 균형 잡기 위한 것이라는 사회적 합의에 어느 정도 도달했다고 보고 있어요.

이제는 권위주의 시대의 억압이나
새로운 인권침해를 막을 수 있는 충분한 여건이 조성되었다고
생각해요. 공수처를 만들어도 될 만큼 시기적으로 성숙한 거죠.
이번에 한 단계 더 넘어서지 않으면
정말 엘리트 카르텔을 끊을 수가 없어요.

새로운 검찰로
거듭나려면

김두식　지난 대선에서는 각 진영마다 여러 가지 사법개혁안들을 내놓았습니다. 고위급, 차관급 축소(박근혜 안), 검사의 청와대 파견 금지, 법무부 탈검찰화(문재인 안), 검찰청의 독립 외청화(안철수 안)…. 부패방지 기관으로서 검찰이 제대로 기능하려면 무엇보다 공정한 인사가 중요할 텐데, 어떤 인사 방안이 있을까요?

김영란　대선 때 나온 각종 인사방안도 검찰의 권한을 분산한다는 의미였던 것 같아요. 각 지자체에도 검사들이 파견 나와 있잖아요. 그에 대한 반발이 있어요. 검사라는 직함을 달고 파견을 너무 많이 내보내거든요. 박영선 의원 자료를 보면 타 부처 파견 검사가 80여 명이에요. 법무부 역할에 범죄예방, 법 교육이 있어요. 법률자문도 필요하다며 다른 정부기관에 나온 걸 텐데, 그래도 너무 많아요. 다른 공무원들의 반발도 많던데요. 전체적으로 검찰조직을 재검토할 필요는 있는 것 같아요.

일례로 제가 부패방지 업무를 직접 해보니 이것은 예방적인 성격이 강해서 제도정비에 중점을 두고, 전체 국민의식의 향상과도 직결돼요. 그런데 검찰은 사후적인 처벌에 대해서만 집중적으로 훈련된 조직이에요. 그런 관점에서 부패방지 업무를 바라보다 보니 권익위와 충돌이 생길 수밖에 없죠. 새로운 법령을 만든다고 할 때 검사들이 개입하면 아무래도 사후규제적이고 처벌적인 시각이 개입돼요. 본연의 취지인 예방효과 같은 것은 별로 고려하지 않아요. 행정부에서 제가 귀동냥한 얘기 가운데 하나는 하도 오랫동안 우리나라 최고의 엘리트 집단으로 인식돼서 그런지, 검사들이 법률에 관해서라면 자신들이 가장 잘 안다고 생각하면서 모든 부처의 법률업무에 불필요한 간섭을 많이 해왔다는 거예요. 그래서, 이렇게 말해도 될지 모르겠지만, 모든 부처의 공무원들이 제일 싫어하는 기관이 법무부라고 해요. 검사들 입장에선 억울하겠지만 정부 각 부처에서 보는 시각이 그거예요. 또 검사들한테 찍히면 인지수사 당한다고 걱정해요. 털면 누구나 먼지가 난다는 막연한 두려움이 있어서인지 앞에서는 꼼짝을 못하는데 뒤에서는 엄청 불만이 많거든요. 사실 저는 검사들이 정말 사명감도 있고 일도 잘하고 똑똑하다고 생각해요. 제가 사법연수원 교수로 있을 때도 검사가 된 제자들이 다 괜찮은 사람들이었어요. 그렇게 훌륭한데 왜 이런 소리를 듣느냐 이거죠. 진실이든 아니든 왜 다른 정부 부처에 그런 인상을 주는지, 이건 참 바보 같은 짓 아닌가요?

김두식 많은 부처에 검사들이 파견돼 있는 건 전 세계에서도 유례를 찾기 어려워요. 만약 각 부처에서 법률 관련 업무가 필요하다면 법률가를 채용해서 쓰면 되니까요. 다만 이런 건 있어요. 제가 예전에 법무부 정책위원으로 일할 때 보니까, 검사들이 위에서 시키는 일은 정말 잘해요. 무엇을 요청해도 바로 바로 만들어 와요. 당시 법무부장관이었던 천정배 전 의원도 민주화운동하면서 검찰의 반대편에서 싸운 분이잖아요. 장관이 되고 나서는 검사들이 일 잘하는 데 자주 감탄하셨어요. '이렇게 일 잘하는 사람들을 내가 그동안 오해했나?' 하고요. 그 이후 행태를 보면 사실 하나도 안 바뀐 건데, 주어진 일을 너무 잘하니까 그런 생각을 하게 된 거죠.

법무부의 문민화 얘기는 노무현 대통령 때도 계속 논의되었지만 아무도 본격적으로 시작하지 못한 측면이 있고요. 막상 일을 맡기면 검사들이 그럴 듯하게 처리를 잘하니까 누구나 법무부장관이 되고 나면 강력하게 밀어붙이지 못하는 거예요. 국장 자리 몇 개를 개방직으로 했는데 거기에도 옛날 검사 출신들이 들어와 앉았던 걸 생각해보면 참 어려운 문제이긴 합니다.

김영란 법무부를 더 많이 개방해야 할 것 같아요. 그네들이 굉장히 능률적이고 뛰어난 엘리트인 건 사실이에요. 법원의 경우도 재판연구관들이나 법원행정처 판사들은 못하는 게 없다고 농담하는데요, 그 어떤 어려운 논리도 다 개발해와요. 아마 코끼리를 냉장고에 집어넣으라고 해도 해낼걸요. 그렇지만 무엇을 위해 일하는지, 그 목적이 무엇인지, 이런 것들을 한 발 떨어져서 생각해볼 필요가 있어요. 로스쿨 제도를 전면 도입한 이유도 정부 내 법률직을 많이 개방하라는 거잖아요. 새로 교육받은 법률가들이 가야 할 자리를 다 검사들이 차지하고 있으면 안 되죠. 기본적으로 검사들은 사후처벌적 사고에 함몰돼 있고 판사들은 일어난 사건에 대한 판단에 치우쳐 있어요. 아무래도 판검사들의 주류적 사고방식은 이미 주어진 사건에 대한 사후적 판단이지, 어떤 정책을 생산해낸다든가 문제점을 읽어낸다든가 하는 사전적 단계에는 약한 경향이 있어요. 직업적으로 그쪽의 훈련을 더 많이 받았기 때문이에요. 그러니까 판검사들도 자신들의 업무에서 오는 한계를 직시하는 자세가 필요하다고 생각해요.

김두식 검사들의 직급도 문제가 되지 않나요?

김영란 검사장, 고검차장 모두 차관급 대우를 받죠. 이런 것도 문제이긴 해요. 판사도 마찬가지예요. 법원에서도 고등부장판사를 차관급으로 대우하면서 차량과 기사를 제공하거든요. 어떤 판사들은 차량유지비만 받고 스스로 운전했으면 좋겠다고 하는데, 그게 안 돼요. 고등부장판사가 안 된 사람이 가장 박탈감을 느끼는 게 차량과 기사거든요. 그런데 저는 평소에 버스나 지하철을 타고 다니다가 차관급 판사가 돼서 기사가 나오고 차가 나오니까 체중이 늘기 시작하더라고요. 평소에 지하철 타고 다니면 저절로 운동이 되는데. 굳이 판검사를 무슨 급, 무슨 급 하면서 행정부처에 맞춰야 하나요. 기획예산처에서 공무원 월급 줄 때 어느 급은 얼마 주고 어떻게 대우한다는 기준이 있다 보니 그렇게 된 거거든요. 집무실도 그래요. 직무에 따라 방 크기를 다르게 하면 되는 것을, 무슨 급은 방이 커야 한다는 것도 이상하고…. 출장 가는 경우 미국은 직급에 따르지 않고 출장거리에 따라 비즈니스석을 이용할 수 있다고 해요. 우리는 직급에 따라 몇 급 이상은 비즈니스석, 몇 급 이상은 일등석… 이런 식인 거죠. 이런 경직된 위계질서로부터도 자유로워졌으면 해요.

김두식 검찰의 다단계 결재구조와 너무 많은 고위간부 숫자도 문제예요. 검사들이 너무 빨리 부장검사가 되고 그다음에는 직접 수사를 거의 안 하잖아요. 제 기준으로 볼 때 '도장 찍는 사람'이 너무 많은 조직이에요. 다단계 결재가 이루어지면 청탁이 들어올 구멍도 각 단계마다 생겨요. 판사들이 제일 괴로운 것은 나이가 들어서도 계속 기록을 봐야 한다는 것인데, 검사들은 부장이 되는 순간 주로 결재만 하게 되고 손발 노릇은 그 밑에 있는 검사들이 하게 되는, 상당히 비효율적인 구조예요. 예컨대 부장 검사처럼 경력 있는 검사들이 더 어려운 사건을 결재 없이 자기가 바로 처리하고, 사소한 사건들은 결재 단계를 최소화해 젊은 검사들이 처리하게 놔둔다면 지금보단 효율적일 것 같거든요. 인력 활용 측면에서 너무 빨리 도장 찍는 자리로 가는 것도 검찰의 문제예요.

김영란 검찰이든 법원이든 행정부의 위계질서를 의식하지 않고 완전히 다른 조직으로 만들어버리면 차관급 몇 명, 이런 말 따위가 아예 나오지 않을 수 있죠. 예컨대 법원은 1심판사가 항소심 배석판사가 됐다가 부장 판사가 되는데, 그러느라 1심법원하고 항소법원이 분리되지 않는 문제가 있었어요. 그래서 지금은 법원에서 양자를 분리하는 작업을 하고 있어요. 한꺼번에 못하니까 매년 조금씩 해서 항소법원 독립이 상당히 진행됐어요. 고참 판사들이 배석하는 대등재판부를 설치하는 것도 그 일환이고요. 이렇게 행정부의 위계질서를 의식하지 않고 검찰도 최적의 조직을 만들어볼 필요가 있어요. 그런데 검찰은 왜 이렇게 다단계 조직이 되었을까요?

김두식 차장이 있고 검사장이 있는 것도 되게 이상해요. 사실 검사장들은 일 안 하잖아요. 결재는 대부분 전결로 차장들이 하니까…. 검사장님들 중에는 매일 조선왕조실록 CD를 갖다놓고 보시는 분도 있었다고 해요. (웃음) 물론 중요한 결정은 하죠. 하지만 정말 중요한 일만 자기가 결정하고 나머지는 시어머니 비슷한 차장검사가 다 처리하는데, 이건 정말 이상한 구조라고 생각했어요. 다른 부처 장관들은 그렇지 않거든요. 장관이 조선왕조실록만 보고 있다고 상상해보세요, 부처가 제대로 돌아갈 수가 있나.

김영란 정말로 검찰조직을 새로 생각해볼 필요가 있을 것 같아요. 법무부와 검찰청 간의 관계도 새로 정립하고, 근원적인 개혁을 해야지, 중수부만 폐지한다고 해결되는 문제는 아닌 것 같아요.

김두식 인사 얘기가 나왔으니 말인데, 누가 정권을 잡느냐에 따라 법무부와 대검이 완전히 전라도 사투리로 바뀌었다가 경상도 사투리로 바뀌는 문제가 검찰에 남아 있잖아요. 어쨌든 법무부장관이 인사권을 가지고 있으니까. 이 문제를 해결할 방법은 없을까요?

김영란 참여정부 때의 인사권 문제 얘기네요. 쉽게 말해서 젊은 검사들이 항변한 것은 '왜 너희가 인사권을 갖느냐. 우리에게 인사권을 달라. 검찰을 독립시켜달라'는 것이었죠. 노무현 대통령과 강금실 법무부장관의 주장은 '인사권은 우리의 고유 권한'이라는 것이었고요. 그런데 이론상 저는 인사권을 달라는 게 더 맞는 것 같았어요. 검찰의 진정한 독립을 원한다면 인사권을 주는 게 맞는데, 검찰을 못 믿어서 돌려주지 못하는 상황이었죠. 제가 보기에 그 '검사와의 대화'라는 것 자체가 불필요하고 이상한 대화였어요. 독립된 검찰을 원하면서 왜 인사권을 주지 않는 걸까요? 그게 최소한의 통제라는 건가요.

김두식 당시 노무현 대통령과 강금실 장관은 어쨌거나 검찰에 대해서도 일종의 문민통제가 필요하다는 생각을 한 거잖아요.

김영란 시기적으로는 문민통제가 필요했지만 그 대화에서 설득이 되지는 않았어요. 사람들은 그때 보인 검사들의 행태를 가지고 비난했지만, 엄밀하게 그 배경을 보면 독립된 검찰을 원한다면 인사권을 달라는 거였어요. 저도 궁극적으로는 인사권을 줘야 하지 않을까라는 생각은 들어요. 민주당에서도 검찰청이 왜 독립된 예산편성을 해서 국회에서 검증받지 않고 법무부에서 하느냐고 비판하잖아요. 사실 그때 그 '대화'만 놓고 보면 대통령이나 장관이 인사권을 주지 않는 이유에 대해서는 충분히 설명을 못한 채 어떻게 그렇게 대통령에게 반발하나, 이런 논리밖에 없었거든요. 그런데도 인기는 대통령 쪽이 올라가고.

김두식 사실 검사들도 실수를 했고요. 그 자리에서 자기들이 얼마나 열심히 일하는지 아냐고 호소한 것은 좀 이상했어요. 자기들만 그렇게 열심히 사는 건 아니잖아요. 아무튼 인사권을 누가 가져야 하는가는 여전히 중요한 문제인 것 같네요.

김영란 검찰도 정말 독립된 수사권을 철저하게 행사하는 조직으로 거듭나야 하고 그러려면 인사권을 가져야 한다는 것이지요. 하지만 철저하게 독립적으로 수사하지 않으면 국민으로부터 지탄받게 되겠죠. 또 제대로 수사했는지 아닌지를 밝히려면 경쟁적인 기관이 필요한 것이고요. 그래서 이 많은 논의들이 제3의 기구 설치로 이어지는 것이라고 생각해요.

김두식　오늘은 검찰의 총체적인 문제들을 점검해보고 고위공직자비리수사처 같은 제3의 기구 설치를 둘러싼 여러 얘기를 나눠봤습니다. 저는 새로운 기구의 설치에 대해서 좀 회의적인 입장이었는데, 위원장님 말씀 듣고 생각을 수정했어요. 경찰이나 검찰이 모두 비대한 권력을 가진 조직이라면 제3의 기구를 통해 견제와 균형을 실현할 수 있다는 말씀이 인상적이었고요. 공수처 같은 기구의 설치가 검찰에게 불리한 선택이 아닐 수도 있다는 생각을 했습니다. 많은 것을 배운 시간이었어요. 감사합니다.

돈과 청탁의
고리를 끊어라

5장

근본적
처방

부패의 근원,
연줄문화

김두식 　오늘은 우리 주변에 일상화된 청탁 관행에 관한 이야기를 나눠본 다음 위원장님께 이른바 '김영란법', 즉 '부정청탁금지 및 공직자의 이해충돌방지법'의 제정 취지와 주요 내용들에 관한 '강의'를 들어보려고 합니다. (웃음) 저도 오늘은 학생 입장으로 다른 시간보다는 편하고 가볍게 (?) 위원장님의 강의를 경청하고 중간에 질문을 조금씩 드리려고 해요.

김영란 　네, 그럼 일상화된 청탁부터 얘기해볼까요. 청탁이 엘리트 카르텔을 끈끈하게 유지시키는 가장 중요한 수단이라는 데는 동의하실 거예요. 청탁은 엘리트 카르텔의 존재 이유이기도 하죠. 돈이 따라가느냐 안 따라가느냐는 중요치 않다고 생각해요. 판사와 검사는 기본적으로 이미 일어난 범죄행위에 대한 처벌이 업무의 대부분이에요. 굳이 차이를 따지자면 검사는 사회에서 범죄의 징후를 찾아내 수사하고, 판사는 검사들이 밝혀낸 사건의 징벌 유무를 가리죠. 그런데 제가 권익위로 와서 반부패업무를 살펴보니 사후처벌이 아닌 사전예방에 초점이 맞춰져 있더라고요. 그래서 저도 처음에는 이렇다 할 아이디어를 내놓지 못했어요. '내가 예방적 업무에 대해서 무엇을 할 수 있을까? 무엇이 문제이고 무엇을 예방해야 할까?'를 많이 생각했어요.

그렇게 고민을 해보니 우리나라에서 제일 무서운 것이 바로 연줄문화, 연고관계더라고요. 연고관계에 반드시 돈이 따라오지는 않지만, 그 고리를 끊지 않는 한 공정한 룰도 제대로 작동할 수 없을뿐더러 부수적인 관계들이 고착화되어 변화하지 않을 것 같더라고요. 이런 상황에선 더 좋은 사회로 한 발짝 나아간다는 건 생각조차 할 수 없었어요.

예컨대 로스쿨에 대해서도 이런 얘기를 많이 들었어요. 로스쿨에 고위층 자녀들이 많이 입학하고, 나중에 변호사가 된 자녀들이 다시 로펌에 취직한다더군요. 로펌에서도 선호한다는 것이죠. 고위법조인, 고위공직자의 자녀들을 채용할 경우 사건 수임을 비롯한 여러 지점에서 유리하다고 판단하는 거예요. 출신마저 일종의 스펙이 되어버린 셈이죠. 출신계층이 고착되고 계층의 이동이 불가능해져버린 사회. 우리 사회가 이렇게 작동해서는 안 된다는 생각이 들었어요. 미국 같은 경우도 어려운 가정의 학생들이 국가를 위해 봉사하겠다는 마음으로 로스쿨에 입학하는데, 저리(低利)로 융자받은 학비조차 감당할 수 없어서 결국 대형 로펌으로 갈 수밖에 없다고 하거든요. 우리나라 로스쿨도 계층 고착에 결정적으로 기여하는 제도라는 비판이 있어요.

다시 연줄문화로 돌아가서 얘기를 이어가자면, 연줄의 가장 큰 문제가 바로 계층상승이나 계층이동이 불가능한 카르텔의 고착화예요. 자기들만의 폐쇄적 순환구조에 갇혀버리고 그것이 굳어버린 사회에서는 새로운 생각, 진보적이고 개혁적인 아이디어가 나올 수 없죠.

김두식 로스쿨의 안타까운 측면이죠. 카르텔의 고착을 막아보자고 도입한 제도가 로스쿨인데 새로운 방식으로 그 카르텔을 더 견고하게 만드는 결과를 낳고 있으니까요. 이런 상황을 예측하지 못했던 것도 문제고요. 고시제도가 가진 나름의 장점이 있었다면 한판의 시험과 블라인드 채점, 그에 따른 공정성 확보였거든요. 그 공정성이 우리 사회의 계층 고착을 보완하는 부분이 있었는데 로스쿨 도입 이후 그런 장점이 점점 사라져가는 안타까운 상황이에요.

김영란 어떤 사회든 계층순환이 없으면 점점 쇠락하거든요. 이건 정말 심각한 문제예요. 상승의 길이 열려 있다는 것이 우리 사회에 활력을 불어넣었잖아요. 심지어 일제시대를 거치면서 양반, 상민 계급이 다 뒤집어짐으로써 우리 사회가 활력을 찾았다고까지 얘기하는 사람도 있어요. 그런 주장이 있을 정도로 '뒤집어짐'의 활력이 우리 사회의 중요한 동력이 됐던 거죠. 그렇다면 앞으로 어떤 식으로 사회적 활력을 유지해갈 것인가, 그리고 어떤 사람이 자기의 재량과 능력을 충분히 발휘할 때 그것을 의심하지 않고 신뢰하는 사회가 되려면 어떻게 해야 하는가. 대학이나 대학원에서 학생을 뽑을 때 외국어를 얼마나 잘하는지, 국제적인 안목이 얼마나 있는지 같은 이른바 '고착된 스펙'이 아니라 새로운 지식과 정보를 흡수할 수 있는 소양이나 미래 발전 가능성 등을 보고 뽑을 수는 없나요?

김두식 쉽지는 않죠. 그럴 수 있다면 좋겠지만 입시에서 지나치게 추상적인 기준을 사용할 수는 없으니까요. 요즘 학생들 중에는 무시무시한 스펙을 가진 애들이 워낙 많아요. 예컨대 수험생에게 양심적 병역거부 문제를 물어봤을 때 '제가 유럽에 살 때 보니…' 하고 운을 떼는 애들이 있단 말이죠. 그러면 교수들이 '너 왜 유럽에 갔는데?' 물어보게 되잖아요. 거기서 또 '아버님이 외교관이라…' 이런 대답이 나오면 누구라도 마음이 끌리게 마련이에요. 일단 그런 얘기를 듣고 나면 '어? 뭔가 있는 애네'라는 생각을 갖게 되죠. 그러니 시골에서 농사짓는 부모님 밑에서 자란 애들은 불리해질 수밖에 없는 것 같아요.

김영란 '제가 들판에 앉아서 석양을 보니까…' 혹은 '밤하늘에 무수히 명멸하는 별들을 보면서…' 어쩌고 이런 얘기를 하는 학생은 안 뽑아주는 거죠? (웃음)

김두식 '별 명멸'도 좋긴 한데요, (웃음) 제가 로스쿨 면접관을 하다 보니 어렵게 자란 학생들, 가난한 집 학생들은 새로운 시스템 아래서 경직돼 있는 게 보여요. 면접을 보러 들어와서도 잔뜩 주눅 들어서 벌벌 떨거든요. 그런데 예를 들어 아버지가 고등법원 부장판사인 학생은 근본적으로 자기가 자란 환경이 그 자리에 앉아 있는 교수들과 별다를 게 없잖아요. 심지어 교수들 중에 아버지 친구가 앉아 있을 수도 있고요. 그러니 아버지 친구 앞에서 얘기하듯이 자연스러운 태도로 면접에 임하게 되는 거죠. 교수들도 꼭 부잣집 학생들한테 점수를 더 주려고 해서가 아니라 '애를 받으면 우리 학교에 전혀 부담이 안 되겠구나. 우리가 취직 걱정해줄 필요도 없고'라는 생각이 들게 마련이에요. 분명히 잘못된 것이지만, 이 흐름을 바꾸기가 쉽지 않죠. 서울의 이른바 명문 로스쿨들에는 입시 때마다 법조인 부모들의 청탁 전화도 적지 않다고 들었어요.

김영란 그것이 넓은 의미의 엘리트 카르텔이라는 것입니다.

김두식 현재 변호사 시험성적을 공개하지 않는데 그에 따른 부작용도 있어요. 사법시험 시절엔 학교 성적에 아무도 신경을 안 쓰고 사시에서 고득점만 하면 된다는 생각이 있었잖아요. 변호사 시험 성적을 공개하면 다시 그때 상황으로 돌아갈 수 있기 때문에 공개하지 못하고 있어요. 자칫하면 로스쿨 교육이 붕괴될 수 있기 때문이죠. 그런데 변호사시험 성적을 공개하지 않으니까 학벌 이외에는 개인의 실력편차를 측정할 방법이 없어진 거예요. 그 결과 학벌이 더 중요해지고, 취업도 서울 출신 학생들에게 유리해지고 있어요. 특히 로스쿨 성적이 경험상 큰 의미가 없다고 생각하는 로펌들은 '돈 잘 벌 수 있는 애들만 뽑으면 된다'고 말하기도 해요. 이렇게 되면 위원장님이 말씀하신 것처럼 법조명문가 자녀들만 유리해질 수 있죠. 개혁이 참 어렵다는 생각이 절로 들어요.

김영란 대부분의 법조인들이 자녀 중 한두 명은 법조인을 시키고 싶어해요. 저도 왜 아이들을 법률가로 키우지 않느냐는 질문을 많이 받았고요. 이런 현상은 우리나라에만 국한된 게 아니에요. 사실 유럽의 여러 나라들은 이미 계층이 고착된 사회 아닙니까? '걔네들은 자기 일에 만족하고 살지 않냐. 그런데 왜 우리나라 사람들은 만족을 못 하냐?' 이런 식으로 얘기하는 사람을 가끔 보는데, 그럴 때마다 저는 화가 나요. '그럼 당신 애들부터 그렇게 시켜보시지'라고 묻고 싶어요.

연줄사회는 넓은 의미에서 계층을 고착시키고, 좁은 의미에서 부정부패를 만들어요. 아는 사람끼리 서로 도와주고 도움 받는 것, 한 건 봐줬으면 다음에 다른 한 건은 돌려주는 식이죠. 돈이 오가느냐만 따져서는 부패를 막을 수 없어요. 돈이 오가지 않는 청탁도 많으니까요. 이런 부패는 대가관계나 직무관련성만 따져서는 막을 수 없어요. 그래서 권익위에서는 뇌물을 받지 않거나 돈과 무관한 청탁도 과태료, 과징금 또는 징계처분 등으로 처벌할 수 있는 법을 만들면 어떻겠냐고 의견을 모았고, 담당부서에서 이를 바탕으로 초안을 작성하기 시작한 겁니다. 사실은 청렴위 시절부터 이해관계가 충돌될 경우 공무원들이 어떻게 행동해야 하는지에 대한 법률적 고민이 많았고 지금도 행동강령에 그 흔적이 남아 있지만 거의 유명무실해진 상태였어요. 초안을 작성할 때 이런 것도 필요하고 저런 것도 필요하다 해서 추가하다 보니 분량도 꽤 많아졌죠.

이런 과정을 거쳐 지금처럼 세 파트가 갖춰졌어요. 하나는 청탁에 대한 규제, 하나는 금품수수에 관한 규제, 하나는 이해관계충돌에 관한 규제. 사실 처음에 모든 청탁을 금지하자고 했을 때 가장 많이 나왔던 반발은 '그러면 공무원들이 민원도 안 듣고 마음대로 해버릴 것 아니냐?'는 것이었어요. 공무원들이 행정행위를 할 때 민원인의 애기조차 듣지 않으리라는 거죠. 그래서 법조문에서 실질적으로 어떻게 구현해낼지 고민이 많았

연줄사회는 넓은 의미에서 계층을 고착시키고,
좁은 의미에서 부정부패를 만들어요.
아는 사람끼리 서로 도와주고 도움 받는 것,
한 건 봐줬으면 다음에 다른 한 건은 돌려주는 식이죠.
돈이 오가느냐만 따져서는
부패를 막을 수 없어요.
돈이 오가지 않는 청탁도 많으니까요.

어요. 민원을 들을 수 있도록 예외를 많이 뒀죠. '청탁을 금지한다. 다만 이러이러한 예외적인 경우는 가능하다.' 주로 기한 내에 처리해달라고 신청한다든지, 상담을 받는다든지, 시민단체나 정당이 본연의 업무로서 한다든지 하는 경우들이 예외 조항에 들어갔어요. 그런데 이렇게 해놨더니 법률가들이 그런 예외만으로는 부족하다고들 얘기를 많이 했어요.

김두식 무엇보다 청탁의 정의와 관련해서 명확성의 원칙이 문제 되었을 것 같네요. 형사처벌을 하려면 명확한 법규가 있어야 하는데 청탁이 무엇인지 명확하게 정의하기가 어려우니까요.

김영란 그 얘기를 많이 하더라고요. 무엇이 청탁이냐. 처음에는 '청탁을 금지하고 예외적으로 이런 경우만 허용한다'고 했다가 지금은 '부정한 청탁만 금지한다'로 범위를 줄였어요. 청탁을 금지한다고 하면 명확성의 원칙에는 반하지 않지만, 숨통 막히게 할 수 있어서 '그래, 그러면 부정청탁만 막자'로 간 거죠. 부정청탁은 "법령을 위반하게 하거나 지위 또는 권한을 남용하게 하는 등 공정한 직무수행을 저해하는 청탁 또는 알선행위"라고 규정했고요. 어떤 것이 부정청탁이 아닌지를 보여주기 위해서 제8조 제3항에 여러 가지 예외 사례를 넣었어요. 명확성의 원칙 문제가 계속 걸렸기 때문이죠. 그리고 '부정청탁'이란 것은 현행 공직자윤리법에도 있거든요. '퇴직공직자에 대해서 부정청탁을 금지한다.' 일부러 그걸 가져다 쓴 겁니다. 물론 이미 있던 법이라고 명확성의 원칙에 무조건 부합하는 것은 아니지만, 기존에 있기 때문에 아무래도 안전하잖아요. 그래서 퇴직 공직자에게 적용되는 법을 현직자들에게도 적용하자고 한 거죠. 그리고 세부적인 것은 나중에 축적되는 판례에 맡기기로 한 거예요. 지금 뇌물죄 같은 것도 형법조문이 그렇게 명확하지는 않지만 판례축적으로 해결해왔잖아요. 어쨌든 법이 있으면 법령위반으로 적발할 수는 있으니까요. 그리고 '지위 또는 권한 남용'은 원래 '부당한 행위'라고 했는데, 법무부에서 '부당'이란 표현에 이의를 제기해서 뺐어요.

김두식 '지위 또는 권한 남용'보다 '부당'은 범위가 더 넓고 모호하다는 것이군요.

김영란 그렇죠. 요컨대 '부당까지 처벌하는 것은 부당하지 않냐'는 의견이었어요. 기본적으로 명확성의 원칙이 요구되지만, 성문법 국가에서 어느 정도의 추상성은 피할 수 없는 것 같아요.

국민을 범죄자로
몰아가는 법이라고?

김두식 공직자에게 부정청탁을 한 사람에 대해서도 과태료를 부과하기로 했잖아요. 형사처벌은 아니지만 어쨌거나 행정적인 제재를 가하는 것인데, 이게 가능한가라는 의문이 들어요. 예를 들어 저도 국립대 교수라서 이 법의 대상자잖아요. 그런데 어떤 사람이 저한테 전화를 걸어서 제

권한을 남용하게 만드는 뭔가를 부탁한단 말이죠. 제가 안 걸려들려면 신고해야 하잖아요. 기관장에게 신고하고 처리절차를 따르면 공무원인 나는 처벌을 안 받지만 청탁을 한 사람은 과태료 제재가 가능하죠. 그런데 보통 청탁하는 사람은 나와 굉장히 가까운 사람인데, 전화를 걸었다는 이유만으로 제가 신고해서 그런 제재를 받게 한다면 한국사회에서 거의 자폭하는 행동 아닐까요?

김영란 그래서 조금 후퇴한 부분도 있어요. '이제 이런 청탁을 받아주면 저희도 처벌받고 선생님도 제재를 받을 수 있습니다. 그래서 못 하게 되어 있으니까…' 하고 거절 의사를 명확히 표시하라고 조문에 넣어놓았어요. 그런데도 거절하기 어려울 정도로 거듭해서 청탁했을 경우에만 과태료를 물게 한 것이죠. 제10조에 이렇게 명시되어 있습니다. "공직자가 부정청탁을 받았다고 판단한 때는 그 행위가 부정청탁임을 알리고 이를 거절하는 의사를 명확하게 표시해야 한다. 다만 그 부정청탁이 거듭되는 때에는 소속기관장 등에게 그 사실을 서면으로 신고해야 한다."

　많은 사람들이 비판한 것 중 하나는 결국 자기와 친한 사람은 신고하지 못할 것이고, 관계가 먼 사람만 신고하게 된다는 것이었어요. 그런데 저는 뇌물죄도 마찬가지라고 생각하거든요. 부정청탁 사실이 드러났을 때 엄격한 제재를 받을 수 있다는 억제의 효과가 있는 것이죠. 친소관계에 따라 신고할 것이라는 이유로 법을 못 만들 건 없다고 생각했어요. 걸렸을 때는 친소관계를 떠나서 엄격하게 처벌하도록 하고요.

　그다음에 이해당사자 본인도 호소하지 못하게 하면 공무원들이 자의적으로 처리해버릴 수 있지 않느냐는 지적이 있어서, 그것은 풀어두자고 했어요. 사실 와서 떼쓰는 사람도 많아요. 권익위에서 상담 안내하는 직원은 민원인에게 맞아서 눈을 다치기도 했거든요. 그렇다고 해서 이걸 다 막을 수는 없으니까 자기 일을 자신이 직접 얘기하는 것은 문서로 하든 이메일로 하든 웬만하면 다 놔두되, 직접 얘기하지 않고 제삼자를 통해 봐달라고 부탁하는 것만 처벌하자는 것이죠. 지금 관공서에 종합상담실이 많잖아요. 자기 일은 얼마든지 와서 상담하라는 거예요. 그러나 유력자를 통해서 청탁하는 것을 못하게 처벌한다는 거죠.

김두식 입증책임 문제는 없을까요? 상대편이 딱 잡아뗄 가능성이 많잖아요. '나는 그런 취지로 얘기한 게 아니다'라고 한다면…. 전체적인 취지가 굉장히 중요하니까요.

김영란 그 문제는 일반적인 형사법 원리로 해결해야겠지요. 사실 부정청탁이란 위법한 행위를 하게 하거나 권한을 남용하게 하는 것이기 때문에 일반적인 업무 관련 청탁은 처벌되지 않아요. 그러니까 냉정히 말해 이 법은 선언적 효과가 있는 것이지 처벌만을 위한 규정은 아닙니다. 다만 이 조문이 있음으로써 권한을 남용하게 하는 청탁인지 아닌지 애매할 경우에는 공무원이 거절하거나 신고할 수 있게 되겠죠.

김두식 공무원이 상대방에게 '내가 이것을 이렇게 거절했는데 또 하시면 신고할 수밖에 없도록 규정이 마련돼 있다'고 얘기함으로써 공무원도 피할 수 있는 길을 마련할 수 있는 거군요.

김영란 사람들이 '왜 이렇게 처벌 위주의 법을 만드느냐'고 얘기하는데,
사실 이것은 공무원에게 부정청탁을 회피하는 수단을 마련해준 법이에요.
청탁한 사람이 '나는 권한을 남용하라고 한 것이 아니라 정당한 법집행을
요구한 것이다'라고 우기면, 사실 해석상 명백하지 않으면 처벌할 수 없
거든요. 그러니까 이것은 정말 상징적인 법규일 뿐, 이 법 때문에 처벌이
무한정 늘어나리라 걱정할 필요는 전혀 없어요. 이건 공무원들을 위한 법,
공무원들이 부담스러운 청탁을 거절할 수 있는 법이에요. 처음 공무원 일
을 시작하는 사람에게 '부정청탁이 들어와도 이러이러한 방식으로 거절
하면 된다' 이렇게 쉽게 숙지시키면 돼요. 공무원들에게는 이 법이 그런
효용이 있고, 국민에게도 '아, 저 사람에게 잘못 부탁하면 저 사람도 혼
나고 나도 혼나겠구나' 하고 생각하도록 기준을 잡아주는 거예요. 청탁을
거절하고도 욕먹을 일이 없어지는 거죠.

　공무원에 대한 책임을 강화시켜주는 측면도 있어요. 상사가 시켜서 하
는 일은 불법적인 행동이라도 '위에서 시켰으니 본인도 어쩔 수 없었겠
지' 하고 관대하게 생각하잖아요. 그런데 이렇게 법이 있으면 '부정한 청
탁을 거절할 수 있는 법이 있는데도 너는 거절하지 않았다'고 담당자의
책임을 물을 수 있거든요. 물론 상사가 시킨 일이 권한을 남용하게 하는
직무였는지는 애매할 수 있어요. 검사가 입증책임을 져야 하는 것이고,
실제로 처벌이 안 될 수도 있겠죠. 그렇지만 이 법은 처벌이 아니라 일단
상당한 억제효과를 가져오는 데 목적이 있어요. 우리 사회에서 모든 청탁

을 처벌로 끌고 가는 것은 무리가 있어요. 그래서 이렇게 만든 겁니다. 사실 처음에 생각했던 것보다 상당히 양보한 법률인데도 사람들은 '청탁 안 하는 국민이 없을 정도인데 모든 국민을 범죄자로 몰아가는 것 아니냐?'고 따지더라고요. 그게 사실이 아니란 건 충분히 설명되었지요?

합법적 청탁자, 로비스트는 필요한가?

김두식 일상에서는 사실 애매한 경우가 많아요. 어느 날 뜬금없이 동창이 전화를 해서 '은사님을 만났다, 누구누구 선생님이 너하고 통화하고 싶어 하신다'고 말해요. 저는 그냥 안부만 묻고 끊는데, 나중에 알고 보니 그 동창은 중고교에 교재 납품하는 일을 하고 있었어요. 선생님들한테 술을 사면서 자기네 교재를 채택해달라고 청탁하는 상황이었던 거죠. 그런데 선생님들은 공부 잘했던 학생들을 주로 기억하시니까, 그 친구는 저를 고리 역할로 끌어다 쓴 거예요. '우리 동기 중에 두식이가 있습니다. 두식이 기억하시죠?' 그러면서 저한테 전화를 하면 저는 아무것도 모르는 상태에서 애를 도와주는 역할을 한다는 거예요. 청탁이라는 게 사무실에서만 오가는 게 아니잖아요. 술자리에서 부어라 마셔라 하는 와중에 얘기가 오가고, 자기가 누구와 친하다며 전화를 걸고, '누구 알아요? 아, 그 놈 내가 전화해드릴 수 있어요', 이런 엉망진창인 분위기에서 청탁이 이루어지기도 하죠. 그런 장면을 떠올려보면 '우리 사회에서 청탁근절이라는 게 가능할까?' 하는 생각이 들기도 해요.

김영란 그러니까 모든 유형의 청탁을 다 집어넣어서 어느 날 갑자기 무자르듯이 없애기는 어렵죠. 다만 저는 일단 선을 그어서 명확한 기준을 마련한다면 그런 부분도 차츰 없어져갈 것이라고 생각해요. '모든 것에 대해 모든 청탁을 금지한다.' 이렇게 하려니까 도저히 안 되겠더라고요. 인간관계가 다 끊어지니까요. 그래서 줄이고 줄여서 현재 공직자윤리법에 있는 것만큼이라도 만들어야겠다고 생각했던 거예요.

김두식 제가 한번 딴죽을 걸어보는 건데요. 어차피 중고교에서 교재는 채택할 것이고, 교재가 특별히 차이가 날 것도 아니라면 어느 출판사나 로비를 안 하는 것보다는 하는 것이 낫다고 생각할 수 있잖아요. 그러면 과연 이것이 지위나 권한을 남용하게 하는 것으로 볼 수 있는가? 지위나 권한의 남용이 과연 어디까지인가? 이게 자칫 현실감이 떨어지는 것은 아닌가? 이런 비판이 많이 나올 것 같거든요. 방금 얘기한 그 친구는 저한테 너무 서운해하더라고요. 매번 너무 매정하게 끊으니까 어떻게 그럴 수가 있느냐, 네 이름 한번 빌리는 것 말고는 아무것도 피해 주는 게 없는데…. 최시중 씨 사건도 보면 고향 후배라는 브로커 이 아무개가 나오는데, 최시중도 그렇고 박영준도 그렇고, 다 그 브로커에게 걸려서 돈을 받은 거거든요. 나중에 무죄 받은 부분을 보면 브로커가 중간에 떼먹은 부분도 있었고요. 서초동 주변에서 양복 입고 가죽가방 들고 다니다 낮에 사우나 가는 사람들은 100% 브로커라는 얘기들을 하잖아요. 그것만으로

먹고사는 사람들이 존재하는 이런 나라에서….

김영란 그래서 청탁금지를 얘기할 때면 차라리 로비스트법을 만들어야 하지 않느냐는 의견도 나와요. 그것도 안 만들고 이 법만 있으면 규제가 너무 심해질 수 있다는 거죠. 예컨대 2006년에 열린우리당 이은영 의원이 제출한 로비스트 법제화 발의안을 보면 "종래의 불법적, 비윤리적 로비활동을 종식시키고 국민여론을 정확히 국회 및 행정부에 전달하기 위한 건전하고 투명한 로비활동을 장려하기 위해" 발의했고요, 우선 로비스트로 등록하고 보고하게 하여 투명하고 건전하게 로비활동이 될 수 있도록 환경을 조성할 필요성이 있어서 만들었다고 했어요. 그런데 부정청탁금지법을 보면 시민단체나 국회의원이나 정당원들이 얼마든지 자기 문제를 직접 호소할 수 있게 되어 있거든요. 물론 법률적 대리인도 호소할 수 있고요.

김두식 부정청탁금지법 상에 예외조항들이 충분히 많이 있다는 말씀이신 거죠? 로비활동 공개법안 없이도 시행될 수 있다는 거고요.

김영란 로비스트를 등록할 경우 누가 이용할까 생각해봤어요. 로비스트에게 돈을 주고 '나의 문제를 해결하기 위해 네가 공무원을 만나 설명하고 처리해달라'는 거잖아요. 그런데 이런 일을 할 로비스트가 필요한지 의문이 들었어요. 로비스트 양성화의 쟁점은 다른 사람에게 대신 청탁할 수 있게 할 것이냐의 문제잖아요. 로비스트에게 돈을 주고 사는 것이 무엇일까 생각해보면 좀 더 명확해지는데요, 로비스트의 전문지식? 인맥? 시간? 이렇게 따져보면 로비스트가 우리 사회에 왜 필요한지 잘 모르겠더라고요. 그래서 저는 이 문제를 이 법에서는 다루지 말자고 했어요. 가령 어떤 건축회사에서 건축허가를 받아야 하는데 그게 복잡한 인텔리전트 빌딩이어서 여러 전문가의 조언이 필요하다면 그것 역시 건축가나 건축 사무소에서 해결하면 되지, 공무원에게 그와 관련해 청탁하는 로비스트가 있어야 할 필요성을 잘 모르겠거든요. 실제로 건축사 등이 허가신청을 대행하는 것은 변호사법 위반이 아니라는 판례도 있어요. 로비스트의 인맥을 이용해 문제를 해결한다는 것은 허용되어서는 안 될 것이고요. 로비스트의 시간을 이용한다는 것은 일종의 심부름해줄 사람을 고용한다는 것인데, 지금 로비스트의 양성화 논리하고는 거리가 먼 얘기지요. 로비스트법이 없으면 부정청탁금지법 자체가 심각한 규제가 되므로 만들면 안 된다는 논리는 성립하지 않아요. 우리 사회에서 로비 양성화가 꼭 필요하다면 이 법과 무관하게 나중에 만들어도 되는 것이고요. 권익위의 보고서를 봐도 현재 로비활동을 허용하는 곳은 미국과 캐나다밖에 없어요.

김두식 두 가지 의견이 가능하죠. 하나는 로비스트라는 것을 일단 도입하고 나면 되돌리지 못하기 때문에 함부로 결정해선 안 된다는 의견, 다른 하나는 현실을 솔직하게 인정하고 양성화해서 통제나 규제를 받도록 하자는 의견이죠. 지난번 《불멸의 신성가족》 때 인터뷰했던 고위법관 출신의 변호사 한 분은 김앤장 같은 대형 로펌에 채용된 고문들의 로비 범위가 엄청나다는 얘기를 하셨어요. 예컨대 행정부에서 만드는 규칙 하나에 어떤 문구가 들어가느냐 마느냐에 따라서 수십억이 왔다갔다할 수 있기 때문에 재판에서 누구 봐달라고 부탁하는 것과는 차원이 다르다는 거예요. 그분은 대형 로펌의 고문들부터 규제해야 한다는 취지로 말씀하셨어요. 저도 로비스트법이 말하는 건전하고 투명한 활동이라고 하는 게 우리나라에 과연 있을까 싶어요. 법으로 따로 보호할 만한 게 있을까? 합리적인 범위 안에서 이루어지는 것은 지금도 어차피 처벌을 안 받고 있고요.

김영란 입법로비가 많은 미국은 로비스트법을 두고 있지만 영국, 독일, 일본 등은 그렇지 않아요. 이들은 이해단체를 규제의 대상으로 볼 뿐 로비를 공개하지는 않아요. 우리도 일단은 로비스트가 꼭 필요한가, 전문적인 지식이 필요해서 로비스트를 고용해야 하는 경우가 얼마나 많은가에 대한 사회적 논의가 이루어져야 해요. 하지만 현재로서는 자기에게 법률적 능력이 없으면 대리인인 법률가를 통해 문제를 호소할 수 있고, 아니면 전문가의 검토서를 들고 본인이 직접 호소하면 돼요. 로비스트법이 필요하다는 주장은 아직 저를 설득하지 못했어요.

로비스트보다는 오히려 다른 문제가 있죠. 어떤 외국인이 저에게 '우리는 공무원에게 뇌물을 주거나 부정한 청탁을 하려는 게 아니라 우리의 입장을 설명만 하고 싶은데 한국의 공무원들은 도대체 설명할 기회를 안 준다'고 말한 적이 있어요. 그 공무원이 '우리는 당신네 이해관계자와 동석하면 의심받습니다'고 했다는 거예요. 아예 기회조차 만들 수 없었다는 거죠. 부정청탁금지법이 이런 식의 걸림돌로 작용하지 않을까라는 문제도 지적되고 있어요. 하지만 자기가 당사자인 문제에 관해서는 얼마든지 얘

기할 수 있도록 열어놓았기 때문에 그 회사의 CEO가 아니라도 포괄적 대리권을 가진 사람이 와서 설명하면 되지 않을까 싶어요. 포괄적 대리권이 없는 사람이 참석해서 로비를 하면 제삼자의 청탁이 되겠죠. 그렇다 해도 일단은 부정청탁이 아니라면 괜찮거든요. 사실 지금도 공무원들이 '부정청탁의 의심이 있으면 내가 또 일일이 신고해야 하니까 아예 당신을 만나지 않겠습니다'라고 하는데, 법이 제정될 경우 그럴 가능성이 더 높아진다는 우려가 계속 나오기는 해요.

김두식 공무원들이 그렇지 않아도 몸 사리는데 이전보다 더 몸을 사리게 된다는 거죠.

김영란 그런 지적을 많이 하더라고요. 그래서 이 법에 담겨 있지는 않은데, 재판의 경우 변호사나 당사자가 법정에서 설명하는 것으로는 너무 부족하거나 다음 법정기일까지 기다릴 수 없는 긴급한 상황이 있을 때는 절차를 밟아서 판사와 만날 수 있잖아요. 이런 제도를 모든 경우에 적용하도록 만들면 어떨까 생각했어요. 공무원이 일일이 다 만나줘야 하느냐는 문제도 뒤따를 수 있지만, 정당한 사유로 정해진 절차에 따라 신청을 한다면 못 받아줄 이유도 없을 거라 생각하고요. 예를 들어 어떤 업체가 자기네 제품을 설명하고 싶다고 하면 일반적으로 다 만나줘요. 그런데 경쟁자가 있는 업체일 경우는 오해를 살까 봐 안 만난다는 거죠. 청탁이 아니라 그냥 설명을 하겠다는데도 말예요. 그럴 경우 경쟁자를 다 불러 모아서 하는 방법도 있겠죠. 미국에서는 판사가 양쪽 변호사를 동시에 부르잖아요. 우리도 무조건 막을 게 아니라 양쪽의 얘기를 다 들을 수 있다면 좋을 것 같아요. 제가 판사를 할 때도 변호사들이 전화를 많이 했어요. 그런데 전화를 받으면서 왠지 찜찜한 건 있었어요. 그럴 경우 상대방에게 알리는 의무를 부과하면 어떨까, 생각했죠. 꼭 법적인 규제가 아니라 내부규정으로 만들면 될 것 같아요. 당사자의 목소리를 꼭 들어야 하는 업무가 있잖아요. 내부규정을 잘 만들면 오해의 소지를 많이 없앨 수 있다고 생각해요. 실제로 공무원들이 괜히 오해를 받는 부분도 있거든요. 옛날엔 '급행료'라고 해서 민원을 빨리 처리해달라고 기록이나 민원서류에 돈을 끼워서 보내기도 했어요. 저도 단독판사 시절에 가압류나 가처분 같은 문제를 다룰 때 빨리 처리해달라고 기록에 돈이 끼워져 있는 걸 봤어요. 저한테 가져가라는 게 아니라 우리 직원에게 준 돈이었겠죠.

김두식 잘못 들어갔네요. 원래 직원이 빼고 올렸어야 하는 건데. 실수한 거네요. (웃음)

김영란 그때도 참 고민 많이 했어요. 이걸 어떻게 해야 하나, 불러서 야단을 쳐야 하나. 그러다가 그냥 끼워진 채로 내려보냈죠. (웃음)

김두식 그런데 위원장님, 한국사회에서 거절에는 용기가 필요해요. 꼭 청탁은 아니더라도 예를 들어 대통령선거를 하는데 후보가 도와달라고 부탁을 한다고 쳐요. '후보가 만나고 싶어 하십니다' 해도 저는 안 나가거든요. 얼굴 맞대고 얘기하고 나면 한국사회에선 거절이 불가능하니까요.

왠지 면전에다 침 뱉는 느낌이랄까요. 그러니 '바쁘실 텐데 그럴 필요 없습니다' 하고 그냥 안 만나는 게 낫다는 거예요. 공무원들이 몸을 사리는 것도 그냥 거절하는 것과 만난 뒤에 거절하는 것에 차이가 있기 때문일 거예요. 얘기를 안 들으려고 자꾸만 회피하는 데는 그런 이유도 있죠. 이런 문화적인 차이를 외국인들은 납득하지 못하는 것이고요.

김영란 그런데 자기 문제는 얼마든지 쫓아다니면서 하도록 해야죠. 그게 꼭 옳다는 건 아니지만 국민의 의사전달이 막히면 안 되니까.

김두식 마지막으로 하나만 더 딴죽 걸어볼게요. (웃음) 근본적으로 공무원들은 일이 늘어나는 것을 싫어하는 풍토가 있지 않나요? 그런데 이 법을 따르면 자꾸 일이 늘어나잖아요. 그냥 안 만나면 그만인데 한쪽을 만나면 반대쪽도 만나야 하고, 그러면서 방어해야 할 것은 더 늘어나고, 만나서 거절해야 하고, 그러면서 또 내가 청탁의 영향을 받지 않았다는 것을 보여줘야 하고.

김영란 이 법이 당사자의 민원을 직접 듣는 것까지 금지하는 것은 아닌데요. 또 양쪽을 불러서 같이 만나면 거절하기는 오히려 더 쉬워지는 거죠. 그 반대의 경우라도 '저쪽에게도 전화해서 같이 만납시다' 하면 오히려 안 만날 수도 있는 것이고요.

김두식 그런데 재판이 끝나면, 판사님들은 잘 모르시지만 변호사들끼리는 또는 일반인들은 특히 더 '그 판사가 저쪽에 눈길을 두 번 줬는데 저쪽 편인 게 분명하다. 뭐라도 먹은 게 분명하다'는 얘기가 늘 나오거든요. 마찬가지로 공무원들도 양쪽을 만나더라도 '둘이 아는 사이 같더라'는 얘기부터 시작해서 온갖 뒷담화가 나오는 부담감은 늘 있을 거예요. 위원장님 말씀처럼 이런 문제들이 법을 못 만들 이유가 되는 것은 아니지만 그렇다고 아예 근거 없는 문제제기도 아니죠.

김영란 이 법에서 만날 때 어떻게 하라는 것까지 규정하지는 않았어요. 어쨌든 제삼자를 통한 부정한 청탁을 할 수 없다는 것이죠. 부정한 청탁이 이루어지는 범위는 상당히 좁기 때문에 실제 처벌보다는 애매한 청탁을 받았을 때 공무원들이 거절할 수 있게 만들어주는 데 더 중요한 목적이 있고요. 이 법과 무관하게 행정행위나 재판행위 같은 경우 공무원들이 의심해서 회피하기보다는 내부규정으로라도 꼭 상대방을 동석시켜서 함께 있는 자리에서 얘기하는 방법을 열어놓으면 좋겠다는 얘기죠.

저도 의심을 받은 적이 있어요. 부산에서 단독판사로 있을 때 둘째아이를 임신한 상태였거든요. 단독판사를 하게 되면 건물명도*나 건물철거 사건에 검증을 많이 가야 해요. 그런데 임신 9개월쯤 됐을 때였을 거예요. 한국전쟁 때 만들어진 판자촌에 대한 철거소송 건으로 검증을 위해 무거운 몸을 이끌고 산에 올라 이 집 저 집 다니다 집으로 돌아왔는데 조산 징후가 있는 거예요. 그래서 재판을 급하게 연기하고 병원에 갔죠. 다행히

* **건물명도(建物明渡)** 건물에 살고 있는 사람을 퇴거시키고 비워서 넘겨줌.

안정이 되긴 했는데 다음 재판에서 한쪽 당사자가 저한테 '지난번 재판이 연기됐을 때 상대방은 연기됐다는 것을 알았는데 우리만 몰랐다'고 하시더라고요. '상대방과 유착관계가 있는 것 아닌가 의심했다'는 얘기였어요. 그래서 제가 '사실 이런 상황이 있어서 갑자기 연기된 것인데 그쪽은 아마 우연히 알게 됐을 것이다'라고 대답했어요. '변호사가 우연히 왔다가 알았을 수도 있다. 유착관계와는 무관하게 일률적으로 전부 다 연기한 것이다' 하고 설명했더니 비로소 납득하시더라고요.

김두식 출산이라는 명확한 근거가 도움이 됐겠군요. 그런 의심을 받을 때 판사들은 굉장히 억울하죠.

김영란 그때 의심하신 분은 대학 교수셨는데 그런 직업군에 속한 분도 근거 없는 의심을 한다는 데서 우리 사회의 심각성을 알게 됐어요. 그래서 판사는 웃는 것도 조심해야겠다는 생각을 했죠. 내 일거수일투족을 사람들이 다 의심의 눈으로 바라본다고 느꼈으니까요. 아마 제가 임신 중이 아니었다면 의심을 풀기 힘들었을 거란 생각도 들어요.

김두식 조심한다고 다 되는 상황은 아닌 것 같아요. 조심한다 해도 재판 중에 피식 웃음이 나올 수 있는데 그걸 본 당사자들에게는 생사가 걸린 문제라 또 의심이 생길 수 있으니까요.

김영란 결국 청탁이나 연고관계 때문에 이런 의사결정을 한 게 아니라는 신뢰를 키워나가는 수밖에 없어요. 제아무리 '절대 안 그래요'라고 항변해도 의심으로부터 자유로울 수는 없으니까요. 청탁이 없는데도 청탁이 있었다고 생각하는 사람들, 그리고 청탁이 많이 이루어지는 현실. 이런 불신들로부터 공무원도 국민도 해방될 수 있는 출발점으로서 이 법의 필요성이 강조되어야 하지 않을까요. 사회적 신뢰를 높일 계기를 마련하는 것이죠.

대가 없는
돈은 없다

김두식 부정청탁금지법의 두 번째 파트에 해당하는 금품수수 문제에 관해 얘기를 시작해볼까요?

김영란 처음에는 저도 '돈이 오가지 않는 청탁을 끊어야 연줄문화에서 우리가 자유로울 수 있겠다'는 단순한 생각에서 출발했어요. 그런데 이것을 뒤집어놓고 보니, 아무런 대가관계 없이 돈 주는 스폰서 문화도 끊지 않으면 안 되겠더라고요. 어찌 보면 금전이 오가지 않는 청탁과 스폰서 문화는 표리관계예요. 평소에 스폰서 관계를 유지했거나 연줄관계가 있을 때 청탁이 쉽게 일어나고, 또 성공하기도 쉬우니까요. 이 둘을 같이 끊지 않으면 청탁을 백번 끊어도 해결되지 않겠다는 생각이 들었어요. 청탁만 끊으면 되지 않냐고 하지만, 앞에서 얘기한 것처럼 모든 청탁을 다 금지할 수는 없으니까요. 이상한 얘기지만 평소에 연줄관계를 쌓는 것도 못하게 해야겠더라고요. (웃음) 아무튼 스폰서 같은 연줄문화를 끊지 않으면 헛수고라는 생각, 그래서 결국 대가관계 없는 금품수수를 막아야겠다는 생각이 들었죠. 그래서 금품수수에 대한 규제를 강화했는데, 이에 대한 사회적 반향이 엄청났어요. 왜냐하면 국민이 제일 싫어하는 게 '돈은 받았지만 대가성은 없다'며 무죄를 받고 나오는 모습이었거든요. 그런 모습을 보면서 많이들 스트레스를 받았던 거죠. 스폰서로 연줄관계를 쌓는 것을 처벌하지 않고는 우리 사회 전반에 퍼져 있는 연줄문화도 타파하지 못하겠다는 생각이 들었고요.

김두식 김영란법은 대가관계 없는 금품수수 금지 때문에 국민의 지지를 얻었죠.

김영란 이 법이 입법 예고될 즈음 〈한겨레21〉에서 직무관련성이나 대가성이 없다는 이유로 법원이 무죄라고 판결한 공직자의 뇌물수수 사건 판결 세 개를 놓고 여론조사를 했는데 90% 이상이 '형사처벌을 받아야 한다'고 대답했다고 해요. 그리고 입법을 예고할 때 정부에서 공식적으로 실시한 여론조사 결과에서도 80% 이상이 부정청탁금지법을 만들어야 한다고 나왔어요. 그중에서도 가장 큰 반향을 일으킨 게 이 부분이에요. 대가성 없는 금품수수도 처벌하자.

김두식 세상에 대가성 없는 금품수수라는 것은 없다는 것이죠?

김영란 제 주장은 '없다'는 거예요.

김두식 저도 그렇게 생각해요. 경험에 비춰봤을 때 그런 건 원래 없죠.

김영란 예전에는 공직자들이 월급만으로 살기 어려우니까 친구들이 괜히 부정한 돈 받지 말라고 '내가 매달 얼마씩 줄 테니까 수사비로 써라. 그리고 다른 친구들한테서 괜히 술 얻어먹고 그러지 마라'고 하기도 했다죠.

김두식 그게 제일 좋은 친구라는 얘기가 있었죠. 미담처럼 받아들여진 부분도 있고요. (웃음)

김영란 네, 그런데 거부감도 있었어요. 실제로 어떤 판사님들은 우리가 무슨 거지냐고, 그런 걸 왜 받냐고 하셨어요. 이런 경우도 생겨요. 예를 들어 단독 판사 3명이 한 방에서 근무하는데, 동기 변호사가 와서 밥을 사요. 그건 거부하기가 어려웠단 말이죠. 나만 사주겠다는 것도 아니고요. 만약 A판사와 사건이 관련돼 있으면 B, C판사에게만 밥을 삽니다. 'A판사, 너는 사건 있으니까 다음에 먹고.' 다음 사건이 B판사와 관련돼 있으면 A, C판사하고만 밥을 먹지요. 그러나 그게 무슨 차이가 있겠어요. 그래서 그 자체를 끊지 않으면 안 되겠다고 생각한 거예요. 그랬더니 〈중앙일보〉에서 이 법을 일컬어 '우리는 남이다' 법안이라고…. (웃음)

김두식 '우리는 남이다 법안', 표현 좋네요. (웃음) 저는 예전에 어떤 대법관님이 판사를 계속하게 된 사연을 들은 적이 있어요. 이분이 판사를 하다가 부장판사가 됐을 때 형편이 너무 어렵고 가족들도 너무 고생해서 변호사를 해야겠다고 마음먹으셨대요. 그런데 사업을 하고 있는 동생분이 말리면서 '형이 판사를 계속하는 게 나한테 얼마나 도움이 되는지 모른다. 내가 차도 사주고 다달이 돈을 대줄 테니까 형은 무조건 법원에 끝까지 남아 있으라'고 하더래요. 그래서 동생이 매달 몇 백만 원을 대주고 이분도 대법관까지 지내셨다는 거죠. 일종의 미담(?) 비슷한 이런 얘기들이 꽤 많아요. 이런 얘기는 이 법에서도 처벌하지 못하는 사례잖아요. "공직자의 친족이 부조의 목적으로 통상적인 범위 안에서 제공하는 경조 관련 금품, 치료비, 주거비 또는 그 밖의 금품"은 예외 조항이니까요. 그러면 '아니, 동생이 주는 돈은 괜찮나? 나는 형제보다 더 가까운 친구에게 돈을 받은 것뿐'이라는 얘기가 나올 수 있잖아요.

김영란 그래서 '사촌 이내의 친척' 이렇게 선을 그어주는 거죠.

김두식 동생 입장에서 방패막이를 원하는 것은 이해할 수 있을 것 같아요. 한 달에 몇 백만 원씩 형에게 주더라도 업무상 술자리 같은 데서 지나가는 말로 '형이 법원에 있는데'라고 할 수 있는 것과 없는 것의 차이는 정말 크니까요.

김영란 그게 용인된다는 의미는 아니지만, 그것까지 법으로 규제할 수는 없는 것이죠. 그래서 최소한 법으로 규제할 수 있는 범위까지는 막아보자고 한 것이고, 그러면서도 어쩔 수 없이 사회상규에 따라 허용되는 것을 집어넣은 거예요. '사회상규'라고 하면 이 역시 명확성의 원칙에 위배되지만, 예외적인 것이니까요.

김두식 처벌을 완화하는 의미의 불명확성이기 때문에 법 이론상으로도 허용된다는 말씀이시죠.

김영란 그래서 그렇게 만든 거예요. 저도 명색이 법률가인데. 제11조 제4항도 고쳤어요. "공직자의 가족은 제1항 및 제2항에 따라 수수가 금지되는 금품 등을 받거나 요구 또는 약속해서는 아니 된다. 다만, 이 경우 공직자 가족의 고유한 사회적, 경제적 관계 등을 통해서 받는 금품 등은 그러하지 아니하다." 이건 가족이 공직자를 대신해서 받는 것만 처벌하려는 거예요. 가족이 자신의 개인적인 관계에서 받는 경우는 제외하고, 부부가 경제활동을 달리 하는 경우 배우자의 공직과는 무관하게 선물이 오갈 수도 있어서 조금 바꿨어요.

김두식 국민의 호응이 정말 큰 것 같아요. "어느 누구로부터도 일체의 금품 등을 받거나 요구 또는 약속해서는 아니 된다"는 조항도 있는데 결혼 부조금은 어떻게 되나요? 한국사회에서 굉장히 중요한 문제잖아요. 또 얼마까지 받을 수 있는지도 궁금하고요.

김영란 공직자는 결혼 부조금도 제한이 있어요. 너무 많이 받으면 안 됩니다. 그런데 통상적인 범위 안에서 친족이 조금 많이 낼 수는 있기 때문에 예외조항을 만들어놓은 거죠. 그런데 사촌이 건설업을 하고 그 공무원이 건축허가권을 쥐고 있는데 억대의 부조금을 냈다면, 그건 안 되는 거죠. 아무리 사촌이라 해도 말예요. 그런데 친형이 줬을 경우는 어떻게 해야 하나…. 그것까지는 잘 모르겠네요.

김두식 조카가 결혼하는데 전세금을 못 구하고 있다고 해서 돈 많은 삼촌이 한 5,000만 원을 줬다?

김영란 사회상규에 따라 허용되는 부분을 인정할 수 있도록 해놓았으니 그런 사례가 사회상규상 허용되는지 논의가 필요하겠지요. 구체적인 사례에 대한 판례가 축적돼야 할 것 같아요. 이런 문제들이 걸림돌이 되어서 법을 못 만들면 안 되겠죠. 국민도 이 법이 만들어지기를 학수고대하고 있는 실정이고요. 참고로 부조금 액수는 공무원 행동강령에 5만 원으로 되어 있어요.

김두식 모든 공무원이요? 요즘은 부조를 10만 원 하는 분들도 많은데요? 만약 5만 원 이상 받으면 돌려줘야 하나요?

김영란 신고하고 돌려주게 되어 있어요. 지금의 행동강령은 아무런 제재 규정이 없긴 하지만요. 사실 5만 원이 밥값 대비 너무 적어서 비현실적이라는 얘기는 많아요. 이 문제는 대통령령으로든 금액을 정하면 된다고 봐요. 통상적인 경조관련 금품이나 친목회에서 단체로 기념품을 사거나 어디서 추첨으로 상품을 받는 경우는 다 예외로 뒀어요. 그런데 검찰이나 법무부에서는 이 법을 반대하고 있어요. 가장 큰 이유는 직무관련성이 없는데 일률적으로 처벌하는 것은 너무 심하다는 거예요. 어느 나라도 그런 법은 없다는 거죠. 사실 독일이나 미국의 경우도 직무관련성을 요구하고 있거든요.

김두식 그렇겠죠. 어쨌든 증여가 다 합법인 나라잖아요. 증여가 합법인 나라에서 공무원 신분이라는 이유로 거의 모든 증여로부터 배제되는 것이 과연 가능한가라는 문제가 있죠.

김영란 그래서 법무부는 이 법이 위헌이라는 것이죠. 공무원과 비공무원을 차별대우하는 것. 그런데 제 생각에 그것은 지나친 생각 같아요. 차라리 비례의 원칙, 즉 과잉금지 아니냐는 얘기는 할 수 있겠더라고요. 공무원과 비공무원의 차별이라 평등권에 반한다고 하는 건 오버예요.

김두식 자기가 선택한 직위이고 얻는 만큼 잃는 것도 있는 자리인데.

김영란 그래서 여러 가지 방법이 있는데, 그중 하나는 100만 원 이하는 직무관련성을 넣고, 100만 원 이상은 직무관련성이 없더라도 무조건 금지하자고 하는 것이죠. 지금은 일단 수정안이 만들어진 상태예요. 그런데 그것도 정 안 되면 100만 원 이하 이상 불문하고 전부 과징금 처분에 형사처벌은 하지 않는 것도 논의 중이고요. 교수님은 어떻게 생각하세요? 100만 원 이하는 직무관련성을 넣고 100만 원 이상은 자기 사촌 이내의 부조 목적 이외에는 무조건 못 받게 한다면 공무원들이 불편할까요?

김두식 보통사람은 괜찮겠지요. 그런데 국회의원 같은 경우 경조사와 출판기념회처럼 신고하지 않고도 돈을 받을 수 있는 경로가 있고요. 또 하나는 조금 다른 문제이긴 한데, 대학 교수가 강연의 대가를 얼마까지 받을 수 있는가도 문제죠. 물론 학술평가를 위한 목적으로 고가의 가치가 있는 강연을 할 수도 있겠지만, 굳이 학술강연이 아니라도 요새는 기업강연 자체가 일정 급 이상의 강사가 됐을 때 100만~250만 원 주는 것으로 기준액이 거의 정해져 있잖아요. 국립대 교수는 자기가 사립대 교수나 다를 바 없는 교수라고만 생각하지 공무원이라는 의식이 강하지 않거든요. 이런 상황에서 공무원이라고 무조건 금액을 한정한다는 데엔 불만이 있을 것 같아요.

김영란 책에 대한 원고료도 받을 수 있겠죠. 하지만 이런 것들은 상식적으로 사회상규에 반하지 않는 것이니까요. 교수들은 연구와 강의가 직무인데 공직자들은 강의가 직무는 아니잖아요. 그런데 공직자가 어디서 강의를 하고 너무 높은 대가를 받는다면 문제가 있는 것이죠. 그래서 제12조에 이렇게 정리했어요. "제12조(사례금 수수 제한) ① 공직자는 자신의 직무와 관련되거나 그 지위·직책 등에서 유래되는 사실상의 영향력을 통하여 요청받은 교육·홍보·토론회·세미나·공청회 그 밖의 회의 등에서 수행한 강의·강연·기고 등(이하 '외부강의 등'이라 한다)의 대가로서 대통령령으로 정하는 금액을 초과하는 사례금을 받아서는 아니 된다. ② 공직자는 외부강의 등을 할 때는 대통령령으로 정하는 바에 따라 외부강의 등의 요청 내역 등을 소속기관장 등에게 미리 신고해야 한다. 다만, 외부강의 등을 사전에 신고하기 곤란한 때에는 그 종료 후에 지체 없이 신고해야 한다."

김두식 생각해보니까 예전에 제가 기획예산처 사무관 이상 공무원들과 점심시간에 샌드위치 먹으며 강의를 했을 때도 50만 원 받았던 것 같아요. 꽤 많이 준다고 생각했어요. 특히 관(官)에서 주는 거라고 생각하면 더 그렇죠.

김영란 지금도 30만~50만 원 정도로 되어 있어요. 지금 행동강령에는 그 기관에서 통상으로 주는 금액이면 괜찮다고 돼 있어요. 그런데 기관에 따라서는 너무 많이 주는 곳이 있다고 국회에서 지적을 받았어요. 공무원이 강연으로 수입을 올리게 해서는 안 된다면서 개정하라고 요구했었죠. 그래서 현재는 국무총리실과 협의하여 과천 공무원교육원에서 외부강사에게 주고 있는 금액으로 기준을 통일해서 시행하고 있어요.

김두식 재밌네요. 법 만드는 게 쉬운 일은 아닌 것 같아요. 아무튼 받는 행위도 제공하는 행위도 금지되는 것이군요. 여기 제14조에 따르면 제공자에게 돌려주거나, 기관장에게 주면 기관장이 돌려주게 되는 거군요?[•]

김영란 그렇습니다. 그런데 부패하거나 변질할 물품은 기관장이 알아서 처리하게 되어 있어요. 예를 들어 과일 같은 것은 주변의 사회복지기관에 기부한다거나 하는 식이죠.**

김두식 그런데 지금까지 경조사 때 '저는 공무원이기 때문에 5만 원 이상은 받지 못합니다'고 명시하거나 5만 원이 넘었다고 나중에 이것을 수백 명에게 돌려준 사례가 있나요? 저는 본 적이 없거든요.

김영란 5만 원, 10만 원으로는 어려울지 모르겠어요. 100만~300만 원처럼 과다한 금액을 신고하고 돌려준 경우는 있었어요. 어떤 사업가로부터 몇 백만 원을 받았을 때 그런 경우도 있었어요.

김두식 사실 보통 번거로운 일이 아니거든요. 또한 아주 근본적으로는 한국사회에서 정과 사랑을 표시하는 가장 좋은 방법이 돈이라는 인식이 널리 퍼져 있잖아요. 미국 기준으로 보면 부모님에게 크리스마스 선물로 돈을 주는 집이 어디 있어요. 그런데 우리나라는 돈이 가장 좋은 선물이라는 생각이 깊이 박혀 있어요. 친구 사이에서도 그렇지요. 어쨌든 이렇

---

* 제14조(금지된 금품 등의 처리) ① 공직자는 자신 또는 자신의 가족이 제11조에 따라 금지된 금품 등을 받은 때는 대통령령으로 정하는 바에 따라 금품 등을 제공한 자(이하 '제공자'라 한다)에게 지체 없이 반환하고 그 사실을 소속 기관장 등에게 신고해야 한다. 이 경우 그 공직자는 증명자료를 첨부하여 그 반환 비용을 소속기관장 등에게 청구할 수 있다.
** 제14조 ② 공직자는 제1항에 따라 제공자에게 반환되어야 하는 금품 등이 다음 각 호의 어느 하나에 해당하여 제공자에게 반환하기 곤란한 경우에는 소속기관장 등에게 그 금품 등을 인도하여야 한다. 1. 멸실·부패·변질 등의 우려가 있는 경우 2. 제공자를 알 수 없는 경우 3. 그 밖에 제공자에게 반환하기 어려운 사정이 있는 경우.

게 처리 절차를 마련한 건 훌륭하네요.

김영란 사실 지금도 공무원 행동강령에 처리절차가 다 있어요. 널리 알려지지 않아서 그렇지. 간혹 돌려주는 사례도 있고요. 대가성 없는 금품수수 금지도 처벌을 위해서라기보다는 행동강령을 마련하는 데 중점이 있다고 생각하시면 될 것 같아요.

사적인 이익과
거리 두기

김두식 이해관계충돌방지로 넘어가볼까요?

김영란 지금까지는 이해관계가 충돌될 경우에 어떻게 하라는 명확한 지침이나 법규가 마련돼 있지 않았어요. 그런데 이제는 그것을 자세하게 만들어야 하고, 우리 사회도 그것을 받아들일 수 있는 수준에 와 있다고 생각했죠. 공무원 개개인이 '아, 이 사람은 나한테 청탁이나 하는 사람이니까 이 사람과는 일로 얽히지 말아야지' 하고 스스로 판단하도록 맡겨두기에는 일률적이지도 않고 판단하기도 어려운 경우가 많아요. 그래서 만약 어느 공무원이 수행하는 특정 직무가 가족 등 이해관계자와 얽힐 수 있는 경우 부패상황을 회피할 수 있도록 해주는 것이죠.

김두식 과거에는 일반 공무원들의 제척, 기피, 회피제도가 없었던 거죠?

김영란 네, 판사만 있었고 일반 공무원은 없었어요. 어떤 경우가 제척사유에 해당하는지 정해주고, 제척사유가 아니더라도 공무원이 그 업무를 회피하거나 기피할 수 있도록 만들자는 취지예요.

김두식 이와 관련해 제척, 회피, 기피를 좀 설명할 필요가 있겠네요. '제척'은 가령 판사가 법대에 앉아 있는데 잡혀온 사람을 보니까 예전에 자신을 때린 사람인 경우 자동으로 그 사건을 못 맡게 하는 것이죠. '회피'는 제척으로 걸러지지 않았을 때 판사가 알아서 '내가 혹은 우리 형이 피해자였기 때문에 이 사건을 못 맡겠다'고 하는 것이고요. '기피'는 씨고인 쪽에서 '판사가 예전 사건에 관련된 사람 또는 편파적인 사람이라 이 사람에게는 재판받지 못하겠다'고 하는 거잖아요. 예전에는 인권관련 사건들에서 변호인단이 흔히 기피를 활용했죠. 물론 요새도 가끔씩 하고요. 형사소송법에 나오는 이런 제도들을 공무원에게 도입한다는 것은 상당히 의미가 있는 거네요. 공무원의 경우 사적 이해관계에 있는 직무수행을 금지하고, 그 직무에 관해서는 제척, 기피, 회피가 이루어지도록 한 거죠.

김영란 네. 이해관계가 있는 경우에 제척, 기피, 회피제도를 적용하도록 한 거예요. 예컨대 기업 등에서 일하다가 고위공직자가 되면, 그로부터 3년 이내에 했던 사업과 연관 있는 업무는 2년간 수행 금지하도록 했어요(제16조). 예를 들어 대기업의 CEO로 있다가 기획재정부장관으로 발탁될 수도 있잖아요. 그러면 자기가 몸담았던 대기업 관련 업무는 할 수 없는 거죠. 그런데 제척 등의 경우 대신할 사람이 있다면 문제가 없지만 대신할 사람이 없는 경우 어떻게 하느냐는 지적이 있더라고요. 지방의 작은 계나 과에 그를 대신할 사람이 없을 경우 다른 지방에서 데려와야 하느냐는 문제죠.[*]

김두식 그렇군요. 민간출신이 공직에 임용될 때는 당연히 관련 분야로 임명될 수밖에 없으니까요.

김영란 그런 부분이 문제 될 수는 있지만 원칙적으로 금지하고 직무를 대신할 다른 사람을 찾아야겠죠. 재판도 마찬가지잖아요. 단독재판만 있는 지방단독지원도 옆 지원에서 판사를 꿔주기도 하고 보내기도 하면서 재판하니까요. 그런 것이 큰 문제가 되지는 않을 것 같아요. 정말 전문성만을 위해서 사람을 뽑았는데 못하게 하면 어떻게 하느냐는 문제도 제기됐어요. 예를 들어 삼성전자 사장을 IT 관련해 뽑았는데 삼성전자 관련 업무를 다 못하게 하면 무슨 의미가 있냐는 것이죠. 그래서 단서조항으로 "국가의 안보·경제 등 공익증진 또는 민간부문의 전문성 활용 등을 이유로 대통령령이 정하는 바에 따라 허용된 경우"라고 조금 예외를 뒀지만, 그런 경우가 실제로 많이 있을지는 잘 모르겠어요. 딱 특정 업무만 못하

---

[*] 제16조(고위공직자의 사적이해관계 직무수행 금지) ① 고위공직자는 공공기관에 임용되기 전 3년 이내에 재직하였던 사업자 등 또는 대리·고문·자문·상담 등의 용역을 제공하였던 고객 등과 관계된 특정직무를 임용 이후 2년간 수행해서는 아니 된다. 다만, 국가의 안보·경제 등 공익증진 또는 민간부문의 전문성 활용 등을 이유로 대통령령이 정하는 바에 따라 허용된 경우에는 그러하지 아니하다.

도록 막아놓은 것이니까. 이 밖에 외부에서 자기 직무와 관련된 영리활동을 하거나 대리할 수 없도록 했어요. 자기 직무와 관련된 외부활동을 제한하고, 해야 할 경우는 기관장에게 서면으로 사전 신고하게 했습니다.

다음으로는 외부활동 및 사업자 등과의 거래행위에도 제한을 뒀어요(제 17, 18조). 가족 채용도 제한하게 했어요(제19조).* 물론 공개경쟁을 통해 정당하게 채용되는 경우는 예외로 하고요. 한편에선 공개경쟁에도 입김이 미치는 경우가 있으니 공개경쟁까지 막아야 한다는 얘기도 있었어요. 하지만 취지를 보면 입김이 미치는 경우가 나쁜 것이므로 공개경쟁까지 막는 것은 타당하지 않은 것 같아요.

김두식 외교통상부 유명환 장관의 딸이 외교부에 특채로 들어간 사건이 여기에 해당하겠네요. 그러니까 특채는 막고 공개경쟁을 통해서 들어오는

---

* 제17조(외부활동의 제한) ① 공직자는 다음 각 호의 어느 하나에 해당하는 외부활동을 해서는 아니 된다. 다만, 국가공무원법 등 다른 법령이 공직자의 외부활동을 허용하는 경우에는 그러하지 아니하다. 1. 공직자의 직무권한과 직접적으로 관련되는 사업 또는 영리행위를 사실상 관리·운영하는 행위 2. 공직자가 소속한 기관으로부터 지휘·감독·지원 등을 받는 사업자 등에게 노무 또는 조언·자문 등을 제공하고 대가를 받는 행위 3. 공직자가 외국의 정부·기관을 대리하는 행위 4. 공직자가 재직 중에 다른 직위에 취임하는 행위 5. 그 밖에 공정하고 청렴한 직무수행을 저해하는 것으로서 대통령령으로 정하는 외부활동.

제18조(사업자 등과의 거래 제한) 특정직무를 수행하는 공직자와 그 가족은 직접 또는 제15조 제1항 제5호에 규정된 사업자 등을 통하여 해당 특정직무의 상대방인 사업자 등과 다음 각 호의 어느 하나에 해당하는 행위를 해서는 아니 된다. 1. 금전을 빌리거나 빌려주는 행위. 다만, 금융실명거래 및 비밀보장에 관한 법률에 따른 금융기관, 대부업 등의 등록 및 금융이용자 보호에 관한 법률에 따른 대부업자 등이나 그 밖의 금융기관으로부터 통상적인 조건으로 금전을 빌리는 경우는 제외한다. 2. 물품·용역·공사 등의 계약을 체결하는 행위 3. 부동산·유가증권 등의 재산상 거래를 하는 행위.

제19조(소속기관 등에 가족 채용 제한) ① 고위공직자는 소속기관 또는 산하기관에 자신의 가족이 채용되도록 해서는 아니 된다. ② 공공기관의 인사에 관하여 법령상·사실상의 권한을 가진 인사담당자는 자신의 가족이 그 소속기관에 채용되도록 해서는 아니 되며, 산하기관을 지휘·감독·규제·지원하는 업무를 담당하는 공직자(이하 '산하기관 담당자'라 한다)는 자신의 가족이 그 산하기관에 채용되도록 해서는 아니 된다. ③ 제1항 또는 제2항에도 불구하고 공개경쟁 절차에 의하여 경력직 공직자를 채용하는 등 법령의 규정에 의한 정당한 채용의 경우에는 그러하지 아니하다.

것만 인정한다는 것이군요.

김영란 사실 외교관의 자녀들이 외국에서 살았기 때문에 외국어에 대한 경쟁력은 있을 거예요. 그러니까 공개경쟁을 통해 들어오라는 거죠.

김두식 여기서 가족의 범위는 어떻게 설정되나요?

김영란 총칙에 규정되어 있어요. "민법 제779조의 가족을 말한다." 즉 배우자, 직계혈족, 형제자매 등이지요. 자기 가족이나 자신과 이해관계에 있는 업체와 조달계약하는 것도 제한하고요. 이런 식으로 공직을 사적인 이익에 이용하는 것들에 대해서 다 제한하는 규정을 둔 것이 세 번째 파트라고 보시면 될 겁니다.

김두식 이중에 어떤 규정이라도 살아남는다면 의미가 있는 겁니까, 아니면 국회에서 일괄로 받아들여질 수 있다고 생각하시는 건가요?

김영란 저는 그럴 것 같아요. 제가 권익위 직원들과 함께 독회까지 해가면서 봤는데, 조문이 많다 보니 혹시라도 여러 가지 예외 사례를 다 못 걸렸다면 국무회의를 거쳐서 국회심의 과정에서 좀 더 정비될 수는 있겠지만, 기본적인 방향은 잘 잡혀 있다고 자평하고 있어요.

김두식 제22조도 눈에 띄네요. "제22조(공용물·직위 등의 사적사용 금지) ① 공직자는 공공기관이 소유하거나 임차한 물품·차량·선박·항공기·건물·토지·시설 등의 공용물을 사적인 용도로 사용·수익하거나 타인으로 하여금 사용·수익하게 해서는 아니 된다." 앞서 말씀드린 《거짓말하는 착한 사람들》에 나오는 사례에 적용될 조항이죠. 이게 일상에서 워낙 많이 일어나기도 하고 애매한 것 같아요. 제가 학교에서 들고 왔다는 포스트잇은 냉장고에만 안 붙이면 되는 건가요? 딸에게 '밥 챙겨 먹어라.' 이렇게 쓰면 안 되는? 책 읽고 표시하는 데 쓰는 건 되고. (웃음)

마지막으로 미공개 정보 이용 금지(제23조)도 매우 중요한 부분이죠.* 미공개 정보 이용 금지 규정은 공직자 윤리규정에 원래 있었던 거죠?

김영란 네, 행동강령에 있던 것을 법에 집어넣은 거예요. 행동강령은 제재규정이 미흡하거든요. 그런데 이 법에서는 위반하면 징역이나 벌금에서 비교적 경미한 것은 과태료까지 규정을 두었어요. 징계는 다 따라가고요.

김두식 그렇군요. 전반적으로 별 문제는 없는 것 같아요. 이해충돌방지는 진즉 자세하게 마련돼야 했던 것이니까요.

---

* 제23조(미공개 정보 이용 금지) ① 공직자는 직무수행 중 알게 된 미공개 정보(불특정 다수인의 판단에 영향을 미칠 수 있는 정보로서 일반에 공개되기 전의 것을 말한다. 이하 같다)를 사적 이익을 얻기 위하여 이용하거나 타인이 그와 같이 미공개 정보를 이용하도록 해서는 아니 된다. ② 공직자는 사업자 등이나 다른 공직자에게 미리 알려질 경우 해당 행정목적을 달성하기 어렵거나 타인에게 유형·무형의 부당한 이익을 제공할 수 있는 단속·조사·입찰·소송 등에 관한 미공개 정보를 그 사업자 등이나 다른 공직자에게 제공해서는 아니 된다.

여자여서
만들 수 있었던 법?

김영란 미국에서는 1962년 케네디 대통령 때 이와 비슷한 법이 이미 만들어졌어요. 반부패 쪽 업무를 하는 공무원들의 숙원사업이었죠. 제가 이런 법을 만들자고 하자 권익위 내부에서는 이해충돌방지가 더 중요하다는 거예요. 저는 이해충돌방지도 중요하지만 우리 국민에게 더 큰 임팩트를 주려면 '청탁하지 마세요. 돈 받지 마세요.' 이렇게 가는 게 훨씬 더 중요하다고 생각했어요. 주변에서는 이 법은 온 국민을 범죄화하는 것밖에 안 된다고 그러더군요. 여성운동을 하시던 어떤 분은 가정폭력방지법 만들 때 똑같은 얘기를 들었다고 말씀하시더라고요. 그땐 모든 남편을 범죄인화하는 법이라고 반대했다는 거예요. 저도 이 법을 설명할 땐 '전 국민을 범죄인화하는 법'이 아니라 '공무원에게 쓸데없는 청탁을 하면 안 되겠구나'라는 인식을 심어주는 법이라고 강조해요. 그러면서 공포 1년 이후에 시행하고, 2년 후부터 처벌규정을 적용할 수 있도록 한 거죠. 교육기간을 충분히 가져야 한다는 의미였어요. 1년 동안 홍보를 통해 위반행위가 있을 때 처벌받을 수 있다는 점을 인식시키고 2년이 지나서 비로소 처벌이 가능해지는 거예요. 제가 처벌규정을 많이 만드는 사람이 아니라는 점도 알아줬으면 좋겠고요. (웃음) 이걸 일종의 인식전환의 계기로 삼아서 우리가 엘리트 카르텔 사회를 뛰어넘어 그다음 단계로 도약해야 하지 않나 싶어요. 그러려면 사적인 연고관계에 따라 이익을 얻는 집단을 없애야겠지요.

김두식 말씀하신 단계론에서는 4단계가 로비스트의 활동을 전제로 한 것처럼 오해될 여지가 있는 것 같습니다.

김영란 그런 것은 아니고요, 엘리트 카르텔의 다음은 개별적인 로비형태가 부패유형으로 된다는 의미일 뿐이지요. 우리가 가야 할 다음 단계가 반드시 미국식 로비자유화인지는 모르겠어요. 미국식 자유경제를 보완하지 않고 그대로 받아들인 신자유주의 실험이 수없이 벽에 부딪혔기 때문이기도 하죠. 하지만 '우리의 민주주의가 어떤 형태의 민주주의가 될 것인가?'라는 논쟁들을 보면 그다음 단계가 무엇이든 일단 엘리트 카르텔을 끊어야 하는 것은 분명해요. 엘리트 카르텔 속에서 사회적 안정성이 보장되었다거나 약간의 부패가 성장의 윤활유가 된다고 믿는 식의 고리는 끊어야겠죠. 이런 취지에서 입법을 하게 된 거예요.

김두식 행정부 내에서는 반대가 없었나요?

김영란 처음에는 참 어려웠던 게 법무부 반대하죠, 행정안전부 반대하죠, 다들 제가 얘기하니까 거의 비웃는 것 같았어요. '참 철없는 여자구나. 세상물정 모르는구나.' 사실 제일 많이 들었던 말이 '위원장이 여자여서 추진되는 법이다'였어요. 좋게 말하면 남성문화에 물이 덜 들어서 그런 것도 있고, 나쁜 의미로 말하면 너무 순진해 빠졌다는 거죠. 수석비서관실에서도 회의적이라는 얘기를 들었어요. 왜냐하면 이명박 정권이 규제를 풀자고 출발한 정권이잖아요. 그런데 '이것은 새로운 규제'라고 인식한 것 같아요. 그러나 모든 규제를 풀 수는 없고, 그래서도 안 되잖아요. '필요한 규제냐 아니냐를 다시 점검하자'고 해야지요. 그리고 저는 이것이 꼭 필요한 규제라고 주장한 거지요. 그런데 입법예고 후에는 분위기가 달라졌어요.

김두식 국민 반응이 워낙 좋았으니까요.

김영란 네, 워낙 뜨거웠지요. 그리고 사실 이명박 대통령은 수석비서관들하고 의견이 다르셨어요. 오히려 이걸 본인 임기에 완료하고 싶어 했어요. 처음부터 저를 밀어주셨어요. 제가 이 법을 처음 얘기한 게 국무회의에서였는데 조금 썰렁한 분위기였거든요. 그런데 국무회의를 마치고 나올 때 제게 힘을 실어주셨어요. 그리고 권익위원장 사표 수리된 날 저한테 전화하셔서 '내 재임 중에 그 법이 통과되기를 원했는데 안 됐다.' 이렇게 얘기를 해서 제가 '지금 반대하는 것은 법무부뿐이니 법무부를 설득해주세요' 했거든요. 저는 이게 다음 정부도 못 할 이유가 없다고 생각하고요.

제가 도대체 왜 이렇게 늦어졌는지 봤더니 법무부가 의견 제출하는 데 50일 이상 걸렸고, 그다음에 입법예고안에 대한 의견 제출에 70일 이상 걸렸어요. 이게 벌써 120일이잖아요. 그러고도 안 보내줘서 제가 국회에 날짜별로 법무부에서 어떻게 했는지 보고하겠다고 했더니 그날로 바로 의견 제출하더라고요.

김두식 왜 그랬을까요?

김영란 비공식적인 얘기지만 제 위원장 사표가 언제 수리되냐고 계속 물었다고 들었어요. 저만 없어지면 동력이 떨어질 것이라 생각했는지도 모르겠어요. 그런데 제가 있어야 만들어지는 법이면 필요 없는 법이라고 생각해요. 정말 국민이 필요성을 느껴서 만들어져야죠. 꼭 필요한 법이라고 생각한다면 내부 저항이나 정부가 바뀌어도 추진하겠죠. 공직사회가 이런 법으로 변화하게 되면 민간사회는 따라올 거라고 보거든요. 그게 사람들 의식의 변화이기 때문에, 그래서 한 2년 잡고 하는 거잖아요. 2년 사이에 공직자들도 조심하게 되고 민간부문도 따라가게 되고. 공직사회는 뭘 청탁해도 안 통하는데 민간부문에서 지금의 관행대로 가지는 않을 거다, 그런 면에서 저는 파급효과가 있을 것이라고 생각해요.

김두식 아까 여자여서 뭘 모른다는 말을 들었다고 하셨는데, 저는 위원장님이 여자인 게 매우 중요하다고 생각했어요. 사실 우리나라 법원, 검찰문화를 개선하는 데 가장 기여한 게 사법시험의 여성 합격자 증가예요. 행정공무원들도 마찬가지일 텐데, 여성 합격자들이 증가하면서 회식문화가 완전히 바뀌었고요. 음담패설도 여자 한 명 앉아 있으면 수위가 확 내려가고 술 마시는 양도 달라지고 2차 가는 경우도 상대적으로 훨씬 줄잖아요. 여성들이 법조계 문화를 엄청나게 바꿨다고 생각해요. 어떤 의미에서 이 법안 자체가 남성우월사회에서 살아남은 김영란 위원장이 벌이는 일종의 무협활극 같은 느낌이랄까, 의무를 다하고 계신 거죠. 다른 저항도 또 있었겠죠?

여성들이 법조계 문화를
엄청나게 바꿨다고 생각해요.
어떤 의미에서 이 법안 자체가 남성우월사회에서
살아남은 김영란 위원장이 벌이는
일종의 무협활극 같은 느낌이랄까,
의무를 다하고 계신 거죠.

김영란 세상물정 모르고 너무 규제에 치우친 법이다, 이런 저항이 있고요. 너무 엄격해서 집행이 안 될 것이다, 이런 것도 있었고. 친밀한 청탁은 은폐되고 덜 친밀한 것만 신고될 것이니 실제로 규제해야 할 것을 못하게 된다, 같은 비판을 많이 받았어요. 법적으로는 애매모호한 규정이 많다는 얘기를 들었고요. 그런데 어떤 법이든 모든 케이스를 다 명확하게 규정할 수는 없고, 결국 해석의 문제잖아요. 해석 가능한 한도 내에서 명확하면 되는 것이죠.

그런데 신문 사설이나 칼럼들이 제 생각보다 더 잘 썼더라고요. 예컨대 〈국민일보〉는 한 칼럼에서 "김 위원장은 '100만 원 이상의 접대를 받았다면(혹은 했다면) 그건 스폰서가 아닌가? 그것을 처벌하는 게 무리한 일인가?'라고 질문했다. 우리가 어떻게 대답하느냐에 따라 결론은 달라진다"고 썼어요.[*] 또 "법무부도 부패근절을 위해서는 형법개정으로도 충분하다는 입장만 고집할 일이 아니다. 보다 실효성과 강제성이 담보된 법으로 투명한 공직사회를 만들어가야 한다"는 글도 있었고요.[**]

김두식 그러고 보면 부정적인 기사나 칼럼은 하나도 없었던 것 같아요.

김영란 그랬다간 욕먹으니까 '겉으로는 다들 찬성한다고 말하지만 사실 속마음은 그렇지 않을 것이다'라고 지적한 사람도 있었어요. 속마음까지는 모르겠어요. 하지만 겉으로 말할 수 없는 사회적 분위기가 됐다는 것

---

[*] 정승훈, "'김영란법'의 전제조건", 〈국민일보〉, 2012. 8. 20.
[**] "투명한 공직사회 위해 '김영란 법' 필요하다", 〈경향신문〉 사설, 2012. 8. 18.

자체가 일단 이 법의 필요성이 성숙했다는 것 아닌가요? 제가 무슨 누구의 마음속까지 규제하면서 다니는 사람도 아니고, 일단은 사회적 분위기는 조성됐다고 볼 수 있겠죠.

김두식 그런데 가뜩이나 불친절한 사회가 더 불친절해질 가능성은 있어요. 아들이 사고 친 걸 아버지가 부탁하는 것은 되냐 안 되냐부터 시작해서 세부적으로 논의해야 할 부분도 남아 있고요.

김영란 그래서 자기 것은 얼마든지 하소연하라고 한 거예요. 부모나 자식 것까지 허용할지 여부는 잘 모르겠어요. 국회 가서 어떻게 논의될지. 그런 게 엄격하지 않느냐, 이런 인상은 줄 수 있을 것 같아요. 자기 것만 예외로 됐거든요. 지금은 다 예외로 하면 안 될 것 같다는 게 직접 작업한 직원들의 의견이더라고요. 처음부터 다 빼버리면 남을 게 없으니까. 일단은 그렇게 했는데 존·비속까지는 어떨지….

김두식 뺄 것은 빼고 보완할 수 있는 거죠. 국회의원 중에는 확실한 지지자들이 있나요?

김영란 여야 양쪽 다 많아요. 안 되면 의원입법이라도 하겠다는 분들도 있고요. 이것은 우리가 이미 사회적으로 충분히 성숙했다는 증거이기 때문에 제가 없어도 될 것이라는 생각을 하게 됐어요. 그리고 또 하나는 2012년 9월 12일 새누리당 정치쇄신특위의 안대희 전 대법관이 '특별감

'대통령 친인척 및 특수관계인 부패방지법'에 따른 주요 의무 및 제한사항

구분	주요내용
청탁 및 금품수수 금지	• 실명거래 의무 • 공기업 및 공직유관단체와의 수의계약 금지 • 불법증식 재산 몰수
	• 경제적 이권 및 인사 관련 일체의 부정청탁 행위 금지 　(부정청탁받은 공무원에게 거절 및 신고의무 부과) • 어떠한 명목으로도 금품수수 금지
청탁행위자 및 금품수수자 처벌	• 거래실명 의무, 수의계약 금지의무 위반시 징역형과 벌금형 부과 • 부정청탁 또는 청탁과 관련한 금품수수시 특가법상 뇌물죄에 준해 처벌 　(청탁 과정에서 금품수수가 없더라도 처벌)
금품제공자 처벌	• 금품을 제공한 자도 금품수수자에 준해 처벌
공직취임제한 (친인척)	• 대통령 재임기간 중 선출직 포함, 신규공직, 공공기관 임직원 취임 금지 　(공개경쟁 임용 등 법령으로 정하는 공직 예외)
사면권 제한	• 이 법 위반시, 대통령 사면권 제한

〈연합뉴스〉, 2012. 9. 12.

찰관제 입법'에 관해 발표한 적이 있거든요. 그러면서 '대통령 친인척 및 특수관계인 부패방지법'을 만들겠다고 했어요.

김두식　사실 우리가 앞서 공수처 관련 논의를 할 때 이 안을 무시했던 측면이 있었죠. 왜냐면 실제로 고위공직자비리수사처와 다를 게 뭐가 있냐, 둘로 나누어 권한을 분산시킬 뿐이고 기소권을 안 줌으로써 괜히 절차를 복잡하게 하고 구멍만 크게 만드는 것 아니냐고 대충 넘어갔거든요. 하지만 박근혜 후보가 당선되면서 이 안이 가장 유력한 안이 되었네요.*

김영란　그래서 친인척과 특수관계인에 대해서 조사하고 감찰할 수 있게 됐잖아요. 관련 뉴스를 조금 인용해보면, "규제 대상은 대통령 친인척의

경우 배우자, 직계존비속, 일정 범위 내의 친인척으로 하고, 특수관계인은 국무총리와 국무위원을 포함한 장관급 공무원, 청와대 수석비서관급이상의 이른바 '권력기관'의 고위공직자를 비롯해 권력실세로 일컬어지는 이들 가운데 특별감찰관이 지정한 사람으로 하기로 했다. 특수관계인에는 감사원장, 국가정보원장, 검찰총장, 공정거래위원장, 금융위원장, 국세청장, 경찰청장 등이 포함된다." 그리고 이렇게 말했네요. "친인척과 특수관계인은 경제적 이권뿐 아니라 인사 등 모든 청탁 행위를 할 수 없는 데다 부정청탁을 거절하고 신고할 의무까지 지게 했다. 이와 함께 청탁 유무나 대가성 여부에 상관없이 어떠한 명목으로든 금품을 받을 수 없게 했다."**

김두식 결국 김영란법의 내용을 거의 그대로 수용한 거네요?

김영란 제가 하고 싶은 얘기가 그겁니다. 심지어 부정청탁 관련 금품을 주고받으면 특정범죄가중처벌법상 뇌물수수죄에 준해 처벌하기로 했으며, 청탁 과정에서 금품이 오가지 않더라도 처벌하기로 했다는 얘기까지 있어요. 이 법 그대로인데, 적용 범위만 친인척과 특수관계인으로 한정한 거죠. 사실 이 법을 가져가서 보고 만든 거라는 얘기도 들었어요. 적어도 특수관계인 범위 내에서는 이 법이 다 받아들여질 수 있다는 걸 보여주는

* 공수처 관련 대담과 부정청탁금지법 대담 사이에 18대 대통령선거가 있었고, 특별감찰관제 도입을 주장한 새누리당의 박근혜 후보가 당선되었다.
** "與 '친인척·실세 특별감찰관제' 입법화", 〈연합뉴스〉, 2012. 9. 12.

셈이죠. 그만큼 이 법이 꼭 필요한 법이 되었다고 생각해요. 그래서 낙관하는 측면도 있고요.

김두식　법 자체의 통과에 대해서는 어떻게 전망하세요?

김영란　저는 올해(2013년) 상반기에는 통과되지 않을까 기대해요. 새누리당 정치쇄신특위에서 낸 것도 같은 내용이니까요. 이 법안이 헌법 위반이고 비례원칙 위반이고 과도한 규제면 새누리당의 법도 통과되지 못하겠죠. 그래서 저는 여러 가지 저항은 다 극복 가능하다고 생각해요. 2년의 유예기간도 뒀잖아요. 이게 처음 나오는 형식이기 때문에 제가 아무리 법 전공을 했더라도 입법하는 과정에서 예상치 못한 문제들이 많이 생길 수밖에 없어요. 그래서 기간을 두고 문제점이 생기면 개선할 수 있게끔 하는 게 좋겠다, 이렇게 생각했거든요.

신뢰를 높이는 인프라

김두식　마지막으로 공무원의 의식 관련해서 한번 짚고 넘어가고 싶은 문제가 있어요. 공무원들이 다들 한국사회에 나름 최고의 엘리트들이잖아요. 판검사, 5급, 7급, 9급 시험 붙은 사람들, 어려서부터 공부 잘하는 걸로 칭송받아온 사람들인데 사실은 수입 면에서 민간영역으로 나간 사람들보다 3분의 2 내지는 절반 정도밖에 못 받다가 그나마 나아져서 이 정도까지 온 거잖아요. 그런데 가끔 사고가 나요. 예컨대 공무원들이 해외연수를 너무 많이 나가는 문제, 야근수당 속여 타먹는 문제 등이 터지는 거죠. 그런데 공무원 사회에는 자기들이 받아야 할 월급보다 턱없이 조금 받고 있고, 따라서 해외연수나 야근수당 같은 것은 허용된 일탈행위라고 생각하는 분위기가 일부 남아 있는 것 같아요. 전관예우에 대해 그동안 판검사로 손해 봤던 것을 변호사 개업한 다음에 되찾는 것뿐이라고 얘기하는 것과 비슷한 태도죠. 이 법안에 대한 광범위한 저항에는 그런 생각도 있을 거예요.

김영란 중요한 문제네요. 그런데 스폰서로부터 용돈을 받거나 밥과 술을 얻어먹는 건 액수도 어마어마하고 훨씬 더 광범위하지만, 해외연수 문제는 몰라도 특근수당을 속여서 받아봐야 금액이 얼마 안 되잖아요. 그냥 깊은 생각 없이 앞선 사람들이 하던 대로 따라 해온 것일 텐데요, 바로바로 고쳐 나가야겠죠. 그리고 예전에는 민간 대기업 부장이 된 친구가 자기 월급의 몇 배씩을 더 받는 데서 박탈감을 느꼈다지만 요새는 기업이 워낙 불안하고 공직이 더 안정적이라 박탈감 얘기는 할 수 없게 되었잖아요.

김두식 공무원 관련된 얘기가 나올 때마다 몇 번씩 살짝 거론됐던 문제인데요. 이 얘기도 다시 한 번 해볼 필요가 있을 것 같아요. 공무원에 대한 일반 국민의 광범위한 불신 문제죠. 법원이나 검찰을 포함한 일반 공무원들은 늘상 '오해가 많다. 실상보다 훨씬 큰 오해를 받고 있다'고 말하지만 일반 시민들은 '직접 부딪혀봐라. 여전히 문제가 많다'고 지적하거든요. 일상적으로는 자녀를 키우는 입장에서 학교 선생님에게 촌지를 줘야 하는가 말아야 하는가, 다들 주는데 나만 안 주면 어떻게 하나, 이런 고민에도 부딪히고요.

김영란 저도 굉장히 고민했어요. 제가 판사인 줄 다 아는데 어떻게 해야 하나. 그래서 현금은 못 드리고 선물을 한 적은 있지요.

김두식 저도 화장품이나 케이크 선물 같은 건 몇 번 했어요.

김영란 그런데 두어 번 해보고는 '이건 내가 할 짓이 못 되는구나. 우리 애들이 손해를 보더라도 어쩔 수 없다'고 생각하고는 안 했어요. 못 하겠더라고요. 선생님들도 옛날보다는 촌지 요구가 많이 없어지지 않았나요? 우리 애들이 다 학교를 졸업해버려서 지금은 어떤지 잘 모르겠어요. 다만 중앙부처 공무원하고 지방공무원이 좀 다르다는 얘기는 있어요. 직업별, 지역별 편차는 있겠죠.

김두식 국민이 공무원을 불신하는 정도가 현실과 얼마나 차이가 있느냐도 짚어봐야 하고요.

김영란 권익위원회에서 실제 부패경험을 얼마나 했느냐, 이런 설문조사를 하거든요. 그러면 2~3% 정도 나오는데 이명박 정부 때 조금 올라갔어요. 지역에 따라 많은 차이가 있고 중앙부처들은 상당히 없어졌죠. 그런데도 광범위한 불신은 오히려 더 커지니 문제예요. 국민은 단순히 뇌물을 주고받는 것만이 문제가 아니라고 보는 거죠.

부정부패를 막는다는 게 공무원의 재량권을 무조건 박탈하는 것이 아니에요. 오히려 선진적인 형태는 재량권을 충분히 발휘하도록 하는 방향으로 가야 하는데요, 그러려면 사회적으로 신뢰도가 높아야 해요. 사회적 자본이라 일컫는. 그런데 그 신뢰도가 오히려 후퇴한다는 느낌이 있잖아요. 신뢰도를 높이려면 알선청탁에 대한 공무원의 엄격한 행동규범이 인프라가 되어야 한다, 이렇게 가닥이 잡히는 거지요. 이 법이 인프라가 되어준다면 전체적인 신뢰도를 높이는 데 기여할 수 있을 거라 생각해요.

더 많은
논의를 기대하며

6장

김두식 오랜만에 뵙습니다. 그사이 대통령이 바뀌었네요. (웃음) 위원장
에서 물러나고 정권이 바뀌는 동안 어떻게 지내셨어요?

김영란 아… 사실 권익위원회가 강북에 있는데, 저희 집은 경기도거든
요. 그래서 강북에 전세를 하나 얻어서 살다가 이번에 이사하고 집 정리
하고, 서강대학교로 복귀했어요. 그동안 책이 엄청 늘었더라고요. 그런
것 정리했더니 시간이 빨리 갔어요.

김두식 그동안 언론매체에 위원장님 관련된 뉴스가 많았는데요. 국무총
리 얘기도 있었던 것 같고 헌법재판소장 얘기도 있었던 것 같고, 국가인
권위원장 얘기도 일각에서 있었던 것 같고요.

김영란 그런데 정작 저는 어떤 제안도 받은 적이 없고요. 제가 하기에
적절하지 않은 자리에 많이 거론되는 것 같아서 저도 의외였어요. 저의
어떤 부분이 그런 데 거론되게 했는지 제가 궁금할 정도여서 집으로 연락
한 기자분들한테 여쭤본 적도 있어요. 대체 왜 내가 오르내리냐고, 나는

전혀 무관한 자리들에 왜 내 이름이 오르내리는지. 그분들은 '실제로 인수위원회에서 오르내리기 때문입니다.' 이런 식으로 얘기하던데요. 그런데 저는 가까운 사람도 없고, 그래서 의아했어요.

김두식 온화하고 중도적인 이미지 때문 아니었을까요? 새 정부가 너무 강성으로 비치는 데 대한 부담 같은 것도 있었을 것 같고요.

김영란 모르겠네요. 하여간 저로서도 정말 의외였어요. 이번 학기부터 일주일에 두 번씩 강의를 하기로 했어요. 어제 처음 오리엔테이션 겸 앞으로 강의를 어떻게 하겠다고 안내했는데, 재미있더라고요.

김두식 무슨 과목을 가르치세요?

김영란 판례실무연구. 대법원 판례들을 보는 거예요. '전원합의체 판결 중에서 주로 다툼이 많았던 것을 보자'고 했어요. 기본과목에 대한 공부는 다른 교수님한테 다 배울 수 있고, 제가 다른 점은 직접 판결에 관여하고 토론에 관여하고 (판결문을) 집필했기 때문에 그 부분을 살려야겠다, 그러니까 판결을 나랑 같이 읽자. 왜냐하면 요즘 전원합의체 판결은 너무 길어서 끝까지 안 읽고 요지만 보거든요. 그래서 이걸 처음부터 끝까지 같이 읽는 시간으로 하자. 읽으면서 내가 그 배경을 얘기할 수도 있지 않겠나 하고 설명했어요. 모르겠어요. 학생들이 얼마나 흥미를 가질지는.

김두식 학생들에게 큰 도움이 될 것 같습니다. 전직 대법관이 자기가 쓴 판결에 대해 대학에서 직접 가르치는 것은 흔히 볼 수 없는 일이잖아요. 미국은 대법관이 종신직이다 보니 아예 그럴 일이 없고요. 특강 빼고는 우리나라에서도 여전히 흔치 않은 일이죠.

김영란 최근에 출간된 남아프리카의 헌법재판관 알비 삭스(Albie Sacks)의 《블루 드레스》라는 책이 그런 책이거든요. 그분도 판결을 부분적으로 많이 인용하셨는데 머리말을 보면 "그래도 되는지에 대해 굉장히 망설였다. 여러 사람한테 괜찮겠는지 조언을 구했다." 이런 얘기를 해요. 그래서 아, 그 나라도 똑같구나, 생각했어요.

'합의의 비밀'이라는 게 지켜지지 않으면 토론에 자유로이 참여할 수 없으니까. 알비 삭스 재판관도 똑같은 고민을 하셨더라고요. 그 책을 재미있게 봤어요.

명예 가진 사람은
부를 욕심내면 안 돼

김두식 위원장님이 대법관에서 물러나고 대학으로 가신다고 기사가 많이 났던 기억이 납니다. 전직 대법관의 이후 진로에 대해 어떻게 생각하세요? 전관예우 문제와도 연결돼 있지만, 아시다시피 상고사건에서 대법관들이 서명 하나 해주는 데 2,000만 원에서 2,500만 원까지 받는다는 얘기도 있는데요.

김영란 옛날에 제가 들었던 소문보다 많이 올랐네요. 그렇다고 대학에서 대법관들을 다 수용하기는 좀 어렵지 않을까요? 역으로 국민께 여쭤보고 싶어요, 어떻게 했으면 좋겠는지. 전관의 전문적인 경험을 살리는 것과 전관예우라는 부패와 직결되는 것이 종이 한 장 차이라 해도 전문성을 살리면서 부패로 직결되지 않는 묘수는 없는 걸까요? 무조건 아무것도 하지 않고 집에 있을 수는 없고.

김두식 그렇지요. 우리나라는 대법관이라 해도 외국과는 비교가 되지 않을 정도로 젊은 나이에 새로운 직업을 찾아야 하니까요.

김영란 무슨 일을 하든 개인의 선택이지만, 사회적 낭비가 되지 않게끔 길을 열어놓긴 해야 하거든요. 이에 대해 이 시점에서 논의가 활발히 됐으면 좋겠어요. 미국은 연방대법관뿐 아니라 연방판사는 모두 종신이니까 이런 문제 자체가 안 생기거든요. 일본도 대법관 정년이 70세로 되어 있을 겁니다. 몇 살에 임명되든 70세까지 하는 거죠. 그런 나라가 많아요.
　기본적으로는 전관예우란 말이 안 나오게끔 제도를 정비해야 되지 않나 싶어요. 스스로 도덕심을 발휘해서 알아서 하라는 건 한계가 있고, 전관예우 문제도 시스템을 그렇게 만들 수 없는지 고민해야죠.

김두식 무조건 개인을 욕하지 말고, 이 사람들이 나와서 뭘 할 수 있는지 길을 찾아줄 필요가 있다는 거죠?

김영란 저는 아직 초기라 학교에 갈 수 있는데 다 그럴 수 있을지 모르겠어요. 기본적으로는 정년까지 다 일할 수 있게 하고, 정년이 지나면 전관예우란 말이 안 나올 수 있는 일을 해야겠지요. 요새는 수명이 길어지고 인생이모작이란 말도 있는데, 인생이모작을 어떻게 살 것인지 전관들도 노력해야 될 것 같아요.

김두식 그런 고민 없이 로펌 가면 한 달에 1억도 받고 이러는 판인데요.

김영란 그걸 하지 말라고 무조건 도덕심에 호소하는 게 참 어렵죠.

김두식 법관이나 공무원 조직 내부에는 공무원일 때 그런 대로 청렴하게 살고 물러난 다음에, 원래 자기가 받았어야 한다고 생각하는 몫을 챙겨간다는 분위기도 있잖아요?

김영란 우리나라는 왜 일본과 달리 판검사가 중도에 나가서 변호사를 하는 경우가 많은지, 이에 대해 일제시대 때 소수의 한국인 판검사가 일본인이 대다수인 법조사회에서 도저히 못 견디고 뛰쳐나가서 어려운 한국 사람들을 도우면서 변호사를 하게 된 것이다, 이런 식의 전설이 법원에 있어요. 권위주의 정권 시절에도 판사를 하다가 그만둔 후 변호사를 하면서 민주화투쟁을 도우신 변호사 분들 일화도 있고. 법원에서 정권이 원하는 결과대로 재판을 하지 않은 것이 문제가 되어서 사표 내고 변호사가 됐는데 처음 1년 동안 아무도 사건을 맡기지 않더라는 얘기도 있어요. 누가 그 사무실을 찾는지 감시하고 있었다는 거예요. 그러고 나면 판사들이 그분들을 외면하지 못하는 거죠. 이런 식으로 미화된 전설이 있어요. 정말 그런 분들도 있었겠지만. 말씀하신 것처럼 예전엔 공무원 월급이 많지 않았으니까 일단 변호사가 되면 그동안 공무원 하면서 청렴결백하게 살았으니까 보상처럼 많이 받는다고 생각해서 거부감이 좀 덜했던 것도 같고요.

김두식 제가 예전에 한국의 판사, 검사, 변호사들과 같이 우즈베키스탄, 키르기스스탄 등 독립국가연합에 헌법이나 법률을 이식하는 작업을 도운 적이 있었어요. 그때 법원에서 온 분들이 사법파동부터 몇 가지 사건을 예로 들면서 마치 우리나라의 민주화를 판사들이 이룬 것 같은 논조로 얘기하는 것을 들으면서 '아전인수도 어느 정도껏 해야지' 생각했거든요. 사실 민주주의를 위해 싸우느라 정권에 밉보여서 변호사 개업을 하고 고생한 사람은 판사에서 변호사 개업한 100명 중 한 명이나 될까? 그때는 그 사람들을 그렇게 내치고 고생시켜놓고 지금 와서 100명 중 한 명 얘기하는 게 되게 웃기더라고요.

김영란 그런데 어느 나라나 사법의 역사는 다 있어요. 미국연방대법원도 노예제도에 대한 판결이라든지.

김두식 있죠. 잘못된 판결의 역사가 많이 있죠.

김영란 그렇다고 미화하는 건 곤란하죠. 직시하는 게 중요하다고 생각해요. 그리고 모든 것을 부정하는 것보다 '새로운 단계로 진입했다'고 생각하는 게 좋을 것 같고요. 반부패 문제도 그렇게 생각해야지, 우리 과거의 역사를 다 부정할 필요까지는 없는 것 같아요.

이제 그런 생각을 좀 하게 됐어요, 다원사회에서 뭐 하나를 가진 사람이 나머지까지 다 가져가는 건 평등하지 않다는 거죠. 부를 가진 사람이 명예까지 차지하고 권력까지 다 차지하는 것은 평등하지 않아요. 부를 가진 사람은 부만 갖고 명예를 가진 사람은 명예만 갖는 거죠. 예전에는 뭐 하나만 가지면 다 가질 수 있었거든요. 지금은 그런 것은 평등하지 않다는 얘기를 합니다. 그것 비슷하게 우리도 이제 공무원으로서, 특히 고위 공무원으로서 명예를 가졌으면 다른 것은 가질 생각을 하지 말아야 되는 것 아니냐, 그렇게 세상사람들의 인식이 바뀌고 있는 것 아닌가 싶어요. 그러니까 공무원들도 세상이 바뀐 것이라고 생각해야 될 것 같아요. 이 책에서도 제가 하고 싶은 얘기는 이제 새로운 단계로 진입하자는 겁니다. 새로운 단계로 진입하기 위해서는 결단이 필요한데요, 모든 공무원들과 국민이 결단을 한다면 우리가 그동안 이룬 여러 가지 성과도 많으니까 가능하지 않을까 생각해요.

김두식 긍정적으로 생각하면 이런 면도 있어요. 아까 전직 대법관들이 다 교수로 가야 되냐, 하는 현실적인 질문도 했지만, 약간 돌려서 생각하면 전직 대법관들이 대학 교수로 가기 시작한 것도 굉장히 놀라운 일이고요. 왜냐하면 그냥 로펌 가서 한 달에 2억, 3억씩 벌 수 있는데 그걸 안

다원사회에서 뭐 하나를 가진 사람이 나머지까지
다 가져가는 건 평등하지 않아요. 부를 가진 사람이
명예와 권력까지 다 차지하는 것은 평등하지 않다는 거예요.
부를 가진 사람은 부만 갖고
명예를 가진 사람은 명예만 갖는 거죠.

하고 대학을 가기로 한 사람들이 여러 명이잖아요.

김영란 이제는 꽤 되죠. 조무제 대법관님 계시고, 전효숙 헌법재판관, 배기원 대법관, 박시환 대법관까지.

김두식 검찰 출신들은 문제가 좀 있어요. 이번에 황교안 법무장관은 로펌에서 한 달 월급을 1억씩 받았다고 하는데, 그건 정상이 아니라고 생각해요. 물론 로펌은 구조적으로 여러 명이 달려들어서 일하니까 회사 입장에서는 1억이 큰돈이 아닐 수도 있지만, 그래도 검찰 출신들이 변호사 개업하거나 로펌 가서 큰 사건 수임하고 너무 많은 돈을 받는 것은 자릿값 같은 느낌이 들거든요.

김영란 그런데 우리나라 소송이 자릿값으로 하냐, 지식으로 하냐, 이게 좀 애매해요. 두 가지가 겹칠 때가 많거든요. 검찰출신 변호사가 검찰수사 초기부터 관여하는 것과 안 하는 것은 완전히 달라질 수 있지만 그것이 꼭 전관예우 때문이라고만 할 수 없는 경우가 많잖아요. 법원도 마찬가지고요. 검찰단계에서는 검찰 출신 변호사를 쓰고, 1심 단계에서는 그 판사에 가까운 변호사를 쓰고 항소심에서는 또 다른 변호사를 쓰고 대법원에서 또 바꾸는데, 생각하기에 따라 평검사 출신이 나와서 변론하는 거랑 검사장까지 해서 전 과정을 완전히 이해하고 있는 사람이 변론하는 거랑은 다를 수도 있는 거고요.

김두식 그런 면은 있네요. 이름값만 보고 돈을 주는 건 아니라는 거죠.

김영란 어쨌든 제가 이런 말을 해도 되는지는 모르겠는데, 우리나라처럼 대법관이 13명인 나라에서는 대법관을 한 게 생애 최대의 영예 아닌가요? 물론 더 높은 자리도 있고 더 좋은 자리도 많이 있지만 상징적인 의미에서 그렇다는 거죠. 그렇기 때문에, 대법관 출신은 변호사를 안 하는 게 맞지 않은가 하는 생각이 제게는 있어요. 개인적으로 저는 변호사보다는 다른 일을 하는 게 적성에 더 맞다고 생각해서 안 한 거지, 거대한 전관예우 관행을 뿌리 뽑자는 사명감까지 깊이 생각했던 건 아니었어요. 뜻밖에 사회적 반향을 일으켰지만, 어쨌든 기본적으로 제 마음속에는 그 정도 영예를 누렸으면 변호사는 안 해도 되지 않나, 그런 생각이 있었어요. 검사였다면 모르겠는데 기본적으로 판사가 되어서 공직에 헌신하겠다고 다짐하고 출발했으면 특별한 과오를 저지르고 법원을 나오는 경우가 아닌 한 무조건 정년까지 하고 변호사는 안 해야 되는 것 아니냐는 생각이었죠.

김두식 판사 또는 검사 개인이 가지게 된 정신적인 자산이랄까, 지식이랄까, 이런 게 국가가 사건을 주면서 훈련시켜준 결과물이라는 것도 잊어서는 안 되죠. 이게 일종의 공적자산이라고 생각할 수 있는 부분이 있지 않나요? 평생 판사로서 30년을 일하고 공부하고 이런 게.

김영란 공직의 전문성은 다 그런 거지요. 행정부도 그렇고.

김두식 퇴직한 후에 얼마만큼 자기 것으로 찾아갈 수가 있는가, 마치 마일리지 비슷한 거지요.

김영란 공직의 전문성을 살리면서도 사익추구에 남용되지 않도록 하는 묘수가 필요한데, 판사도 마찬가지지요. 또 판사가 변호사 개업을 할 때 누리는 것은 훈련받은 전문지식만이 아니라 자리의 이점도 있잖아요. 그래서 저는 기본적으로 판사를 임명할 때 정년이 될 때까지 판사를 하겠다는 선서를 받아야 한다고 생각해요. 제가 이런 얘길 했더니 어떤 분이 직업선택의 자유를 침해하는 것 아니냐 그러시더라고요. (웃음)

김두식 그리고 저처럼 처음엔 그럴까 했는데 검찰청에 앉아 있으니 하루하루가 곧 죽을 것 같은 사람도 있을 수 있잖아요. (웃음)

김영란 그러니까요. 마음이 바뀔 수도 있단 말이에요.

김두식 하루 앉아 있는 것도 죽을 것 같은 사람한테 "너 선서했어" 이러면….

김영란 강제하는 것은 양심의 자유나 그런 것에 반할 수도 있거든요.

김두식 요즘도 분위기가 그렇게 가고 있긴 하지요? 판사들 사이에는 나와봐야 고생만 한다는 생각들이 있어서 퇴직을 꺼리는 분위기가 만들어지고 있죠.

낙하산 인사
없애는 해법

김두식 지금까지는 사법부의 전관예우에 대해 얘기했는데, 행정부 쪽도 민감한 문제 아닌가요? 전형적인 전관예우 외에도 이른바 '낙하산 인사' 문제가 있죠. 사법부에는 공식적인 산하기관이 별로 없잖아요. 그래서 로펌 같은 외부에 나가서 돈을 받는데, 행정부처는 정부 산하기관이 너무 많고 거기에는 어느 정도 직급에서 어느 정도 하면 으레 다 산하기관으로 가는 것이 관행처럼 돼 있잖아요. 기획재정부에도 보면 자산관리공사 같은 곳에 2년 있다가 그다음에는 더 작은 곳으로 옮겨서 퇴임하는 식으로 관례화된 코스가 있다고 들었어요. 사정이 이런데 사법부만 청렴하라고 하면 반발하지 않을까요?

김영란 전관예우라 하면 판검사 출신 변호사만 떠올리는 경우가 많은데, 그렇게만 볼 수는 없어요. 행정부 공무원들도 50대 중반을 넘기면 후배들이 '저분 좀 안 나가나?' 이렇게 쳐다보는 분위기가 노골적으로 느껴진대요. 자리가 제한되어 있으니까. 그러니까 산하기관으로 간다든지 로펌으로 간다든지 해왔다는 거예요. 인사적체를 해소한다는 것이지요. 어찌 보면 전관과 현관의 이해가 맞아떨어진다고도 볼 수 있어요. 나가주면 자리가 생기니까요. 청와대 비서관 출신들이 금융기관 감사로 내려가는 것은 전관예우의 문제를 고스란히 가지고 있는 경우예요. 전문성이 특별히 인정되는 경우가 아니라면 아예 못 가게 막아야 할 거 같아요. 최근에는 행정부 공무원들이 한국연구재단이 하고 있는 전문경력인사초빙활용지원사업을 통해 대학강좌를 맡아서 강의한 것이 전관예우 사업으로서 혈세를 낭비하는 것이라는 비판을 받고 있던데요, 행정부에서 익혔던 전문적인 지식을 활용할 수 있게 하자는 취지는 좋은 것 같은데 전관예우라는 비판에서 자유로우려면 민간부문의 전문가들과 공정한 경쟁을 할 수 있게 운영돼야겠지요.

김두식 공정하게 경쟁할 수 있는 인사구조가 없으면 행정부든 사법부든 쉽게 풀 수 없는 문제죠. 이 제도가 이렇게 정착된 데에는 이유가 있는 거잖아요. 퇴직해서 나가 살 방법도 구해줘야 하고, 후배들을 위해 자리는 비워줘야 하고.

김영란 권익위는 나갈 산하기관이 전혀 없거든요. 그러니까 다 끝까지 자리를 지키는데 중간 그룹은 굉장히 불만이 많더라고요. 그래서 제가 '전관예우를 방지해야 되는 우리 위원회에서 그렇게 하는 것은 맞지 않다'고 말하기는 했는데, 저도 대책은 없고….

김두식 그런데 그건 공무원끼리 입장이고 국민이 볼 때는 공무원들끼리 독식하는 거거든요. 그러니까 퇴직한 후 몇 년 동안 지원을 못하게 하고 그다음에 지원해서 전문성으로 떳떳하게 평가받도록 하든가, 어떤 대책이 있어야 하지 않을까요?

김영란 총리 출신도 김앤장 가서 일하고. 총리가 변호사도 아닌데 말이죠. 그건 좀 아니지요. 국회 상임위에 출석해서 보면 국회의원들이 그런 지적을 많이 해요. 가령 공정거래위원회 같은 데서 과징금 수십억씩 때리면 공정거래위원회 출신 사무처장이 관여하냐 안 하냐에 따라 과징금이 대폭 감액되거나 안 되거나 한다는 식의 지적. 판검사 출신이 아무리 뛰어봤자 안 되는 부분이지요. 그런데 전관들이 나가서 변호사를 하거나 행정부에 있던 고위급이 나가서 청탁을 할 때는 원칙적으로 청탁을 못 하게 하거나 안 받으면 되는 문제거든요. 하지만 전관이 산하기관의 고위직으로 자리 이동하는 것은 꼭 청탁하고만 관계된 것은 아니란 말이죠. 그런 경우는 민간부문과 공정하게 경쟁할 수 있는 시스템을 마련하는 게 해법이겠죠. 트랙이 좀 다른 거죠.

김두식 그게 쉽게 될까요? 공무원들 입장에서는 그게 다 자신들이 퇴직한 뒤에 차지할 자리니까, 나중을 생각하면 그 자리를 외부인에게 줄 수 없게 되는 것 같아요.

김영란 이 모든 구조가 공무원들의 기득권을 포기하게끔 하는 것이거든요. 결국 엘리트 카르텔을 끊게 하는 것입니다. 연줄문화를 끊는 것이 그 다음 단계로 나가는 것이에요. 연줄문화를 끊기 위한 법을 만들어야겠다는 생각으로 출발할 때는 이렇게까지 생각하지 못했는데 이 모든 게 다 연결이 되네요. 그렇지요? 만들 때는 이렇게까지 어마어마해질 거라고는 생각 못 했는데 말예요.

약속은 지킨다는 게
트레이드마크니까

김두식 박근혜 당선자의 대통령직인수위원회를 보고 말들이 많았는데요. 인수위에서 '부패방지에 관한 사전교육' 같은 걸 해야 한다고 생각하셨잖아요? 장관 후보들에게 가이드라인을 주면 '아, 나는 안 되겠구나' 하고 알아서 물러날 수 있고.

김영란 네. 인수위는 새 정부가 어떤 식으로 끌고 갈 것인지, 국정철학의 밑그림을 그리는 조직이잖아요. 그러면 '이 철학을 펼치려면 어떤 장관과 일해야 할 것인가, 어떤 청와대 조직으로 일해야 할 것인가'를 고민하는 것은 너무나 당연한 업무인데, 그 과정에서 부패방지에 관한 강의를 듣고 준비하고 공무원들이 어떤 행동강령을 가지고 어떻게 움직여야 한다는 것을 알고 그 작업을 하면 시행착오도 훨씬 줄일 수 있다는 의미로 그런 얘기를 한 거죠. 그랬다면 국민으로부터 훨씬 더 지지받을 수 있다는 생각도 들고요. 이것은 청문회 문제와도 겹치는데, 청문회가 왜 언론이 나서서 개인의 비리를 색출하고 보도하는 형국이 되어버렸는지 모르겠어요. 그게 불필요하다는 게 아니라 사전에 검증이 다 되어서 문제 있는 사람은 후보에 오르지도 말았어야 하거든요. 일단 후보에 올려놓고 그다음부터 검증작업을 하니까 개인적으로도 너무나 망신이죠. 그동안 나름대로 국가를 위해서 일했다고 본인이 생각하는 부분도 분명히 있을 텐데 그마저도 일거에 날아가버리고요.

김두식 '사전에 다 거르면 장관 후보자가 아무도 없지 않을까?' 하는 생각도 듭니다만.

김영란 그래서 지난번 대담 때도 잠깐 말했는데, 국민과 여야가 수긍하는 가이드라인이 있으면 그 기준에 맞춰 판단할 수 있을 거라 생각해요.

김두식 그 기준에 걸리면 알아서들 미리 안 나가는 거지요.

김영란 그런 사람은 임명되지 않는 대신 개인적으로 명예를 보전하겠죠. 사람이 없으면 없는 대로 가야지, 정부가 바뀔 때마다 장관이 바뀔 때마다 국민이 너무 심한 박탈감을 느끼는 것 아닌가요?
　어느 정도 사회적 선에서 이 정도는 허용하자고 인수위나 정부에서 국민과 언론을 설득할 필요가 있어요. 그 선을 넘으면 제외하는 분위기가 형성되어가야 할 텐데요. 아예 그런 생각이 없이 늘 터질 때마다 처음 겪는 일인 것처럼 할 수는 없을 것 같아요.

김두식 지난 정권에서 위장전입이 투기 목적이 아니고 자녀교육 문제를 위한 것이라면 좀 봐주게 된 게 그런 예가 될 수 있을 거예요. 그런 가이드라인이 있으면 좋겠죠. 하지만 인수위 활동을 보면 부패방지에 대한 새 정부의 의지랄까, 이런 것 자체를 저는 잘 못 느끼겠어요.

김영란 이게 중요 의제로 떠오르고 있지 않아서 그런 것 같아요. 그런데 안대희 전 대법관이 쇄신위원장을 하면서 획기적인 방안들을 발표하셨기 때문에, 발표내용을 빨리 입법화하고 실천만 해도 효과가 있을 거예요. 예를 들면 친인척과 특수공무원들의 부패에 대한 특별법을 만들겠다고 하셨거든요. 그게 빨리 추진된다면 이 정부에서 부패방지에 대한 의지가 있는 것이라 볼 수 있을 것 같은데요.

김두식 공약사항이 추진될 거라고 보시는군요?

김영란 박근혜 대통령 주변분들이 저한테 '박근혜 대통령이 약속하신 것은 꼭 지키는 분이다'라고 말씀하시는 걸 들었어요. 그래서 약속하셨으니까 지키실 것 같아요. 아직은 시작 단계이니까 이런 말을 할 때는 아닌 것 같고요.

김두식 좀 지나고 나면 공약을 하나씩 챙겨나가긴 할 것이다?

김영란 꼭 지키실 것이라고 기대합니다. 박근혜 대통령은 이때까지 대통령 하셨던 분들하고는 좀 다른 면도 있으니까 지켜볼 필요가 있는 것 같아요. 약속은 꼭 지킨다는 게 트레이드마크라고 하니까요.

리더십이
부패의 토양을 결정한다

김두식 부패방지에서 리더십의 역할 같은 얘기를 들어보면 좋을 것 같은 데요. 누가 조직을 맡느냐에 따라 조직 전체의 청렴도, 색깔, 분위기가 다 바뀌는 것 같거든요. 밖에서 보기에는 누가 장관 한다고 무슨 차이가 있겠냐 싶어도 완전히 달라진다는 거잖아요.

김영란 제가 리더십을 생각하는 건 단순해요. 기관장을 해보니 제 머릿속에서 아무리 좋은 생각이 10개 나와도, 100명의 직원들이 하나씩 낸 100개의 아이디어에 그 10개가 다 들어 있어요. 이런 100개의 아이디어에서 제가 낸 10개보다 뛰어난 5개만 건져도 더 낫죠. 그러니까 리더가 자기 아이디어를 일방적으로 내려보내는 게 아니라 직원들이 직접 생각하게 하는 게 중요해요. 설령 리더의 생각보다 못하더라도 리더가 낸 10개의 아이디어와 결합해 시너지 효과를 내면서 업그레이드될 수도 있는 거지요. 제가 아무리 잘난 척해봐도 많은 사람들이 많은 생각을 얘기하는데서 나오는 아이디어들보다 절대로 낫지는 않더라고요. 제가 해봤더니 그래요. 밑에서부터 올라가는 여러 가지 생각들이 하나의 생각으로 모여서 발전되어 나가는 것, 이것이 조직의 발전에 굉장히 중요해요. 아이디어를 낸 직원이 그 일을 굉장히 충실히 수행해낼 것도 분명하지요. 반면 위에서 일방적으로 지시한 아이디어가 아무리 뛰어나고 좋다 해도 그걸 풀어내는 방법이 민주적이지 못하면 결실은 훨씬 더 작아질 수 있거든요.

부패방지가 아무리 중요하다 해도 모든 것을 거기에만 집중하면 일선 업무와 괴리될 수 있고, 또는 반대자를 얽어매는 수단으로 잘못 나갈 수도 있습니다. 그게 존스턴이 말하는 족벌체제죠. 제가 아프리카의 어떤 나라를 갔더니 부패기관장이 국회 동의를 못 얻고 있었어요. 그 사람이 이렇게 얘기하더라고요. "국회에서는 반대파가 '현직 대통령의 부패도 조사하라'고 요구하는데, 내가 (대통령에게서) 월급을 받아야 하는데 어떻게 조사를 합니까?" 그런 식으로 이용당할 수도 있거든요.

김두식 부패방지기관이 대통령의 수족 노릇을 하면서 반대파를 죽이는 기능을 할 수도 있는 거네요?

김영란 네. 많은 나라들이 그 단계입니다. 우리나라에서도 획기적인 부패방지대책을 세우는 데 반대하는 분들은 전부 그런 의구심을 갖고 있어요. 하지만 저는 우리나라는 이미 상당한 단계에 진입했다고 생각하고 싶고, 우리가 그렇게 생각하지 않으면 언제까지나 그 상태에 머물 수밖에 없다고도 생각하고 있어요. 그래서 단계론을 끌어들인 거거든요. 조직이 민주적으로 운영되는 수준이라면 부패방지대책도 제 역할을 할 수 있고, 리더십의 방향이 상명하달이냐 하의상달이냐에 따라 부패의 수준과 해법도 같이 가는 것이지요.

김두식 아래에서 위로 올라가고 민주적인 의사소통구조가 갖춰지게 되면 조직 전체에 부패가 자라날 토양이 만들어지지 않는다는 말씀이시죠?

김영란 부패란 그 자리를 이용해서 사익을 추구하는 것인데, 민주적 조직 내에서는 뿌리 내리지 못하지요. 그래서 리더십 문제와 같이 가지 않냐는 것이에요. 그리고 우리 스스로 우리 조직의 건전성, 민주성에 대한 확신이 있으면 여러 가지 부패방지 대책을 밀고 나가는 데 대한 거부반응도 없어질 것이고요. 그게 로비시장형 사회거든요. 바로 이런 일련의 대책에 대한 거부감이 없는 사회인 것이죠. 존스턴의 책에도 그렇게 언급된 것 같더라고요. 그래서 리더십이 중요하지 않느냐, 이런 생각을 가지게 된 것이고요.

부패를 뿌리 뽑을
아이디어를 기대하며

김두식 지금까지 얘기하면서 사실 우리가 정답을 내놓은 것은 많지 않죠? 다만 이런 대안이 있을 수 있다, 그런데 이것도 사실 쉽지 않다, 이런 식으로 늘 정리가 된 것 같은데요. 이번 대담에 의미를 부여하신다면?

김영란 사실 김두식 교수님과 토론하는 게 즐거웠어요. 교수님은 《불멸의 신성가족》에서 '신성가족'을 제시하셨고 저는 그것을 엘리트 카르텔로 설명하면서 그것을 깨야만 그다음 단계로 나갈 수 있다는 얘기를 했죠. 그 부분에 동의해주신다면 나머지 제도적인 문제는 결국 기술적인 문제지 않을까요. 전자에 대한 동의를 구하는 게 저는 가장 중요했고, 얘기를

밑에서부터 올라가는 여러 가지 생각들이
하나의 생각으로 모여서 발전되어 나가는 것,
이것이 조직의 발전에 굉장히 중요해요.
아이디어를 낸 직원이 그 일을 굉장히 충실히 수행해낼 것도
분명하지요. 반면 위에서 일방적으로 지시한 아이디어가
아무리 뛰어나고 좋다 해도 그걸 풀어내는 방법이
민주적이지 못하면 결실은 훨씬 더 작아질 수 있어요.

하면 할수록 그렇게 가야 한다는 생각이 들었어요.

김두식 전적으로 공감합니다. 그런데 위원장님하고 제가 가진 공통된 문제도 있었어요. 세부적인 내용으로 들어갈수록 현실적으로 그런 정책을 추진하기 어려운 이유까지 둘 다 너무 잘 알고 있었다는 것이죠. 그러다 보니 강력하게 이야기하지 못한 때가 많았어요. 확 밀기엔 이런 저런 걸림돌이 있다는 걸 잘 아니까요. 예를 들면 아까 공무원들이 산하기관에 가는 것에 대해 약간 '똘끼' 있게 그냥 그런 관행은 다 없애야 한다고 확 얘기해야 되는데 그런 것을 자신 있게 얘기하지 못했던 문제가 있었던 것 같아요.

김영란 그래도 그런 얘기를 하는 과정에서 큰 방향이 나오긴 한 것 같아요.

김두식 '엘리트 카르텔을 깨야 한다는 국민적인 공감대를 얻고, 그에 기초해 큰 방향을 제시하고, 구체적인 부분은 앞으로 함께 논의해나가자.' 이렇게 정리할 수가 있겠네요.

김영란 거기까지밖에 못 갔지만, 그렇다고 이번 대담을 통해 '그동안의 모든 문제를 뿌리 뽑고 해결하겠다'고 처음부터 생각한 것은 아니었으니까요.

김두식 그렇게 쉽게 뿌리가 뽑힐 거면 누가 벌써 뽑았겠지요. (웃음)

김영란 그러니까요. 그런 의미에서 미리부터 실망할 필요는 없는 것 같아요. 제가 제안한 방향이 옳은가를 생각해주셨으면 좋겠고, 세부적인 방안에 대해서는 젊은 분들이 토론하셔서 추진하시면 좋겠어요.

김두식 다음 세대의 과제가 되는 거지요. 마지막으로 후임 권익위원장께 전하고 싶으신 말씀이 있다면?

김영란 지금 국제적인 반부패관련 단체들은 우리나라 권익위원장 자리의 독립성을 언급하면서 부패방지 의지가 약화된 게 아니냐, 그런 우려를 많이 하더라고요. 3개의 기관(국가청렴위원회, 국민고충처리위원회, 행정심판위원회)이 통폐합되어 만들어진 권익위가 반부패위원회로서의 위상이 약화됐고, 그것은 결국 우리 정부의 반부패 의지 자체가 약화된 것이라고 생각하는 거죠. 그게 국제투명성기구의 평가 등에 나쁜 영향을 미치고 있어요. 이 부분을 불식시킬 필요가 있다는 생각이 들어요, 또 하나는 우리 사회에서 소통 문제가 계속 제기되는데 국민신문고의 정책토론 같은 것을 공론의 장으로 발전시켜 나갔으면 좋겠어요.

김두식 오랜 시간 동안 좋은 말씀 나눠주셔서 감사합니다.

발전된 사회로 가는
새로운 패러다임을 찾아서

에필로그로 무슨 이야기를 해야 하나 고민하던 중 새 정부의 정부조직개편안이 타결되었다는 보도를 접했습니다. 그중 반부패 관련 부분을 보니 상설특검제와 특별감찰관제 도입을 위한 입법조치를 올해(2013년) 상반기 중 완료하기로 합의했다는 부분이 눈에 띄었습니다. 대통령 친인척, 권력 실세 비리를 특별감찰관이 감찰하고 여기서 인지된 범죄를 중수부가 아닌 상설특검이 수사하도록 한다는 것입니다. 대검중수부도 2013년 상반기 중 폐지하기로 했다는군요. 조사권을 가지는 독립적 국가청렴위원회는 검토한다는 수준의 합의가 이루어졌다고 합니다. 중수부 폐지가 능사가 아니라 고위공직자비리수사처든 특별감찰관과 상설특검이든 독립적으로 업무를 수행할 수 있는 조직을 만드는 것이 관건이라고 말하고 싶어서 사실 이 대담을 시작한 것이나 다름없습니다만, 정치권의 합의가 이루어진 만큼 어떻게 진행되는지는 더 지켜보아야 할 것 같습니다.

법관생활만 30년 가까이 하던 사람이 정부기관의 기관장을 맡은 후 난생 처음 해보는 일이 많았습니다. 그중 하나는 기관의 정책을 외국에 홍보하는 일이었습니다. 물론 외국의 정책을 배워오는 기회도 되었습니다만. 아무튼 판사시절에 체감하지 못했던 세계화니 글로벌화니 하는 현상들이 훨씬 가깝게 느껴졌습니다. 그중 한두 가지 인상 깊은 장면을 소개해보고 싶습니다.

우리나라에도 많이 알려져 있는 독일의 베텔스만재단을 방문했던 적이 있습니다. 베텔스만재단은 독일의 종합미디어그룹인 베텔스만사가 설립한 공익지향형 싱크탱크로 널리 알려져 있는 재단입니다. 베를린에서 2시간여 동안 고속열차를 타고 당도한 귀터슬로(Gütersloh)는 매우 작은 한적한 시골도시였습니다. 3월이라 아직 우리나라는 추웠는데 그곳에는 벚꽃이 활짝 피어 있고 연못에는 백조가 떠다니고 있었습니다. 마중 나온 사람들에게 제가 농담으로 이렇게 아름다운 곳에서 어떻게 연구를 하냐고 했더니 그래서 호수를 못 보도록 등지고 앉아서 경주마처럼 시야를 가리고(손으로 눈 옆을 가리는 시늉을 하면서) 일한다고 해서 함께 웃었습니다. 그런데 역시 독일사람은 독일사람인지, 일단 토론을 시작하자 아름다운 봄은 온데간데없어지고 진지하고 학술적인 분위기가 회의실을 차갑게 가라앉혔습니다.

베텔스만재단에서는 베텔스만변혁지수(BTI)를 2년에 한 번씩 발표하고 있습니다. BTI는 서유럽이나 북미대륙을 제외한 동유럽, 중남미, 아시아 등 7개 지역의 128개국을 대상으로 민주주의 및 시장경제, 정치 지도층의 리더십이 얼마나 변화했는지 측정한 지수입니다. 그중 부패에 대한 처벌의 엄중성, 반부패정책의 효과성 등을 측정하는 항목이 권익위원회와 관련이 있어서 직접 관련 학자들과 얘기를 나눠보고 싶었습니다.

BTI 등 지수관계자들 5명과 우리 측 셋이 샌드위치로 점심을 때우면서 3시간 동안 이런저런 얘기를 나누었는데요, 제가 방문하기 전해인 2011년 3월과 10월에 발표한 우리나라의 국정관리지수와 사회정의지수가 후퇴한 것을 의식했는지 국정관리지수의 산출에 관해 자세히 설명한 후 제게 왜 국가보안법을 존치시키는지, 기자들은 왜 파업했는지 등을 하나하나 물어서 답하느라 진땀을 뺐습니다. 그럼 우리 정부가 아직도 권위주의 정권에 머물러 있다는 말이냐고 되묻자 제가 낙담한 것으로 보였는지, 그렇지는 않다, 자기들에게도 한국은 참 독특한 사례다, 한국을 늘 주시하지 않을 수 없다, 한국이 어떻게 나아갈지 자신들도 궁금하다 등의 말을 하더군요. 그냥 의례적인 인사말 같지는 않았고, 정말 궁금해한다는 느낌이 제게도 전해졌습니다. 한국이 현 단계에 안주하지 않고 한 고비를 넘어설 것인지 무척 흥미롭다는 얘기였습니다.

며칠 후 방문한 런던의 EIU는 〈이코노미스트〉를 발행하는 회사와 같은 계열사로 각국 기업환경의 질과 투자매력도를 분석해 순위를 매겨 발표하고 있습니다. 그 순위에 따라 투자할지 말지 결정하라는 거지요. 정치환경, 거시경제환경, 시장기회, 자유경영 및 경쟁정책, 해외투자정책 등 10개의 측정 범주를 가지고 각국을 측정하여 순위를 매기는데요, 여기서 부패 관련 항목은 정치환경 범주에서 '공무를 개인적 또는 정치적 목적으로 오용하는 것'이라는 설문과 관계됩니다.

EIU 담당자에게 저는 만일 어느 나라가 권위주의 정부이고 통제력이 막강하여 관료들의 부패가 철저히 차단된다면 순위는 어떻게 평가되는지

물었습니다. 그랬더니 그는 당연히 순위가 높아진다며, 민주화 정도와 자신들이 매기는 순위는 큰 관련이 없다는 취지로 답해왔습니다. 민주화 정도가 높을수록 표현의 자유도 넓게 인정될 텐데, 해당 국가 내에서 벌어지는 논쟁들이 혼란으로 비칠 경우 투자위험성에 영향을 끼칠 수 있다고도 답했습니다. 정말 순수하게 투자하는 측의 단기적 이익을 위해 평가한다는 느낌이었습니다. 글로벌한 투자자들이라면 투자 대상국에 대한 장기적인 비전에도 관심을 가져야 하는 것 아니냐고 말해보았지만 얼마나 공감을 불러일으켰는지는 모르겠습니다.

그 외에도 이런 저런 국가의 반부패기관 기관장, 국제기구나 민간단체에서 일하는 학자나 전문가들을 만나볼 기회가 많았는데, 대부분 우리나라의 사정에 정통해 있었고 우리나라를 중요한 사례로 보고 주시하고 있다는 점이 놀라웠습니다. UN, 월드뱅크나 아시아개발은행에서는 우리나라의 규모나 발전방향 등이 개발을 가속하고 있는 여러 나라들의 발전모델로 적절하다고 평가하고 있었습니다. 그들의 지원을 받아 우리나라의 각종 제도들이 해외에 수출되고 있기도 했습니다.

우리나라가 이 단계에서 나아갈 방향은 무엇일지 1년 11개월 남짓한 권익위원회 위원장직을 수행하던 내내 생각했습니다. 경제적인 효율성만 생각한다면 EIU의 분석기준에 맞춰 통제를 더욱 강화해나가야겠지요. 그러나 그것은 민주화 방향에 역행하는 것이 될 테고, 우리나라는 이미 그런 단계는 넘어섰다는 것이 베텔스만재단을 비롯한 각 기관들의 평가인 것도 사실입니다. 개발도상국들의 롤모델로서 국제사회의 주목을 받고 있는 우리나라로서는 더욱 발전된 형태의 민주주의 사회로 가는 길 외에 다른 선택은 없어 보였습니다. 지금까지의 성과를 되씹기만 하고 안주하다 가는 서서히 퇴보할 수도 있으니까요. 현 단계 엘리트 카르텔 사회를 넘 어설 수 있는 방법은 무엇일지, 사회 역량을 여기에 집중시켜야 하는 건 아닌지 조바심마저 생겼습니다.

이런 생각 끝에 제가 아는 분야, 아는 범위 내에서나마 새로운 패러다 임을 조금 꺼내 보이고 싶었습니다. 이 작업은 그런 절실함의 산물이라 할 수 있습니다. 다만 대담의 형태를 취한 것은 전문적이고 학술적인 방 법이 아니라 접근하기 쉽고 대중적인 방법을 택하고 싶었기 때문입니다. 판결문이 아닌 대화 형식으로 사회적 주장을 하는 것이 처음에는 무척 부 담스러웠습니다. 다행히 동행한 김두식 교수님이 저의 망설임과 미적거림 을 정면돌파하는 질문을 던져주시고 깔끔한 정리를 해주신 덕에 끝까지 갈 수 있었습니다. 대담이라는 형식 때문에 스치기만 하고 지나간 문제들 도 많이 있고, 주제가 주제인 만큼 실명으로 언급된 분들도 많이 있습니 다만, 일일이 양해를 구하거나 사과드리지 못하는 것이 마음에 걸린다는 말씀을 덧붙이겠습니다.

김영란

이제는
누군가
해야할
이야기